DuMont Schnellkurs

DEUTSCHE LITERATUR

Winfried Freund, Professor, Dr. phil., lehrt neuere deutsche Literatur an der Universität Paderborn. Er veröffentlichte zahlreiche Monographien und Beiträge zur Gattungsgeschichte, zur literarischen Phantastik, zur Regionalliteratur und zur Kinder- und Jugendliteratur sowie zu Annette von Droste-Hülshoff, Luise Hensel, Friedrich Spee, Matthias Claudius, Christian Dietrich Grabbe, Theodor Storm, Carl Sternheim und andere.

DuMont Schnellkurs

DEUTSCHE LITERATUR

Winfried Freund

DUMONT

Impressum

Umschlagvorderseite von links nach rechts und von oben nach unten:
Walther von der Vogelweide, Manessische Liederhandschrift, um 1300 / Goethe und Schiller, Denkmal in Weimar / Annette von Droste-Hülshoff, Gemälde von J. J. Sprick, 1838 / Max Frisch (1911–91) / Martin Luther, Ölgemälde von Lucas Cranach d. Ä., 1526 / Buchdruckerpresse, um 1520 / Günter Grass, »Die Blechtrommel« (1959), Einbandbild der Taschenbuchausgabe / Raoul Hausmann, »Optophonetisches Gedicht«, 1920 / Franz Kafka, 1923/24 / Wilhelm Busch, »Max und Moritz«, Abbildung aus dem dritten Streich

Umschlagrückseite von oben nach unten:
Schutzumschlag zu Klaus Manns »Mephisto«, 1936 / Georg Büchner, Pastell, anonym, o. J. / Minnelied des Kürenbergers aus der Großen Heidelberger Liederhandschrift, 12. Jh.

Frontispiz: Der Bibliothekar, Ölgemälde von Giuseppe Arcimboldo (um 1566)

Originalausgabe

2. Auflage 2000

Redaktion: APE, Martin Sulzer-Reichel, Overath
Druck und buchbinderische Verarbeitung: Editoriale Lloyd

Printed in Italy ISBN 3–7701–4747–2

Inhalt

Inhalt

Klassik (1786–1832)

Romantik (1798–1835)

Restauration (1820–1850)

Realismus (1850–1890)

Naturalismus (1880–1900)

Die Literatur um die Jahrhundertwende (1890–1925)

»Wenn ein Buch und ein Kopf zusammenstoßen und es klingt hohl, ist das allemal im Buch?«

Georg Christoph Lichtenberg

Die Geschichte der deutschen Literatur ist ein Portrait des nationalen Bewußtseins im Wandel der Zeiten, seiner Kerninhalte, seiner historischen Erlebensweisen und seiner zentralen Ausdrucksformen. Literatur ist die Kunst, im Wort das Wirkliche begreifbar und das Mögliche erfahrbar zu machen. In den herausragenden literarischen Werken einer nationalen Kultur ist gespeichert, was die Menschen von ihrem Standort aus erlebt, durchdacht, gefürchtet und gehofft, gestaltet und entworfen haben. Spiegel des geistigen Menschen im gestalteten Wort, bietet die Literatur Antworten aus der Vergangenheit auf Fragen der Gegenwart und stellt aus der Gegenwart Fragen an die Zukunft.

Die vorliegende kompakte Literaturgeschichte ist ein Abriß der geistig-ästhetischen Auseinandersetzung mit einer sich ständig wandelnden Welt aus der Perspektive deutschen Bewußtseins. Sie begreift die vorgestellten Autoren und Werke als Möglichkeiten, sich des eigenen Sprachraums und seiner kulturellen Erfahrensweisen zu vergewissern und sie zugleich als Wege zu einer besseren und vertieften Erkenntnis der national eigentümlichen Kultur zu verstehen. Dabei geht es weder um Denkmalpflege noch um philologische Archivierung, sondern um die ebenso beispielhafte wie übersichtliche Darstellung der lebendigen geistigen Auseinandersetzungen mit den menschlichen, gesellschaftlichen und geschichtlichen Wirklichkeiten in der Kunst des Wortes.

Winfried Freund

357–568
Völkerwanderung
568–774
Langobardenreich in Italien
741–768
Pippin der Jüngere, fränkischer König
744
Gründung der Reichsabtei Fulda
5. Juni 754
Märtyrertod des Bonifatius
768–814
Karl der Große
bis 911
Herrschaft der Karolinger im ostfränkischen Reich
919–1024
Herrschaft der sächsischen Kaiser
1024–1125
Herrschaft der salischen Kaiser
1096–1099
Erster Kreuzzug
1138–1250
Kampf der Staufer und der Welfen um die Vorherrschaft im Reich
1152–1190
Friedrich I. Barbarossa, Beginn der staufischen Herrschaft
1235
Reichstag in Mainz; der hier erlassene Landfrieden ist das erste Gesetz in deutscher Sprache.
1254–1273
Interregnum (Thronvakanz)
1268
Hinrichtung Konradins, Ende der Staufer
ab 1273
Herrschaft der Habsburger

Bonifatius tauft. Buchmalerei im Fuldaer Sakramentar zwischen 997 und 1011. Staatsbibliothek Bamberg

Eine deutsche Literatur des Mittelalters entwickelt sich erst im Einflußbereich der Christianisierung. Zeugnisse germanischer Dichtung sind nur spärlich überliefert, da der germanischen Kultur eine schriftsprachliche Tradition fremd war und die neue christliche Bewegung Heidnisches erfolgreich zu verdrängen wußte. Überlieferungen vorchristlicher Literatur sind Glücksfälle.

In staufischer Zeit begann sich die Bindung des geschriebenen Worts an geistliche und religiöse Gehalte zu lösen. Mit dem Minnesang und der höfischen Versepik entwickelte sich eine weltliche Literatur von Rang. Mittelpunkt der staufischen Klassik bildete der Ritter als neues menschliches Ideal.

Nach dem Niedergang der staufischen Hochkultur setzten sich im Spätmittelalter zunehmend didaktische und satirische Tendenzen durch. Angesichts unübersehbarer Auflösungserscheinungen und chaotischer gesellschaftlicher Zustände beschwor man die Tradition und die überkommenen Ordnungsmächte.

Spuren aus germanischer Zeit

Aus der germanisch heidnischen Vorzeit sind nur wenige Einzelwerke und Bruchstücke überliefert. Im wesentlichen handelt es sich dabei um rituelle Lyrik und Heldendichtungen. Erst um 1260 ist die »ältere« oder »Lieder-Edda« mit ihren Götter- und Heldenliedern entstanden. Zu ihren ältesten Stücken zählen das »Wielandlied«, das alte »Sigurdlied« sowie das »alte Atlilied«, sämtlich burgundischer Herkunft. Ungefähr zur gleichen Zeit entstand die »Thidrek-Saga«, ein später nacherzählter Querschnitt durch die deutsche Heldensage. Eines der frühesten Beispiele der Heldendichtung ist das angelsächsische Epos vom »Beowulf« aus dem Anfang des 8. Jahrhunderts.

Büstenreliquiar Karls des Großen. Schatzkammer des Münsters in Aachen

Aus der gleichen Zeit stammen die »Merseburger Zaubersprüche« (so genannt nach dem Fundort), früheste Spuren einer noch im Heidnischen wurzelnden althochdeutschen Literatur, aufgezeichnet vor der Missionierung der deutschen Stämme. Überliefert ist je ein Entfesselungs- und ein Heilszauber. Zentral in beiden Sprüchen ist der Glaube an die magische Kraft des Wortes. Handelt es sich im ersten Fall um die Befreiung der Freunde aus den Fesseln der Feinde, so heilt im zweiten Fall der höchste germanische Gott Wodan ein verletztes Pferd durch eine beschwörende Zauberformel.

Gobelin Karls des Großen. Schatzkammer des Münsters in Aachen

Nach der Christianisierung wurde wie im »Lorscher Bienensegen« aus dem 10. Jahrhundert auf Christus die Aufgabe übertragen, Unheilvolles abzuwenden. In die germanische Zeit weist die Form der Stabreimdichtung zurück. Der Stabreim hebt die sinntragenden Worte durch den gleichen Anlaut ihrer Stammsilbenbetonung hervor. In einer Langzeile können dabei zwei oder drei Stäbe verwirklicht sein. Entscheidend ist nicht der Wohlklang, sondern die hervorgehobene Bedeutung.

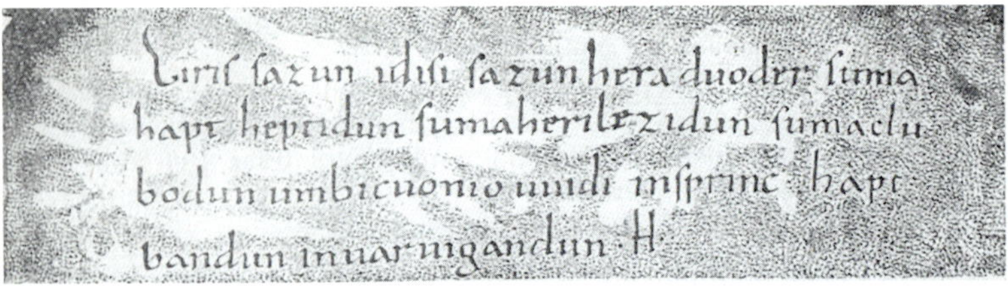
Eiris sazun idisi sazun hera duoder suma
hapt heptidun sumaherilezidun sumaclu
bodun umbicuonio uuidi insprinc hapt
bandun inuar uigandun H

Merseburger Zaubersprüche:
»Einst saßen ehrwürdige Frauen,
hier und dort.
Einige banden Fesseln,
einige hemmten das Heer,
einige lösten Fesseln:
Entspringe den Fesseln,
entfliehe den Feinden.«

Im Stil stabgereimter Langzeilen sind auch die älteren Heldenlieder gestaltet. Einziges Zeugnis germanischer, stabgereimter Heldendichtung in althochdeutscher Sprache ist das um die Mitte des 8. Jahrhundert aufgeschriebene »Hildebrandslied«, festgehalten auf der Vorder- und Rückseite einer geistlichen Handschrift im Kloster Fulda. Der aus dem Sagenkreis um Dietrich von Bern (Ravenna) stammende Stoff schildert vor dem dunklen Hintergrund der Völkerwanderungszeit mit ihrer Untergangsstimmung die feindliche Begegnung Hildebrands, des Waffenmeisters Theoderichs, mit seinem einzigen Sohn Hadubrand, der seinen Vater für tot hält und Hildebrand zum Lügner erklärt. Der gnadenlose Ehrbegriff der Kriegerkaste zwingt den Vater zum Kampf gegen den Sohn, um das über beide verhängte Schicksal zu erfüllen. Vor der Entscheidung bricht der Text ab. Das tragische Ende aber, die Erschlagung des Sohns durch den Vater, ist aus anderen Quellen belegt. Erst das »Jüngere Hildebrandslied« des 15. Jahrhunderts hob die erbarmungslose Ethik in einem versöhnlichen Schluß auf.

Die Sonne wird schwarz, es sinkt die Erde ins Meer,
vom Himmel fallen die hellen Sterne,
es sprüht der Dampf und den Spender des Lebens,
den Himmel, bedeckt die heiße Lohe.

Aufsteigen seh ich zum andern Male
aus der Flut die Erde in frischem Grün;
über schäumenden Fällen schwebt der Adler,
Fische fängt er an felsiger Wand.

Aus der »Lieder-Edda«: Weissagung der Seherin Völuspa vom Weltenbrand und von der Wiederauferstehung der Welt

Literatur als evangelische Verkündigung

Weltliche Dichtungen in althochdeutscher Sprache hatten im Rahmen der karolingischen Reichspolitik keine Chancen. Die umfassende Reichsidee wies der Literatur vor allem Bildungs- und Missionsziele zu, um notwendige innere Bindungen zu stiften und zu festigen. Eine wertvolle Sammlung germanischer Heldenlieder, gesammelt von Karl dem Großen (747–814), wurde von seinem Sohn,

Ludwig dem Frommen (778–840), vernichtet. Insbesondere Karl legte im Gefolge der irischen Mission unter Bonifatius (719–754) die Grundlagen für eine geistlich bestimmte Wissenschaft. Herausragende Vertreter waren Alkuin (735–804), Leiter der Klosterschule in Tours, und sein Schüler Hrabanus Maurus (776–856), der die einflußreiche Klosterschule in Fulda leitete. Als zentrale Aufgabe stellte sich die Entwicklung der Muttersprache zum Ausdrucksmedium der neuen geistlichen Botschaften.

Schreibender Mönch bei der Abschrift der um 420 entstandenen lateinischen Bibelübersetzung des Hieronymus, der sogenannten »Vulgata«. Die Abbildung stammt aus der ältesten erhaltenen Abschrift.

Bei dem wohl ältesten, um 750 entstandenen deutschen Buch, dem »Abrogans«, so genannt nach seinem ersten Stichwort (*abrogans*; *dheomodi*: demütig), handelt es sich um ein lateinisch-deutsches Wörterverzeichnis mit dem Ziel, den deutschen Wortschatz zu erweitern und zu vertiefen. Die gleichen Ziele verfolgten die glossierten (mit deutschen Erläuterungen versehenen) Bibeltexte und Bibelkommentare.

Unter der Federführung von Hrabanus Maurus wurde um 830 im Kloster Fulda der »Tatian« ins Althochdeutsche übertragen. Tatian, ein syrischer Christ, hatte bereits im 2. Jahrhundert versucht, die Evangelien zu einer zusammenhängenden Lebensgeschichte Jesu zu verbinden. Die in althochdeutscher Sprache vorliegende Evangelienharmonie wurde zur entscheidenden Quelle für den ebenfalls um 830 entstandenen »Heliand«, die erste deutsche Bibeldichtung von Rang. Der »Heliand«, das altsächsische Wort für Heiland, tritt im Stil der Stabreimdichtung als Gesetzgeber, Lehrer und Verkünder entgegen. Christus erscheint nach den Erwartungen der sächsischen Oberschicht, an die sich das Buch wendet, als Gefolgsherr, seine Jünger als Gefolgsleute.

Hrabanus Maurus: »Kreuzgedicht: Über die acht Seligkeiten«. In den einzelnen in Kreuzform angeordneten Oktogonen fügen sich die Buchstaben jeweils zu einer der Seligpreisungen.

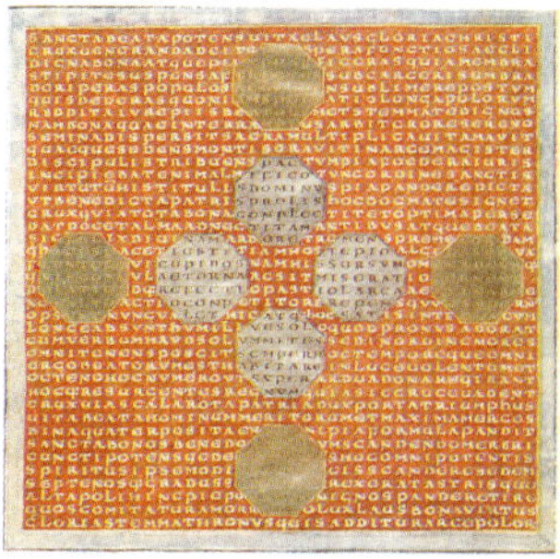

Die erste Klosterkirche von Fulda. Rekonstruktionszeichnung

Zwischen 863 und 871 entstand die dritte große Evangelienharmonie. Verfasser des althochdeutschen »Evangelienbuchs« ist Otfrid von Weißenburg, Schüler von Hrabanus Maurus sowie Mönch und Lehrer im elsässischen Kloster Weißenburg. Einleitend hebt Otfrid die geschichtliche Bedeutung der Franken hervor, die sich auch sprachlich mit allen anderen Völkern messen könnten. Gestützt auf den lateinischen Bibeltext der »Vulgata«, erzählt das »Evangelienbuch« die Lebensgeschichte Jesu und fügt jeweils deutende und moralisierende Texte ein. Eine entscheidende Neuerung stellen vor allem die binnengereimten Langzeilen nach dem Vorbild der lateinischen Hymnendichtung dar. Mit der Einführung des Endreimverses geht die Zeit der Stabreimdichtung zu Ende.

Einen Nachklang bildet das Stabreimgedicht »Muspilli« (um 875), vielleicht eine Bezeichnung für Weltuntergang oder Gericht. Den Darstellungen der Hölle und des Paradieses folgen der Kampf des Elias mit dem Antichrist, der Bericht vom Untergang der Welt und die Schilderung des Jüngsten

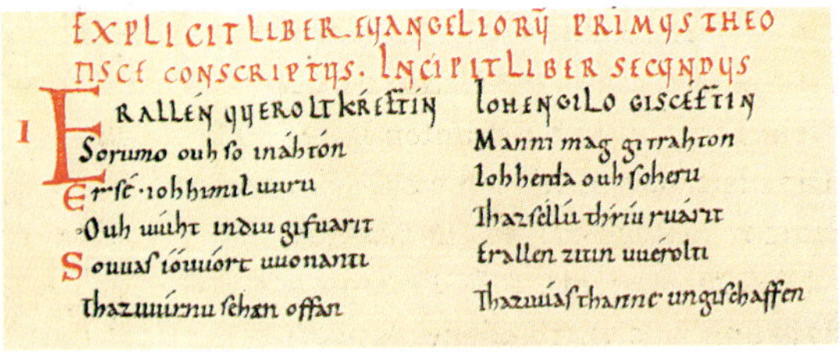

EXPLICIT LIBER EVANGELIORU̅ PRIMUS THEO
TISCE CONSCRIPTUS. INCIPIT LIBER SECUNDUS
I ERALLEN UUEROLTKREFTIN IOHENGILO GISCEFTIN
Sorumo ouh so inahton Manni mag girrahton
Erst iob himil uuurti Ioh herda ouh soheru
Ouh uuiht indiu gifuarit Thazsellu thriu ruarit
Souuas io uuort uuonanti Erallen zitin uuerolti
Thazuuirnu sehan offan Thazuuas thanne ungiscaffan

Aus Otfrids »Evangelienbuch«. Das in der Volkssprache geschriebene erste »Evangelienbuch« ist rheinfränkisch. Das zweite Buch fängt an:

»Ehe die Welt erschaffen war und der Engel ganze Schar,
So lange her ist's, daß daran keiner sich erinnern kann,
Ehe Himmel war und Meer um die feste Erde her,
Eh ein Geschöpf ward eingesetzt, das alle drei erfüllet jetzt,
Da war das Wort schon vor der Zeit der Welt in alle Ewigkeit!
Was sonst nun vor uns liegt im Licht, erschaffen war es damals nicht.«

Gerichts. Ziel der apokalyptischen Vision ist, den Menschen zur geistlichen Einkehr zu bewegen.

Fater unser, du pist
in himilum.
Kauuihit si namo
din.
Piqhueme rihhi din.
Uuesa din uuillo,
sama so in himile
ist, sama in erdu.
Pilipi unsraz, emizzigaz kip uns
cogauuanna.
Enti flaz uns unsro
sculdi, sama so
uuir flazzames
unsrem scolom.
Enti princ unsih inin
chorunka.
Uzzan kaneri unsih
fona allem sunton.
Amen

Das althochdeutsche »Vaterunser«, überliefert in einer Handschrift vor dem 9. Jahrhundert

Die Literatur wird weltlich – Die vorhöfische Epik

Im ausgehenden frühen Mittelalter gewinnen weltliche Tendenzen in der Literatur zunehmend an Bedeutung. Herausragende geistliche Dichtungen bleiben vereinzelt. Nicht selten setzen sie sich mit Problemen der wachsenden Verweltlichung auseinander. So die in lateinischer Sprache verfaßten Dramen Hrotsvitas von Gandersheim (um 935–nach 1000), die in oft drastischer Darstellung den Sieg keuscher christlicher Jungfrauen über ihre weltlichen Versucher darstellen. Um 1160 geißelt Heinrich von Melk, der erste Satiriker deutscher Sprache, die Verweltlichung des Rittertums und der Geistlichkeit in seiner Reimdichtung »Von des todes gehugde« (»Erinnerung an den Tod«).

Reine geistliche Dichtungen stammen von der Klausnerin Ava, der ersten deutschen Dichterin. In szenischer Darbietung erzählt sie das Leben Jesu nach. Mystisch geprägt sind die Gesichte der Hildegard von Bingen. In ihrem »Liber scivias« (»Wisse die Wege«) aus den Jahren 1141–47 legt sie das kirchliche Dogma aus.

Daneben entwickelt sich unübersehbar die weltliche Literatur. Ausgehend von dem Sieg des westfränkischen Königs Ludwig III. über die Normannen (Saucourt 881), feiert das bereits 881 entstandene »Ludwigslied« die Franken als Gottes auserwähltes Volk. Geschrieben ist das Lied in der auf Otfrid zurückweisenden binnengereimten Langzeile. Die erste ausschließlich weltliche Dichtung in deutscher Sprache nach dem »Hildebrandslied« stellt die zwischen 1135 und 1150 entstandene »Kaiser-

Hrotsvita von Gandersheim überreicht Otto dem Großen und dem Erzbischof von Mainz ihre Werke. Holzschnitt Albrecht Dürers aus der Werkausgabe 1501.

chronik« dar, der Versuch einer Darstellung der Geschichte des römisch-deutschen Reiches von seinen Anfängen bis zum Jahr 1147.

Es folgen epische Versdichtungen, in denen sich weltliches Geschehen und geistliche Sinngebung mal mehr, mal weniger durchdringen. So das »Alexanderlied« (1140/50) des Pfaffen Lamprecht, »König Rother« (um 1150), das »Rolandslied« (um 1170) des Pfaffen Konrad und »Herzog Ernst« (um 1170) mit seinen farbigen Schilderungen der exotischen Welt der Kreuzzüge.

Aus dem Jahr 1070 stammt der erste deutsche Roman. »Ruodlieb«, in lateinischen Hexametern geschrieben, erzählt von der Ausfahrt des sittlich beispielhaften Ritters, von seinen Abenteuern und seinen Erfolgen. Wie im Artusroman vermischen sich Wirkliches und Märchenhaftes.

»Rolandlied« aus der Heidelberger Handschrift des 12. Jahrhunderts. Die Federzeichnung zeigt Roland auf dem Schlachtfeld inmitten getöteter Heiden.

»… daz ir deste werder sît.« – Die veredelnde Kunst des Minnesangs

Der Minnesang ist die erste Ausprägung einer weltlichen Lyrik in deutscher Sprache. Seine Wurzeln liegen in der südfranzösischen Troubadourdichtung. Von Südfrankreich aus verbreitete er sich seit Ende des 12. Jahrhundert nach Norden. *Minne* ist ein altes Wort für Liebe, ursprünglich im Sinn eines liebenden Gedenkens.

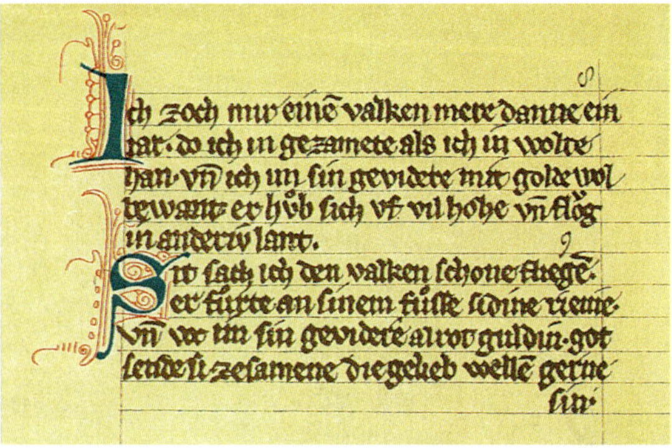

Ich zoch mir einē valken mere danne ein
iar. do ich in gezamete als ich in wolte
han. vn̄ ich im sin gevidere mit golde wol
bewant. er hůb sich vf vil hohe vn̄ flôg
in anderiv lant.
Sit sach ich den valken schone fliegē.
er fůrte an sinem fůsse sidine riemē.
vn̄ was im sin gevidere alrot guldin. got
sende si zesamene die gelieb wellē gerne
sin.

Das berühmteste Minnelied des Kürenbergers aus der Großen Heidelberger Liederhandschrift.

Darstellung der Frau Minne auf einer elfenbeinernen Spiegelkapsel aus dem 13. Jahrhundert. Veranschaulicht wird die bezwingende Kraft der Minne.

Im Vorfeld des eigentlich höfischen Minnesangs ist der donauländische Minnesang mit seinen beiden Hauptvertretern Der von Kürenberg und Dietmar von Aist anzusiedeln. In den zwischen 1150 und 1180 entstandenen Liedern mit ihren Männer- und Frauenstrophen geht es um die Trennung von Liebenden, um vergangenes Glück und gegenwärtiges Leid.

Erst in den Liedern des rheinischen Minnesängers Friedrich von Hausen (um 1170–90) ist die Konzeption des hohen Minnesangs voll ausgebildet. Das lyrische Ich ist ein liebender Ritter, der um die Liebe der Dame, seiner Herrin, wirbt. Da es sich aber bei der Umworbenen in der Regel um eine verheiratete Frau handelt, ist körperliche Erfüllung ausgeschlossen. In diesem Sinn ist das als Dienst verstandene Dichten aussichtslos. Der Lohn beschränkt sich auf Gruß und Lächeln.

Ziel ist die Veredlung des Mannes, der im Minnedienst lernt, Herr zu werden über sein körperliches Verlangen, indem er in der schmerzlichen Entsagung geläutert wird. Der Minnesang setzt eine geschlossene höfische Gesellschaft voraus, deren Freude der Minnesänger durch den musikalischen Vortrag seiner Gedichte steigert. Der hohe

Musizierende Ritter. Skulpturen vom Magdeburger Dom

Walther von der Vogelweide

geistige Anspruch bildet sich in der Form ab. Höfischer Minnesang ist strophisch gegliedert. Jede Strophe besteht aus einem Aufgesang aus zwei rhythmisch-klanglich gleichgebauten Teilen (Stollen) und aus einem Abgesang. Die Kunst des Endreims ist vollendet entwickelt.

Die wichtigsten, nahezu ausnahmslos mit dem staufischen Hof verbundenen Minnesänger sind: Hartmann von Aue (Lieder um 1180–1200), Albrecht von Johannsdorf (Lieder um 1190), Heinrich von Morungen (Lieder um 1180–1200) und Reinmar (Lieder um 1185–1210).

Der berühmteste unter den Minnesängern ist Walther von der Vogelweide, dessen Lieder zwischen 1190 und 1230 zu datieren sind. Nach Anfängen in der konventionellen Minneklage um die Unerfüllbarkeit des Liebeswerbens beginnt Walther, sogenannte »Mädchenlieder« zu schreiben, die, eingebettet in eine idyllische Frühlings- und Sommernatur, von der erfüllten, gegenseitigen Liebe sprechen. In der »nideren« Minne begegnen sich jeweils ein ritterlicher Mann und ein Landmädchen. Eine dritte Gruppe von Minneliedern wendet sich wieder der höfischen Welt zu. In ihnen tritt an die Stelle der Standesherrin (*frouwe*) die Frau (*wîp*), deren Weiblichkeit herausgestellt wird. Zwar wird in diesem Konzept der »ebenen« Minne die Erfüllung selbst nicht gestaltet, aber sie erscheint auch nicht länger ausgeschlossen. Mit Walther erreicht die weltliche Minnedichtung

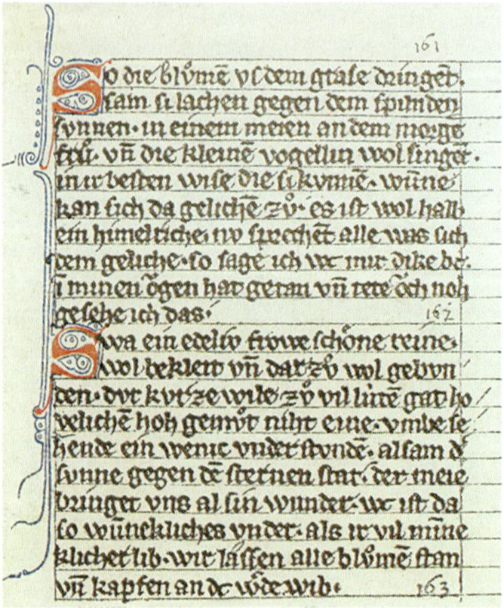
161
So die blůmē vs dem grase dringēt·
sam si lachen gegen dem spilnden
sunnen· in einem meien an dem morge
ne· vñ die kleinē vogellin wol singēt·
in ir besten wise· die si kunnē· waz wūne
kan sich da geliche zů· es ist wol halb
ein himelriche· nu sprechēt alle was sich
dem geliche· so sage ich wc mir dike be.
i minen ǒgen hat getan vñ tete ǒch noh
gesehe ich das· 162
Swa ein edelu frowe schône reine·
wol becleit vñ dar zů wol gebun
den· dur kurzewile zů vil liutē gat ho
veliche hoh gemůt niht eine· umbe se
hende ein wenic under stundē· alsam d
sunne gegen dē sternen stat· der meie
bringet uns al sin wunder· wc ist da
so wūnekliches under· als ir vil mīne
klicher lib· wir lassen alle blůmē stan
vñ kapfen an dc werde wib· 163

Eines der schönsten Minnelieder Walthers im Stil der hohen Minne: »So die bluomen uz dem grase dringent«. Aus der Großen Heidelberger Liederhandschrift.

einen Höhepunkt. Befreit aus den Fesseln der höfischen Konvention und des asketischen Erziehungsideals, gewinnt die Liebe als Einklang von Körper und Seele Ausdruck.

Walthers Dichten erschöpft sich jedoch nicht in der Liebeslyrik. Berühmt geworden sind daneben seine Sprüche, in denen er sich mit den gesellschaftlichen Verhältnissen auseinandersetzt und sich nicht scheut, die weltlichen und kirchlichen Machtträger für den herrschenden Unfrieden und die Rechtsverletzungen verantwortlich zu machen. Nur, wo die Ehre des Menschen, das materielle Gut und die göttliche Gnade im Einklang sind, kann es eine menschenwürdige Ordnung geben. Dichtung ist nicht nur das Medium eines schönen, idealen Lebens, sondern auch Instrument der Zeitkritik.

Herzog Heinrich empfängt den Kranz

Hartmann von Aue

Epos und Ethos – Entwürfe ritterlichen Menschentums

Neben dem Minnesang entwickelte sich in staufischer Zeit das Versepos als zentraler Ausdrucksträger des idealen ritterlichen Menschenbildes. Zu Modellen höfischen Rittertums avancierten der aus der keltischen Heldendichtung stammende König Artus und die Ritter seiner Tafelrunde. Von Britannien über Frankreich gelangte der Sagenstoff nach Deutschland, wo er sich in bedeutenden höfischen Versromanen niederschlug.

Artus bildet das sittliche Zentrum einer stilisierten ritterlichen

Wolfram von Eschenbach

Welt. Geprägt wird die Artusepik von der *aventiure*, von der ritterlichen Tat, die weniger ein bestimmtes Ziel verfolgt, als das Selbstwertgefühl desjenigen steigert, der zu solcher Leistung fähig ist. In den oft wunderbaren und märchenhaften Ereignissen spiegelt sich die über den Alltag hinausgehobene Welt des Artuskreises. Nur wer hinausreitet und die *aventiuren* erfolgreich besteht, erwirbt die Ehre, die ihn der Aufnahme in die Tafelrunde würdig macht. Dort, vor der Kulisse eines immerwährenden Frühlings und Sommers, findet der heimgekehrte Held Anerkennung im Rahmen des höfischen Fests, Ausdruck vollendeten Stils und menschlicher Schönheit.

Mittelpunkt des Fests ist die idealisierte, unwirklich schöne Frau, deren Bewunderung bei den veranstalteten Turnieren das Lebensgefühl des Ritters steigert. Vergleichbar mit dem Minnesang besitzt die Minne auch hier läuternde Kraft. Sie fällt dem Ritter als Lohn für seine Leistungen zu. Die Minne gilt in der Epik ausschließlich der unverheirateten Frau. Ihr Ziel ist die Ehe. Den tiefsten Gehalt des höfischen Versromans bildet die ethische Voll-

Heinrich von Veldekes 1170/90 nach Vergils »Aeneas« entstandene »Eneide« ist ein Vorläufer der mittelalterlichen Epik. Spannend ist die Entstehungsgeschichte. Veldeke hatte das noch nicht abgeschlossene Manuskript der Gräfin von Cleve geliehen, die 1174 den thüringischen Landgrafen heiratete. Der Bruder des Bräutigams entwendete die Handschrift und schickte sie nach Thüringen. Erst 1183 kam Heinrich wieder in den Besitz seines Werks, nachdem ihn der Landgraf Hermann I. auf die Neuenburg in Freyburg an der Unstrut eingeladen hatte, wo er das Epos bis 1190 vollendete. Die Anknüpfung an den Antikenroman blieb allerdings Episode.

Lied: Liebesmonolog in dreigeteilten Strophen, zweigeteilter Aufgesang und Abgesang, Hauptform der Minnedichtung
Wechsel: Dialog zwischen Mann und Frau
Tagelied: Abschied der Liebenden am Morgen nach gemeinsam verbrachter Nacht
Spruch: Reimpaare ohne feste Komposition mit weltanschaulichen, didaktischen und kritischen Gehalten. Bekanntester Vertreter: Freidanks (um 1200) »Bescheidenheit« (Unterscheidungs-, Urteilsvermögen)
Leich (got. *leiks* = Spiel, Tanz): Durchkomponiertes vokales Musikstück mit unregelmäßigem Strophenbau. Überliefert sind Tanz-Leiche, Minne-Leiche und religiöse Leiche.

endung, die Entwicklung zum ritterlichen Menschen, in dem sich Hand und Herz, Tat und Gefühl zur zeitlosen, vollkommenen Harmonie verbinden. Künstlerischen Ausdruck findet das ideale Menschenbild im vierhebigen, zur höchsten klanglichen Reinheit gesteigerten epischen Reimpaar.

Die herausragenden Vertreter des höfischen Versepos sind: Hartmann von Aue (um 1165–um 1215), Gottfried von Straßburg (Lebensdaten unbekannt) und Wolfram von Eschenbach (um 1170–um 1220).

Im »Erec« (um 1180–85) und im »Iwein« (um 1200) problematisiert Hartmann ritterliches Verhalten. Schildert er in dem früheren Epos den Ritter, der Ehre, Besitz und eine Frau gewinnt, dann aber zu verbauern droht und erst in einem zweiten Anlauf seine Ehre zurückerobert, so erzählt das spätere Epos von dem Ritter, der über sein unstetes Abenteurertum seine Frau und seine sozialen Pflichten vernachlässigt, bis er schließlich zur Einsicht in verantwortliches Handeln gelangt.

In der um 1195 entstandenen Verserzählung »Der arme Heinrich« erkennt ein Ritter seine Krankheit als Strafe für sein ausschließlich weltliches Leben. Erst nachdem er aus tiefem Mitleid auf das Opfer eines Mädchens ver-zichtet hat, gesundet er wieder im Vertrauen auf die göttliche Gnade.

Vor allem ist es Wolfram von Eschenbach, der in seinem berühmten Epos »Parzival« (um 1200–10) das Ethos einer ritterlichen Existenz entwirft, in der sich das ritterlich-höfische Ideal und der göttliche Wille verbinden. In dem Doppel-

Das ritterliche Menschenbild ist geprägt durch die Tugenden der Zucht, Ehre, Maße, Hoher Mut, Stetigkeit, Tapferkeit, Treue, Mitleid und Keuschheit. Im Mittelpunkt steht die Herrschaft über sich selbst. Die Triebe werden nicht verneint, sondern sublimiert. Trauern gilt als Mangel an Idealismus. Freude verbürgt die Lebensform der rastlosen Tätigkeit im Dienst der idealen Kulturziele, Bejahung der durch die höfische Kultur geformten Ganzheit des Lebens.

Parzival stellt die von aufrichtigem Mitleid eingegebene Frage: »oheim was wirret dir?«

Szenen aus dem »Parzival«, Buchmalerei aus dem 13. Jahrhundert

Szenen aus dem »Tristan«, Buchmalerei um 1240

Neidhart von Reuenthal, umgeben von Bauern, die auf tölpelhafte Weise ritterliches Verhalten nachzuahmen versuchen.

roman stehen sich das weltliche Rittertum Gawans und das geistliche Gralsrittertum gegenüber, zu dem Parzival berufen ist und in das er nach einer Reihe von Irrwegen schließlich aufgenommen wird, nachdem er Mitleid (*erbärmde*) mit dem erkrankten Gralskönig gezeigt hat. Der Gral, ein wunderbarer Stein, symbolisiert das Höchste, wonach ein Mensch zu streben und das er nur durch die Gnade Gottes zu erlangen vermag. Im Gral ist der Dualismus von Gott und Welt aufgehoben.

Gottfrieds »Tristan und Isolde« (um 1210) ist ein tragischer Liebesroman, der die Harmonisierung der Artusepik verweigert. Unlösbar ist der Konflikt zwischen der Autonomie elementarer Liebe und den gesellschaftlichen Ordnungen. Im Rahmen der höfischen Gesellschaft mit ihren fixierten Verhaltens- und Erwartungsmustern hat die unbedingte Liebe keine Chance. Am Ende steht der Tod der Liebenden.

Zutiefst tragisch ist auch das um 1200 von einem unbekannten Verfasser geschriebene »Nibelungenlied«. Verbunden sind in diesem sich von

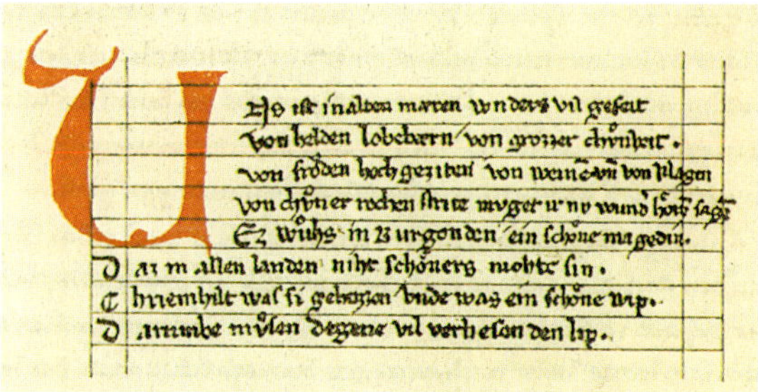

Die Nibelungenstrophe geht auf das Muster des Kürenbergers zurück. Gelegentlich werden Binnenreime verwendet.

der Artusepik entfernenden Versroman der historische Untergang der Burgunden (436) mit der sagenhaften Siegfried-Brünhild-Handlung. Rache und Macht bestimmen das Geschehen. Nach der Ermordung Siegfrieds, der für König Gunther Brünhild in der Hochzeitsnacht bezwungen hatte, rächt sich Kriemhild, die Witwe Siegfrieds und spätere Frau des Hunnenkönigs, an den Mördern, indem sie die Burgunden niedermetzeln läßt und Hagen, den Mörder ihres Mannes, mit eigener Hand tötet. Im Finale triumphiert die Katastrophe als Ausdruck eines tiefen Geschichtspessimismus. Gottfrieds »Tristan« und das »Nibelungenlied« gestalten die Tragik unter der geglätteten Oberfläche einer stilisierten ritterlichen Idealwelt.

Kriemhild zieht zu Etzel. Buchmalerei aus einer um 1440 entstandenen Handschrift

Die Kultur im Umbruch: Das späte Mittelalter

Noch während der Blütezeit der staufischen Klassik erhob sich Kritik an ihrer Vergeistigung und Verfeinerung. Bereits um 1210 und später verspottet Neidhart von Reuental in seinen »Sommer-« und »Winterliedern« die Lebensfremdheit des höfischen Minnesangs, indem er den Minnesang in ein rüpelhaft bäurisches

Eine Seite aus dem Augsburger Druck des Schwankbuchs »Neidhard Fuchs«, um 1491–97

Milieu versetzt. Es geht nicht länger um die läuternde Kraft der Minne, sondern um handfeste erotische Erfüllung.

Mit dem Verfall staufischer Macht um die Mitte des 13. Jahrhunderts ging auch ein Verfall des Rittertums einher. In Wernhers der Gartenaere »Meier Helmbrecht« (1250/80), der ersten deutschen Dorfgeschichte, versuchen die Bauern, es den Rittern gleichzutun. Noch scheitert der Versuch, und die Emporkömmlinge werden hart bestraft. Markant treten aber die Risse in der ritterlich höfischen Gesellschaft hervor.

Der endgültige Zusammenbruch der staufischen Reichsgewalt führte zu einem Erstarken der bürgerlich-städtischen Kultur. Deutlich werden die Züge zum Nützlichen, Realen und Unterhaltsamen, zum Didaktischen und Satirischen. Viele der überkommenen Epen werden in Prosa aufgelöst und befriedigen wie der »Gehörnte Siegfried«, »Tristan und Isolde« u. v. a. ein breites Unterhaltungsbedürfnis. In der zwischen 1300 und 1340 in Zürich entstandenen »Manessischen Liederhandschrift«, geschmückt mit über hundert ganzseitigen Miniaturen, sammelt man die ritterliche Minnelyrik. Dabei steht weniger der geistige Gehalt als die dekorativ-kunstgewerbliche Attraktion im Mittelpunkt.

Der Hahn verklagt den Fuchs beim Löwen, dem König der Tiere.

Beliebt sind Schwanksammlungen wie »Der Pfaffe von Kalenberg« (1473) und »Neidhard Fuchs« (um 1490), in denen sich die Freude am Derbsinnlichen Bahn bricht. In Heinrich Wittenwilers »Ring« (um 1400) spitzen sich die schwankhaften Elemente zu einem satirischen Lehrgedicht zu, das gegen die triebhafte bäurische Welt die kontrollierende Kraft der Vernunft beschwört. Zeit- und Ständekritik übt das Tierepos »Reynke de Vos« (1498). Brüchig erscheint die höfische Gesellschaft mit ihrer Tendenz, immer wieder in tierisches Verhalten abzusinken.

Oswald von Wolkenstein (um 1377–1445)

Eine herausragende poetische Leistung stellen die zwischen 1400 und 1445 entstandenen Gedichte Oswalds von Wolkenstein dar. In lyrischer Selbstdarstellung spiegeln sich ein bewegtes Leben und eine originelle Persönlichkeit, die sich von Tradition und Idealen gleichermaßen emanzipiert. Das Streben nach einer neuen positiven Sinngebung des menschlichen Daseins rief im späten Mittelalter eine einflußreiche mystische Bewegung ins Leben. Ihr Hauptvertreter, Meister Eckhart, versteht in seinen »Mystischen Schriften« (1295/1327) die Schöpfung als fortgesetzte Wiedergeburt Gottes im Menschen. Aufgabe des Geschöpfs ist es, den Wesenskern des Schöpfers in sich selbst zu entdecken, das »Fünklein Gottes« im eigenen Innern zu entfachen. Im späten Mittelalter beginnt die Selbstentdeckung des Menschen.

Aus der szenischen Darstellung geistlich religiöser Inhalte entwickelten sich im Spätmittelalter einige dramatische Formen:

Drei Mönche als Darsteller der Marien kommen an das geöffnete Grab Christi, wo ihnen ein Engel die Auferstehung verkündet.

Mysterienspiel: Szenische Erweiterung des Oster- und Weihnachtspiels, aufgeführt auf dem Kirch- bzw. Marktplatz. Zur Darstellung kam die gesamte biblische Geschichte.

Fronleichnamsspiel: Szenische Begleitung des 1264 ins Leben gerufenen Fronleichnamsfestes

Marienklage: Als selbständige dramatische Form am Karfreitag aufgeführt

Legendenspiele: Von den kirchlichen Festtagen unabhängige Dramatisierungen des Lebens der Heiligen bzw. legendenhafter Episoden

Fastnachtsspiele: Weltliche Dramen, bekannt seit dem 15. Jahrhundert, mit abenteuerlichen und schwankhaften Stoffen, oft derb und frivol, auf Unterhaltung gerichtet, meistens in Wirtshäusern aufgeführt

1414–18
Reformkonzil in Konstanz. Jan Hus wird als Ketzer verbrannt.

1453
Eroberung Konstantinopels durch die Türken

um 1453
Erfindung des Buchdrucks durch Johannes Gutenberg

1492
Columbus entdeckt Amerika.

1495
Reichstag zu Worms (Reichsreform). Kaiser Maximilian I. verkündet den Ewigen Landfrieden.

1500
Reichstag zu Augsburg

31. Oktober 1517
Luther schlägt seine 95 Thesen in Wittenberg an.

1521
Luther auf dem Reichstag zu Worms

1524–25
Bauernkrieg

25. Juni 1530
Augsburgisches Bekenntnis

25. September 1555
Augsburger Religionsfriede (*cuius regio, eius religio* – wessen Herrschaft, dessen Glaube)

Sehnsucht nach Erneuerung

Das Bewußtsein im ausgehenden Mittelalter ist geprägt von der Sehnsucht nach Erneuerung, nach der inneren Wiedergeburt des Menschen. Renaissance, Humanismus und Reformation wurzeln im gleichen Verlangen nach einem Aufbruch aus der Enge der Traditionen. Gestützt wurde die Bewegung geschichtlich durch die Flucht griechischer Gelehrter nach Italien, nachdem die Türken Konstantinopel erobert hatten (1453), sowie durch die Entdeckung Amerikas (1492) und technisch durch die Erfindung des Buchdrucks im Jahr 1453. Um 1570 war die Umstellung von der Handschrift auf den Druck allgemein vollzogen, so daß die Schriften schnell und billig verbreitet werden konnten.

Rückte die Renaissance, die italienische *rinascita*, das diesseitige Dasein und dessen künstlerische Durchdringung ins Zentrum, so betonte der Humanismus mehr die wissenschaftliche Erkenntnis, während es der Reformation um die geistliche Erneuerung des Menschen ging.

Das neue diesseitig orientierte Lebensgefühl, wie es in den Novellen des »Decamerone« von Giovanni Boccaccio Gestalt gewann, blieb in Deutschland auf einen kleinen Kreis von Intellektuellen beschränkt, die sich nicht selten noch der lateinischen Sprache bedienten. Unverkennbar ist jedoch, daß sich selbst

Sandro Botticelli, *Geburt der Venus*, um 1485. In der künstlerischen Wiederbelebung der sinnenfrohen griechischen Mythen spiegelt sich die Weltbejahung der Renaissance.

in bürgerlich ungelehrten Kreisen wie beispielsweise bei den Meistersingern ein Bedürfnis nach neuer ästhetischer Selbstdarstellung ausprägte.

Entscheidend für die Entwicklung einer deutschen Literatursprache waren vor allem die Übersetzungen der Humanisten aus dem Lateinischen, Italienischen und Französischen. In diesem Sinne ist auch Martin Luther einer der großen Spracherneuerer aus dem Geist des Humanismus. Seine Bibelübersetzung aus den griechischen und hebräischen Urtexten legte die Grundlage für ein neues nationales Sprachbewußtsein. Während Luther sprachlich und literarisch im Sinn der umfassenden Erneuerungsideen der Zeit wirkte, beschränkte sich die von ihm ins Leben gerufene Reformationsbewegung auf die geistliche, auf Glauben und Offenbarung gestützte Erneuerung. Die Reformation ließ im Unterschied zur italienischen Renaissance eine konsequent diesseitige Kultur in Deutschland nicht zu.

Spiegel der Zerrissenheit der Zeit zwischen Erneuerung und Rückwärtsgewandtheit ist die verbreitete didaktisch-satirische Literatur sowie das vielgelesene Volksbuch, das einerseits die Engstirnigkeit verspottet, andererseits jedoch vor humanistischem Erkenntnisdrang und renaissancehafter Lebenslust warnt. Die Welt des 16. Jahrhunderts ist eine Welt im Aufbruch. Neues kündigt sich unübersehbar an, und Altes, wenn auch in die Verteidigung gedrängt, dauert weiterhin fort.

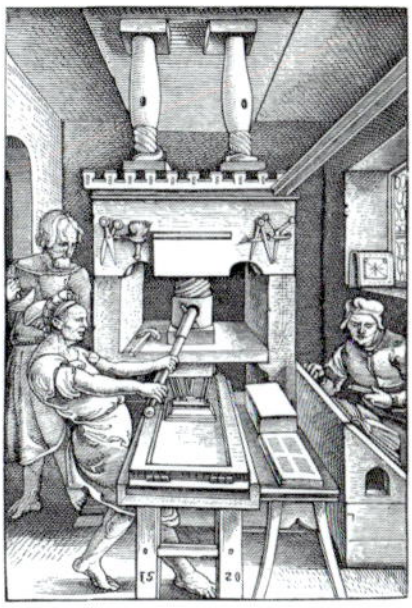
Eine Buchdruckerpresse um 1520

Protestantische Universitätsgründungen:

1527	Marburg
1544	Königsberg
1558	Jena
1576	Helmstedt
1607	Gießen

Muster einer deutschen Literatursprache

Insbesondere die italienische Renaissance mit ihren herausragenden literarischen Leistungen übte einen starken Einfluß auf die Humanisten aus und gab erste Anstöße zur Entwicklung einer nationalen Literatursprache. Auffällig ist das Hervortreten der Prosa, die im engeren literarischen Bereich neben dem dominierenden Vers bisher kaum eine Rolle gespielt hatte. Anregend wirkten vor allem die italienischen Novellen und Schwänke.

Albrecht von Eyb (1420–75). Holzschnitt von 1511. Sinnbild des einsam schaffenden Humanisten in seiner Gelehrtenstube – die Parallelen zur klassischen Darstellung Erasmus von Rotterdams sind unverkennbar.

In kurtze zuerzelen, so ist die Ee ein erbers ding, ist ein muter vnd meisterin der keuscheit: wann durch die ee werden vermiden unlavtter, fremde begire vnd ander schwer sünde der vnkeuscheit. die Ee ist ein nutzs, heilsams ding: durch die werden die landt, stet vnd heuser gepawen, gemeret vnd in fride behalten, manich streyt, schwer krieg und veintschafft hindergelegt vnd gestillet, gut freundschafft vnd syppe vndter frembden personen gemacht und das gantz menschlich geschlecht geewigt. (Kurz gesagt, ist die Ehe eine achtenswerte Einrichtung, sie ist die Mutter und Meisterin der Keuschheit: Denn durch die Ehe werden Unlauterkeit, fremde Begierde und die schwere Sünde der Unkeuschheit vermieden. Die Ehe ist eine nützliche und heilsame Einrichtung: Sie errichtet Länder, Städte und Häuser, vermehrt deren Zahl und befriedet sie, sie schlichtet manchen Streit, manchen Krieg und manche Feindschaft, sie stiftet Freundschaft und Gemeinschaft unter Fremden und verewigt das menschliche Geschlecht.)

Aus Albrecht von Eyb (1420–75): »Ehebüchlein« (1472). Beispiel für eine selbständige, frühneuhochdeutsche Prosa

Bereits 1471 erschien Heinrich Steinhöwels Übersetzung von Petrarcas lateinischer Fassung der Boccaccio-Novelle »Griseldis« im Druck. Ihm folgten 1472 Albrecht von Eyb mit seiner Übersetzung der Novelle »Guiscard und Sigismunde« von Boccaccio und Heinrich Schlüsselfelder (Arigo) im gleichen Jahr mit der Gesamtübersetzung von Boccaccios »Decamerone«. Steinhöwel war es wiederum, der 1475 das »Buch und Leben des Fabeldichters Esopi« vorlegte, Übersetzungen lateinischer Fabelsammlungen, erweitert durch die italienischen Schwänke Poggios in deutscher Sprache. Niklas von Wyle schließlich stellte in seinen »Tütschungen« (Eindeutschungen) von 1478 nochmals Petrarca, Boccaccio und Poggio vor.

Titelblatt von Fischarts »Geschichtsklitterung« in einer Ausgabe von 1590

Während sich Wyle am Lateinischen als verbindlichem Maßstab orientiert, sind die Übersetzungen Eybs und Steinhöwels freier und im Stil und Satzbau dem deutschen Sprachempfinden näher. Nicht von »wort zuo wort« will Steinhöwel übersetzen, sondern von »sin zuo sin«. Sein Ziel ist, in »ruigem verstendlichem tütsch« zu schreiben, um »den lesenden menschen« zu erreichen.

Vom souveränen Umgang mit der fremdsprachlichen Vorlage und der inzwischen erreichten Meisterschaft in der muttersprachlichen Stilisierung zeugt Johann Fischarts »Geschichtsklitterung« aus dem Jahr 1575. Zugrunde liegt der »Gargantua« des französischen Humanisten François Rabelais. Fischart weitet die Satire auf die scholastisch weltfremde Theologie und das Mönchstum durch Einschübe und Exkurse auf das Dreifache aus. In der »Trunckenen Litanei« bildet er in einer wahren Sprachorgie das Gestammel und Grölen während eines Zechgelages auf 30 Seiten (bei Rabelais 3 Seiten) in einem atemlos hinreißenden Sprachfluß ab.

»... daß ich rein und klar Deutsch geben möchte ...« Martin Luthers Bibelübersetzung

Martin Luther. Ölgemälde von Lucas Cranach d. Ä. 1526

Weniger die Schaffung einer deutschen Bibel war Luthers bahnbrechende Tat als die Lösung von der kanonisierten lateinischen »Vulgata«. Im Rückgriff auf die griechischen und hebräischen Quellen ging es ihm darum, unabhängig von der Papstkirche eine Bibel in deutscher Sprache zu schaffen, in der der mündig gewordene Laie dem Wort Gottes selbst unmittelbar begegnen konnte.

Aus solcher Zielsetzung entstand das Bibeldeutsch Luthers mit seinen nachhaltigen Wirkungen auf die deutsche Sprache und den deutschen Stil. In seinem berühmten »Sendbrief vom Dolmetschen« (1530) fordert er, aus dem »Hertzen« zu übersetzen. Seine katholischen Kritiker sind in seinen Augen bloße Wortklauber, »Esel und Buchstabilisten«. Ein klares, verständliches Deutsch aber vermag nur der zu schreiben, der der Mutter im Haus, den Kindern auf

Vulgata: »Sumere panem filiorum et mittere canibus« Mentelin (der erste Druck einer deutschen Bibel, 1466): »ze nemen daz brot der sune und ze geben den hunden.« Luther: »das man den kindern ihr brott neme und werft es fur die hunde.«

Biblia/das ist/ die
gantze Heilige Sch=
rifft Deudsch.
Mart. Luth.
Wittemberg.
Begnadet mit Kür=
fürstlicher zu Sachsen
freiheit.
Gedruckt durch Hans Lufft.
M. D. XXXIIII.

Luthers Übersetzung der ganzen »Heiligen Schrift« erschien 1534 mit einem kolorierten Holzschnitt aus der Cranach-Werkstatt auf der Titelseite.

Die hat ein end Genesis vnd hebt an
das buch exodus.j.

Js seind die namen d sün
isr態hel die do giengen ein i
egipten mit iacob Sunder
sy eingiengen mit irē heü
sern. Ruben simeon leui iu/
das ysachar zabulon vn̄ be
niamin. dan̄ vn̄ neptalim.
gad vnd aser. darumb aller d selen die do außgien
gen von d hüff iacobs der waren lxx. Wan̄ ioseph
was in egipten Vn̄ do der starb mit allen seinē brü

Johann Mentelin druckte in Straßburg die erste deutsche Bibel. Illustrationen enthält aber erst der zwischen 1475 und 1477 bei Jodocus Pflanzmann in Augsburg hergestellte Druck. Der kolorierte Holzstich leitet dort den »Exodus« ein.

der Gasse und dem gemeinen Mann auf dem Markt »aufs Maul« schaut. Luthers Bibeldeutsch, getragen von natürlichem Sprachgefühl, ist anschaulich, ausdrucksvoll und kräftig, mitunter auch derb mit einer gewissen Nähe zum Vulgären, aber immer sicher und klar. Luthers Bibelübersetzung, im Dezember 1521 auf der Wartburg begonnen, lag vollständig erstmals 1534 vor und erlebte zu Luthers Lebzeiten neun, das »Neue Testament« 18 Ausgaben.

Die Sprachgewalt des Reformators schlug sich auch in seinen Kirchenliedern nieder. Anders als in der katholischen Messe kommt dem Gemeindelied im protestantischen Gottesdienst eine liturgische Aufgabe zu, da die Gemeinde selbst dessen eigentlicher Träger ist. Die im wesentlichen im Wittenberger »Geistlichs Gesangbüchlein« von 1524 gesammelten Lieder gehen mit wenigen Ausnahmen auf Vorlagen zurück, die Luther einschlägig bearbeitet hat. Zu den

Separat erschien 1546 Luthers Übersetzung des »Neuen Testaments«. Auf der Titelseite knien Luther und Kurfürst Johann Friedrich der Großmütige von Sachsen unter dem Kreuz.

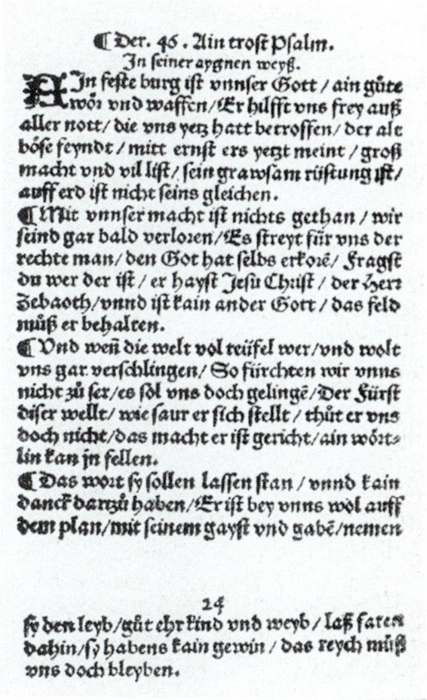
Der. 46. Ain trost Psalm.
Jn seiner aygnen weyß.

AJn feste burg ist vnnser Gott / ain güte wör vnd waffen / Er hilfft vns frey auß aller nott / die vns yetz hatt betroffen / der alt böse feyndt / mitt ernst ers yetzt meint / groß macht vnd vil list / sein grawsam rüstung ist / auff erd ist nicht seins gleichen.

Mit vnnser macht ist nichts gethan / wir seind gar bald verloren / Es streyt für vns der rechte man / den Got hat selbs erkorē / Fragst du wer der ist / er hayst Jesu Christ / der Herr Zebaoth / vnnd ist kain ander Gott / das feld müß er behalten.

Vnd weñ die welt vol teüfel wer / vnd wolt vns gar verschlingen / So fürchten wir vnns nicht zü ser / es sol vns doch gelingē / Der Fürst diser wellt / wie saur er sich stellt / thüt er vns doch nicht / das macht er ist gericht / ain wörtlin kan jn fellen.

Das wort sy sollen lassen stan / vnnd kain danck darzü haben / Er ist bey vnns wol auff dem plan / mit seinem gayst vnd gabē / nemen

24

sy den leyb / güt ehr kind vnd weyb / laß faren dahin / sy habens kain gewin / das reych müß vns doch bleyben.

Aus dem Jahr 1529 stammt der älteste erhaltene Druck von Luthers berühmtem Reformationslied »Eine feste Burg ist unser Gott«.

Psalmennachdichtungen zählt Luthers bekanntestes Lied »Eine feste Burg ist unser Gott«. Das Lied »Mitten wir im Leben sind / mit dem Tod umfangen« geht auf die Bearbeitung eines lateinischen Hymnus zurück. Aus der Umbildung (Kontrafaktur) eines Volkslieds schließlich entstand das Lied »Vom Himmel hoch da komm ich her, / ich bring euch gute neue Mär«.

»So sprichet Hans Sachs, Schumachér« – Der Meistersang

Der Wunsch nach poetischer Erhöhung des Alltags äußerte sich auch in den kleinbürgerlich-handwerklichen Kreisen. Bereits 1449 etablierte sich eine Meistersingerschule in Augsburg. Ihr folgten Gründungen in Worms, Speyer, Colmar, Ulm, Freiburg und Straßburg. Das Zentrum des Meistersangs aber bildete Nürnberg.

Dieser kolorierte Holzschnitt von E. Schön (um 1530) stellt Luther spöttisch als des »Teufels Dudelsack« dar.

Die zeitgenössische Darstellung zeigt einen Meistersinger im Singstuhl, während vier Merker hinter einem Vorhang über die Einhaltung der Regeln wachen. Von der Decke herab hängt die Kette der Meistersinger.

Hier entfaltete sich der Meistersang als eine zünftisch organisierte, handwerklich artistische Liedkunst nach strengen Regeln für die Erfindung wie für den Vortrag. Mustergültig war die dreiteilige Minnesangstrophe, erweitert zu bis zu 100 Versen umfassenden »Gebilden«, die man zu Liedern mit ungerader Strophenzahl reihte. Der Meistersinger trug seine vertonten Lieder in einem sogenannten »Singstuhl« einstimmig, ohne Instrumentalbegleitung vor, während die Merker hinter einem Vorhang über die Einhaltung der Regeln (Tabulatur) wachten. Da Vers und Strophe formal durch die Silbenzahl bestimmt waren, ergaben sich notwendig schwere Tonbeugungen. Dies gilt nicht minder für den berühmtesten der Nürnberger Meistersinger, für Hans Sachs (1494–1576):

Lübecker Totentanz (Original 1463). Die vorliegende Abbildung ist eine kolorierte Lithographie von C. J. Milde (1866).

»Nach dem solt du vom Tisch auffstehn,
dein Hend waschén und wider gehn
an dein Gewerb und Arbeyt schwer.
So sprichet Háns Sachs, Schuhmachér.«

Der Meistersang diente dem Lob Gottes wie der Erbauung und der Lehre, aber auch der gehobenen Unterhaltung. Sein wesentliches Ziel war eine sinnvolle Gestaltung der Freizeit. Als Form der Laiendichtung ist er ein nicht zu unterschätzender Beitrag zu einer Volkskultur, die danach strebte, den oft tri-

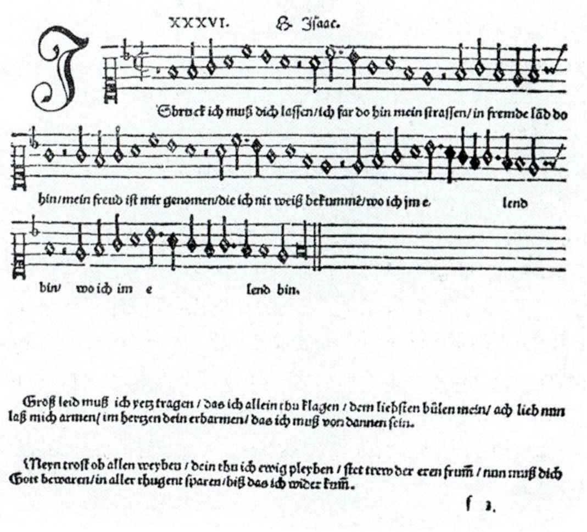

Der Buchdruck ermöglichte die Verbreitung des weltlichen Volkslieds, das im Spätmittelalter einen Höhepunkt erreicht hatte. Die Volkslieder lagen entweder in Einblattdrucken oder kleinen Heften vor. Gepflegt wurde vor allem die musikalische Form. Das abgebildete, populäre Lied stammt aus Georg Forster: »Ein außzug guter alter und neuer Teutscher liedlein.« Nürnberg 1539.

sten Arbeitsalltag poetisch zu überhöhen und ihm in Wort und Weise eine von innen heraus bejahte Form zu geben. Als poetisches Phänomen blieb er allerdings auf den süddeutschen Raum beschränkt.

Didaktik, Polemik, Satire

Die Zerrissenheit der Zeit zwischen Mittelalter und früher Neuzeit ließ nur wenige bedeutende dichterische Leistungen zu. Auffallend ist eine deutliche Tendenz zum Lehrhaften und zur kritischen Auseinandersetzung, sei es mit den Inhalten der neuen renaissancehaften und humanistischen

Der Humanist Sebastian Brant (1457–1521). Sein Portrait erschien 1587 in der von Nikolaus Reußner veranstalteten Sammlung »Icones«.

Lebenshaltung oder mit den weiterhin wirksamen traditionellen Orientierungen.

Beispielhaft begegnet der weltanschauliche Dualismus in dem bereits kurz nach 1400 entstandenen Streitgespräch »Der Ackermann aus Böhmen«, verfaßt von Johannes von Tepl. Der Ackermann verteidigt nach dem Verlust seiner Frau dem Tod gegenüber das Recht des Menschen auf Leben, Schönheit und Glück, während der Tod die Nichtigkeit aller Existenz hervorhebt. Mittelalterliche Weltverneinung und renaissancehafte Weltbejahung prallen hart aufeinander. Humanistisch ist der an Petrarca geschulte Stil, der sich darüber hinaus an der neu

Brants »Narrenschiff« leitete die Narrensatire ein und fand weit über die deutschen Grenzen hinaus Beachtung. Das illustrierte Titelblatt sowie die 114 Holzschnitte des Basler Erstdrucks (1494) stammen wahrscheinlich von Albrecht Dürer.

geschaffenen, anspruchsvollen Prager Kanzleisprache orientiert.

Der Humanist Sebastian Brant versammelt in seinem »Narrenschiff« (1494) alle Narren der Welt auf dem Weg durch ein gefährdetes Dasein zu einem ungewissen Ziel. Anknüpfend an die Argumentationsformen der römischen Satire (Konfrontation der verkehrten Welt mit allgemein gültigen moralischen Verhaltensnormen) entsteht eine Narrenrevue. Narren sind sowohl die sündigen wie die unvernünftigen Menschen. Vernunft und Glaube, bürgerliche und geistliche Sinngebungen, verbinden sich zu dem groß angelegten Versuch, Altes und Neues zu versöhnen.

Der beliebten Narrensatire bedient sich auch der Franziskaner Thomas Murner in seiner polemischen Schrift »Von dem großen Lutherischen Narren« (1522). Der »groß lutherisch nar« verkörpert die Anhänger und die Lehren der Reformation. Beschworen wird die Furcht vor dem Umsturz der tradierten Ordnungen in Staat und Kirche aus konsequent konservativer Sicht. Polemik wird zum Medium einer Zeit im Widerstreit des Alten und des Neuen.

In lateinischer Sprache rechnen die Humanisten – zu nennen wären etwa Erasmus von Rotterdam und Ulrich von Hutten – auf der anderen Seite mit den Reaktionären und den Ewiggestrigen ab. Aus dem Erfurter Humanistenkreis sind die fingierten »*Epistolae obscurorum virorum*« (»Dunkelmännerbriefe«) zwischen 1515 und 1517 hervorgegangen. Dunkelmänner sind die Gegner des Humanismus, die Rückständigen, Denkfaulen und Unwissenden, die sich in einer Art Küchenlatein und in primitiven Anschauungen selbst fortgesetzt bloßstellen.

1549 legte Friedrich Dedekind seinen »Grobianus« in lateinischen Versen vor, eine ironische Anleitung, sich den ganzen Tag über möglichst schlecht zu benehmen. Auf dem Titelblatt der 1551 von Kaspar Scheidt verfaßten Eindeutschung heißt es: »Liß wol diß büchlin offt und vil / Und thu allzeit das widerspil (Gegenteil)«. Gerichtet ist die grobianische Tischzucht

Unter den neulateinischen Poeten ragt Johannes Secundus (1511–36) hervor. In seinen Versen bildet sich die weltbejahende Haltung der Renaissance überzeugend ab. Goethe nennt ihn »lieber, heiliger, großer Küsser«:

Basia (Küsse)

Wie an benachbarter Ulme sich üppig die Rebe emporrankt,
  und wie dem hohen Eichenstamm
Trauben des Efeus geschmeidig mit tastenden Armen umschlingen,
  so sollst, Neaera, wenn du's kannst,
mir umrankend den Hals du mit zärtlichen Armen umbinden;
  so will auch ich, wenn ich es kann,
dir mit beständiger Fessel den schneeweißen Nacken umfassen,
  in ewigem Kuß mit dir vereint.

gegen die Verrohung der Sitten und die Unfähigkeit und Unwilligkeit der Ungebildeten, Geist und Genuß im Sinn der Renaissance in Einklang zu bringen.

Die Volksbücher – Entwicklung einer bürgerlichen Erzählprosa

Noch mit dem Spätmittelalter verbunden sind die Volksbücher des 15./16. Jahrhunderts. Zunächst für die adlige und bürgerliche Oberschicht bestimmt, kamen sie, gefördert durch den Buchdruck, bald auch dem Unterhaltungsbedürfnis breiterer Leserschichten entgegen. Es entwickelte sich eine den gewandelten Erwartungen angepaßte Erzählprosa für bürgerliche Ansprüche.

Unter den Quellen lassen sich vor allem die höfischen Versromane, die Heldendichtungen, das antike Epos, Tierbücher, das Leben origineller Persönlichkeiten sowie Schwank- und Anekdotensammlungen ausmachen. Der 1515 und 1519 in hochdeutscher Sprache erschienene »Eulenspiegel« fügt Schwänke aus verschiedenen Quellen zu einem Schwankroman, indem er sie an eine Zentralgestalt bindet. Der Eulenspiegel hält den anderen den Spiegel vor, so daß deren Dummheit offenbar wird, wobei die Eule als Sinnbild der Weisheit zu verstehen ist. Durch Wörtlichnehmen und Wortverdrehungen, aber auch durch Situationskomik bringt Eulenspiegel die Dummheit und Unbelehrbarkeit regelmäßig an den Tag. Wie die Eule vermag er noch im Dunkeln zu sehen und über das beschränkte Wesen aufzuklären.

Durch Goethes »Faust« am Leben erhalten ist die »Historia von D. Johann Fausten« (1587). Ausgehend von einem historischen Astrologen, Magier und Scharlatan, erzählt das Volksbuch eine abschreckende Beispielgeschichte. Angst und Schrecken verbreitet der Mensch, der hemmungslos seinem Erkenntnisdrang folgt, sich mit teuflischen Mächten

Titelseite der zweiten Auflage des Volksbuchs vom »Dr. Faust«, Frankfurt/M. 1588, eine der wichtigen Quellen für Goethes »Faust«-Drama.

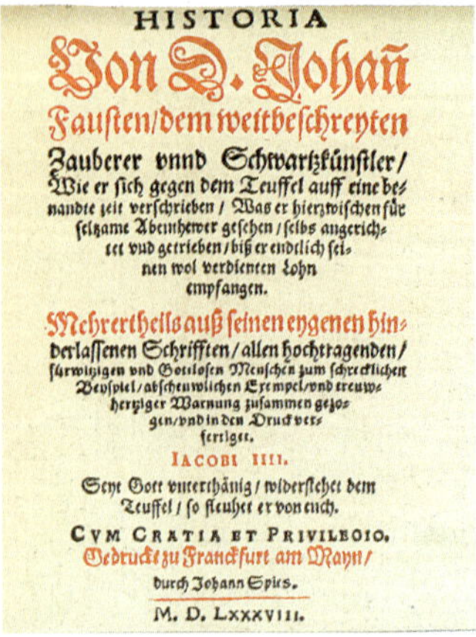
HISTORIA
Von D. Johan
Fausten/dem weitbeschreyten
Zauberer vnnd Schwartzkünstler/
Wie er sich gegen dem Teuffel auff eine benandte zeit verschrieben/ Was er hierzwischen für seltzame Abentheuwer gesehen/selbs angerichtet vnd getrieben/biß er endlich seinen wol verdienten Lohn empfangen.
Mehrertheils auß seinen eygenen hinderlassenen Schrifften/allen hochtragenden/fürwitzigen vnd Gottlosen Menschen zum schrecklichen Beyspiel/abscheuwlichen Exempel/vnd treuwhertziger Warnung zusammen gezogen/vnd in den Druck verfertiget.
IACOBI IIII.
Seyt Gott vnterthänig/widerstehet dem Teuffel/so fleuhet er von euch.
CVM GRATIA ET PRIVILEGIO.
Gedruckt zu Franckfurt am Mayn/
durch Johann Spies.
M. D. LXXXVIII.

einläßt und sich am Ende selbst zugrunde richtet. Nicht das Wissen, sondern allein der Glaube führt zum Heil des Menschen. Damit erfährt das Streben der Renaissance nach individueller Autonomie eine deutliche Absage.

Das 1597 erschienene »Lalebuch« ist ein satirischer Gegenentwurf zum Bild des vollkommenen Gemeinwesens, wie es Thomas Morus in seiner »Utopia« (1516) entwirft. Die Lalen, einfältige Menschen, ursprünglich aber klug und weise, spielen zunächst die Narren, um unbehelligt zu bleiben. Doch aus dem Spiel wird Ernst, die nur vorgestellten werden zu wirklichen Narren, die ein dreieckiges Rathaus ohne Fenster bauen, Sonnenlicht in Säcke einfangen und Salz säen. Zum Schluß zünden sie aus Furcht vor einem »Maushund« (Katze) ihre Häuser an und verlieren sich in der Welt. 1598 erschien das »Schiltbürgerbuch« mit anderen Orten (Schilda für Laleburg) und geänderten Namen, im wesentlichen aber mit seinem Vorgänger identisch. Die überwältigende Macht der Dummheit dämpft den Optimismus der Renaissance und des Humanismus.

Das »Lalebuch«. Titelseite eines alten Drucks

Am Ende des 16. Jahrhunderts richtet sich das Leserinteresse zunehmend auf den romanischen »Amadis«-Roman mit seiner Märchenwelt und seinen ritterlichen und amourösen Abenteuern. Die deutsche, aus dem Französischen übersetzte Serie schwoll zwischen 1569 und 1595 auf 21 Bände an und drängte die Volksbücher allmählich in den Hintergrund. An der Schwelle zum Zeitalter des Barock übt das elegant-höfische Menschenbild eine unwiderstehliche Anziehungskraft aus, vorbereitet durch das weltbejahende Lebensgefühl der Renaissance.

Schäferszene aus dem »Amadis«, Illustration vom Anfang des 9. Buchs. Frankfurt/M. 1583

1542
Errichtung einer Inquisitionsbehörde in Rom
1564–1616
William Shakespeare
1568
Päpstliche Gründung einer deutschen Kongregation zur Bekämpfung der Reformation
1605/15
Miguel de Cervantes: »Don Quijote«
1608
Protestantische Union
1609
Katholische Liga
23. Mai 1618
Prager Fenstersturz
8. November 1620
Schlacht am Weißen Berg
6. Mai 1629
Kaiserliches Restitutionsedikt (zur Stärkung der katholischen Seite)
6. Juli 1630
Entlassung Wallensteins
Um 1630
Höhepunkt der Hexenprozesse
16. November 1632
Schlacht bei Lützen (Tod Gustav Adolfs)
25. Februar 1634
Ermordung Wallensteins
6. September 1634
Schlacht bei Nördlingen
1635
Eintritt des katholischen Frankreich in den Krieg auf protestantischer Seite
24. Oktober 1648
Westfälischer Frieden
1694
Gründung der Universität Halle

Zwischen Lebenshunger und Todesangst

Im Zeitalter des Barock verschärft sich der Dualismus von Tradition und Moderne, Weltverneinung und -bejahung. *Barrocco*, portugiesisch für schief, unregelmäßig, bezeichnet den Widerstreit polarer Kräfte, das Streben nach vollendeter Harmonie und die Kräfte, die solches Streben immer wieder durchkreuzen.

Führte die katholische Gegenreformation zu gewaltsam ausgetragenen konfessionellen Spannungen, so beschwor der 1618 ausgebrochene Dreißigjährige Krieg eine Welt des Unfriedens und des Mordens. Das schöne Bild, das die Renaissance vom Menschen gezeichnet hatte, drohte im kompromißlos ausgetragenen Kampf der Konfessionen und im brutalen Kriegsgeschehen unterzugehen.

Lebenshunger und Todesangst prägten das Bewußtsein des Menschen an der Schwelle zur Neuzeit. In dem Maße, wie die Hinwendung zum Diesseits sich verstärkte, nahmen das Verlangen zu leben, aber auch die Ängste vor dem Sterben zu. Lebenstrieb und Todesangst in einer Welt, die das Diesseits zu entdecken

Der Kaiserpavillon der Residenz in Würzburg, ein Beispiel für die repräsentative Fassadenkunst des Barock und für den ausgeprägten Schönheitssinn der Epoche

Peter Paul Rubens, *Das jüngste Gericht*, 1617. Selbst noch im Höllensturz wirken die nackten, üppigen Frauengestalten schön und begehrenswert.

begann, formten sich zum schöpferischen Impuls, der Vergänglichkeit des Daseins im Kunstwerk ästhetischen Widerstand entgegenzusetzen. Die prachtvollen Schlösser der Epoche legen dafür ebenso Zeugnis ab wie die aufwendig gestalteten Feste, aber auch die Literatur, die gerade dort, wo sie die Nichtigkeit allen Lebens thematisiert, es mit äußerster sprachlicher Eleganz tut.

Elegantia, die Zierlichkeit des Sprechens, seine rhetorische Inszenierung, ein erklärtes Ideal der Zeit, ist Ausdruck des unbedingten Willens, sich im Angesicht des Todes schöpferisch zu behaupten, die Vergänglichkeit des Lebens durch die Ewigkeit der Kunst zu relativieren. Um dieses Ziel aber in der Literatur zu erreichen, war es notwendig, die Bemühungen der Humanisten fortzusetzen, die Muttersprache endgültig literaturfähig zu machen. Erst eine nach den Mustern der alten Sprachen rhetorisch reich instrumentierte Nationalsprache konnte Medium der schöpferischen Entdeckung des Diesseits und des neuzeitlichen Menschen werden.

Martin Opitz formuliert die Richtlinien einer deutschen Literatur

Im Jahr 1624 erschien in deutscher Sprache »Das Buch von der Deutschen Poeterey«. In bündiger Form formuliert Martin Opitz darin die Richtlinien einer deutschen Literatursprache. Seine Vorstellungen, den antiken Vorbildern ebenso verpflichtet wie der Eigenart der Muttersprache, erwiesen sich als von bahnbrechender Bedeutung.

MARTINI
OPITII
Buch von der Deutschen Poeterey.
In welchem alle ihre eigenschafft vnd zugehör gründtlich erzehlet / vnd mit exempeln außgeführet wird.
Gedruckt in der Fürstlichen Stadt Brieg / bey Augustino Gründern.
In Verlegung David Müllers Buchhändlers in Breßlaw. 1624.
MAX NIEMEYER VERLAG TÜBINGEN

Vordere Einbandseite des faksimilierten Neudrucks der »Poeterey« im Max Niemeyer Verlag, Tübingen 1963

Entschieden wendet sich Opitz gegen das sogenannte A-la-mode-Unwesen, die Vermischung des Deutschen mit lateinischen, französischen, italienischen und spanischen Brocken. Gegen das modische Kauderwelsch tritt er ein für die Reinheit der deutschen Sprache, die er überdies auch von den Einfärbungen des Dialekts zugunsten eines korrekten Hochdeutschs reinigen möchte. Nachdrücklich empfiehlt er die stilistische Ausschmückung durch erlesene Bilder und rhetorische Figuren.

Richtungsweisend waren seine Regeln für die Verssprache. Im Unterschied zum silbenzählenden (quantitierenden) Prinzip des Griechischen und der romanischen Sprachen ist beim deutschen Vers das akzentuierende Prinzip, die streng alternierende Abfolge von betonten und unbetonten Silben zu beachten. Nach Opitz ist jeder Vers entweder ein *Jambus* (unbetont, betont: Gedícht) oder ein *Trochäus* (betont, unbetont: Díchter). Erst der Poetiker und Lyriker August Buchner (1591–1661) trat auch für den *Daktylus* ein (betont, unbetont, unbetont: díchterisch).

Neben der Reinheit und Eleganz der Sprache gilt es, den speziellen Anforderungen der einzelnen literarischen Aussageweisen (Gattungen) gerecht zu werden. Während im heroischen Gedicht (Epos) und in der Tragödie nach den gesellschaftlichen Ordnun-

Beispiel für den Originaldruck der »Poeterey« von Martin Opitz. Die empfohlene Variation im Ausdruck zeigt besonders deutlich das Bemühen um einen eleganten Stil. Anstelle von Satzzeichen innerhalb eines Satzes setzte man im 17. Jahrhundert noch sogenannte *Virgeln* (von lat. *virgula* = Zweig)

Newe wörter / welches gemeiniglich epitheta, derer wir bald gedencken werden / und von andern wörtern zusammen gesetzt sind / zue erdencken / ist Poeten nicht allein erlaubet / sondern macht auch den getichten / wenn es mässig geschiehet / eine sonderliche anmutigkeit. Als wenn ich die nacht oder die Music eine arbeitströsterinn / eine kummerwenderinn / die Bellona mit einem dreyfachen worte kriegs=blut=dürstig / und so fortan nenne. Item den Nordwind einen wolkentreiber / einen felssen stürmer und meer auffreißer gen der Zeit nur hohe Standespersonen auftreten sollten, ist die Komödie den Vertretern der niedrigeren Stände vorbehalten.

Aber Opitz weiß auch, daß alle Regeln noch keinen Poeten machen. »Denn ein Poete kann nicht schreiben wenn er will, sondern wenn er kann und ihn die Regung des Geistes ... treibet.« Ziel der Dichtung ist es nach Opitz, die Dinge weniger zu beschreiben, wie sie sind, als wie sie sein könnten oder sollten. Literatur sollte immer ein Ausdruck einer als ideal angesehenen Ordnung der Menschen und der Dinge sein.

Der Teütsche Palmenbaum:
Das ist/
Lobschrift
Von der Hochlöblichen/
Fruchtbringenden Gesellschaft
Anfang/ Satzungen / Vorhaben / Namen / Sprüchen/
Gemählen/Schriften und unverwelklichem Tugendruhm.
Allen Liebhabern der Teutschen Sprache zu dienlicher
Nachrichtung/ verfasset/ durch den
Unverdrossenen
Diener derselben.
Mit vielen Kunstzierlichen Kupfern gedrukkt/ und verlegt durch
Wolffgang Endtern. Nürnberg 1647.

Im Barock bildeten sich nach Vorbildern in Italien und Frankreich Sprachgesellschaften mit dem Ziel der Reinerhaltung und Förderung der Muttersprache. Die wichtigste unter ihnen war die »Fruchtbringende Gesellschaft« mit dem Palmbaum im Wappen. Zu den über 500 Mitgliedern zählten auch Opitz (»der Gekrönte«) und Gryphius (»der Unsterbliche«).

Tod, Liebe und Lust – Die weltliche Lyrik

Die barocke Lyrik ist die bleibende literarische Leistung der Epoche. Einmal vermochte sich hier das lyrische Ich im Rahmen geltender Daseinsordnungen bis zu einem gewissen Grade selbst auszusprechen, und zum andern forderte gerade die Lyrik ein Höchstmaß an sprachlich eleganter Gestaltung. Drei Lyriker haben vor allem das lyrische Profil der Epoche geprägt und beispielhafte Positionen formuliert.

Die sogenannten »Lissaer Sonette« von 1637 und die 1639 erschienenen »Sonn- und Feiertagssonette« von Andreas Gryphius (1616–64) kreisen immer wieder um die Nichtigkeit und Eitelkeit (*vanitas*) des Lebens, um die Vergeblichkeit aller Anstrengungen, sich im Diesseits einzurichten. Der Tod reißt den Menschen aus dem ungesicherten, angsterfüllten

Der schnelle Tag ist hin, die Nacht schwingt ihre Fahn
Und führt die Sternen auf. Der Menschen müde Scharen
Verlassen Feld und Werk; wo Tier und Vögel waren,
Traurt itzt die Einsamkeit. Wie ist die Zeit vertan!

Der Port naht mehr und mehr sich zu der Glieder Kahn.
Gleich wie dies Licht verfiel, so wird in wenig Jahren
Ich, du, und was man hat und was man sieht, hinfahren.
Dies Leben kommt mir vor als eine Rennebahn.

Laß höchster Gott, mich doch nicht auf dem Laufplatz gleiten!
Laß mich nicht Ach, nicht Pracht, nicht Lust, nicht Angst verleiten!
Dein ewig heller Glanz sei vor und neben mir!

Laß, wenn der müde Leib entschläft, die Seele wachen,
Und wenn der letzte Tag wird mit mir Abend machen,
So reiß mich aus dem Tal der Finsternis zu Dir!

Andreas Gryphius, »Abend«. Eines der typischen Sonette der Zeit gebaut aus zwei vierzeiligen Strophen (Quartette) und zwei dreizeiligen Strophen (Terzette). Der Vers ist ein sechsfüßiger Jambus (Alexandriner) mit einem jeweils deutlichen Einschnitt in der Zeilenmitte (Zäsur). Im dialektischen Aufbau spiegelt sich der Dualismus von diesseitiger Bindung und jenseitiger Bestimmung.

Andreas Gryphius (1616-64)

Leben und besiegelt die Ohnmacht der Sterblichen. Beherrschend ist die Trauer über die schnelle Vergänglichkeit des Lebens, von dem der Abschied trotz all seiner Widrigkeiten schwerfällt. Das Jenseits erscheint weniger wie im Mittelalter als die Erfüllung tiefster religiöser Sehnsüchte, als eine letzte verzweifelte Hoffnung, dennoch zu überleben. Der Tod löst im Menschen, der im Zeitalter der Renaissance begonnen hatte, das Leben zu lieben, tiefe Depressionen und Vernichtungsängste aus. Auffallend ist aber auch bei Gryphius die reiche bildliche Stilisierung, mit der das scheidende Diesseits wie das erwartete Jenseits sinnfällig vergegenwärtigt werden.

Paul Flemings (1609–40) »Teutsche Poemata«, zwei Jahre nach seinem frühen Tod veröffentlicht, sind überragende Zeugnisse barocker Liebesdichtung. Liebe ist nicht in erster Linie erotische Faszination, sondern eine Halt gebende, sittliche Kraft, die innige Vergewisserung der Beständigkeit und der Solidarität der Liebenden. Erst wer die Unwandelbarkeit echter Liebe erfährt, ist gefeit gegen das launische Glück. War bei Gryphius die Liebe zum Leben gebrochen in der

Paul Fleming (1609–40)

Trauer über den endgültigen Abschied, so bekennt sich Fleming unmittelbar zum Leben selbst, indem er in der Begegnung mit der verinnerlichten treuen Liebe die Vergänglichkeit für eine bestimmte Frist vergessen macht.

Zur renaissancehaften Lebensfreude und Lebenslust bekennt sich Christian Hoffmann von Hoffmannswaldau (1616–79). Seine 1673 erstmals vorgelegten Gedichte, erweitert durch die postume Sammlung von 1695, feiern das Glück erotischer Liebe in freizügiger, galanter Ausdrucksweise. In der Lust erlebt der Mensch die Schönheit und die Fülle des Lebens, das Paradies auf Erden, denn auch die körperliche Liebe ist göttliche Schöpfung.

Christian Hoffmann von Hoffmannswaldau (1616–79)

»Die Lieb ist ja ein Werk, so aus dem Himmel kommen,
Und so den Erdenkreis mit Lust hat eingenommen,
Wer reine Liebe haßt, liebt Gott und Menschen nicht.«

Was ist die Welt und ihr berühmtes Glänzen?
Was ist die Welt und ihre ganze Pracht?
Ein schnöder Schein in kurzgefaßten Grenzen,
Ein schneller Blitz bei schwarzgewölkter Nacht,
Ein buntes Feld, da Kummerdisteln grünen,
Ein schön Spital, so voller Krankheit steckt,
Ein Sklavenhaus, da alle Menschen dienen,
Ein faules Grab, so Alabaster deckt.
Das ist der Grund, darauf wir Menschen bauen
Und was das Fleisch für einen Abgott hält.
Komm, Seele, komm und lerne weiter schauen,
Als sich erstreckt der Zirkel dieser Welt!
Streich ab von dir derselben kurzes Prangen,
Halt ihre Lust für eine schwere Last:
So wirst du leicht in diesen Port gelangen,
Da Ewigkeit und Schönheit sich umfaßt.

Christian Hoffmann von Hoffmannswaldau, »Die Welt«. Noch unter dem Aspekt der Vergänglichkeit betrachtet, erscheint die Welt in reich ausgeschmückten Bildern, in denen das Schöne und das Vergängliche sich spannungsvoll verbinden.

Titelkupfer der Ausgabe der »Gedichte« von 1697. Leipzig bei Th. Fritsch

Wo die Hinfälligkeit der Schönheit und die Vergänglichkeit der Lust offenbar werden, wächst die Sehnsucht nach dem Paradies jenseits aller Zeit. Das Paradies Hoffmannswaldaus jedoch ist kein abstraktes Jenseits, sondern ein sinnlicher Raum, wo Ewigkeit und Schönheit sich in niemals endender Lust umfassen.

»Wie wunder muß der Schöpfer sein!« – Die geistliche Lyrik

Im 17. Jahrhundert erlebte auch die geistliche Lyrik einen Höhepunkt. Auf katholischer Seite ragt Friedrich Spee (1591–1635) heraus. Seine »Trutz-Nachtigal« aus dem Jahr 1649 enthält eine Reihe bemerkenswerter geistlicher Gedichte, die das Wunderbare des Schöpfers im Wunder der Schöpfung spiegeln. Die Erde erscheint nicht länger als Jammertal, niedergedrückt unter der Last der Sünde, sondern als ein Abglanz des Garten Eden, wo alles in reicher Fülle wächst und gedeiht und Zeugnis gibt von der göttlichen Schöpferkraft. Unübersehbar schlägt sich auch hier die neue Liebe zum Diesseits nieder. Von Spee stammen darüber hinaus weiterhin gesungene Adventslieder, wie das berühmte »O Heiland reiß die Himmel auf«, wo Christus nach dem Geschmack des Barock als kraftvoller Held angesprochen wird.

Friedrich Spee von Langenfeld (1591–1635)

Auf protestantischer Seite ist vor allem Paul Gerhardt (1607–76) zu nennen. Seine bis heute in den Gesangbüchern abgedruckten Lieder zeigen eine mit Spees Gedichten vergleichbare Innigkeit in der Zuwendung zur sichtbaren Schöpfung. In den bekannten Liedern »Nun ruhen alle Wälder« und »Geh aus, mein Herz, und suche Freud« begegnet Gott dem lyrischen Ich in allem, was sich den Sinnen darbietet. Gegenwärtig ist der Schöpfer in lebendiger Wahrnehmung. In Gerhardts berühmtestem Lied »O Haupt

Der Zweig und Nest sind tausend,
Und tausend, tausend viel,
Mehr tausend, tausend, tausend
Der Blättlein und der Stiel;
Doch Äderlein beineben
Noch mehr man zählen tut:
Da nähret sich das Leben
Und Seel in grünem Blut.
O Mensch ermeß im Herzen dein,
Wie wunder muß der Schöpfer sein.

Aus Friedrich Spee, »Anleitung zur Erkenntnis und Liebe des Schöpfers aus den Geschöpfen«

voll Blut und Wunden« tritt Christus als Freund dem Menschen entgegen, diesem unmittelbar, fast körperlich nah. Im Einflußbereich der Renaissance gewinnt auch die geistliche Lyrik an sinnlicher Ausstrahlung.

Leidende Engel und teuflische Versucher – Das barocke Märtyrerdrama

Von den Zeitgenossen wurde das Drama des Barock wegen seiner sinnbildlichen Aussagekraft hoch geschätzt. Sah man doch das Leben selbst als ein Welttheater (*theatrum mundi*), in dem die einzelnen nach festgelegten Regeln ihre Haupt- und Nebenrollen spielen. Das Finale, das Abtreten von der Bühne, stand sinnbildlich für den Tod. Neu war die Erkenntnis, daß es jedem einzelnen zukam, durch die Erfüllung seiner Rolle am Gelingen des Ganzen mitzuwirken. Insofern gewann der individuelle Beitrag durchaus an Bedeutung. Ablesbar ist die Entwicklung nicht zuletzt am zeitgenössischen Entstehen der Oper, in der der Solist aus der Anonymität des Chors heraustritt.

Die wichtigsten Anstöße für das barocke Theater gingen vom Jesuitendrama aus, das sich mit seinen religiösen Erziehungszielen ganz in den Dienst der Gegenreformation stellte. Beliebt war vor allem das sogenannte Märtyrerdrama, das unter Verzicht auf tragische Span-

Paul Gerhardts Lobgesang aus J. G. Ebelings »Geistreiche Andachten«, Nürnberg 1683. Melodie: »Lasset uns den Herrn preisen«

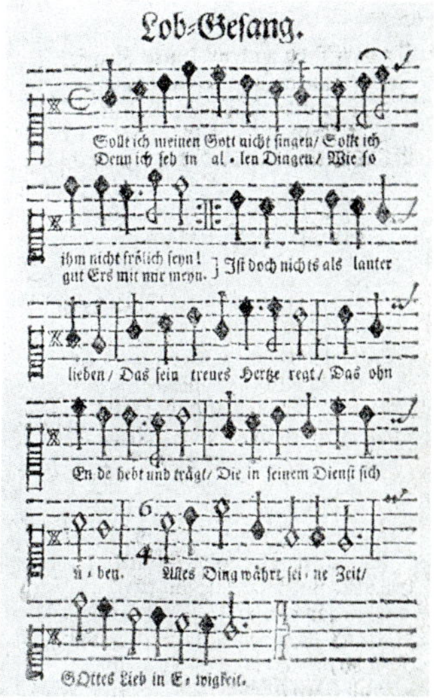

nung die Standhaftigkeit des unter der Schlechtigkeit der Welt leidenden Glaubenszeugen darstellt. Geschrieben waren die Dramen in sechshebigen Jambenversen (Alexandriner), eine Form, die für das deutsche Barockdrama verpflichtend wurde. Als Vorbild wirkte vor allem das Märtyrerstück »Philemon Martyr« (1618) des Jesuiten Jakob Bidermann, in dem ein Heide zum Christentum übertritt und zum Blutzeugen seines Glaubens wird.

Das Cuvilliés-Theater in der Münchner Residenz. Das Theater bildete den Höhepunkt barocker Prachtentfaltung.

In der Nachfolge trat vor allem Andreas Gryphius hervor. In seinem Drama »Ermordete Majestät oder Carolus Stuardus« (1657) nimmt er Bezug auf die Hinrichtung des englischen Königs Karl I. am 30. Januar 1649. Unerschütterlich besteht Karl auf dem göttlichen Recht des Königs und ist bereit, den Märtyrertod zu sterben. Die sittliche Kraft des christlichen Helden triumphiert noch im Tod über die Machtgier seiner Feinde. Eingeteilt ist das Drama in »Abhandlungen« (Akte) und »Reyen«, in denen das Geschehen reflektiert und bewertet wird.

Mit »Catharina von Georgien oder Bewehrete Bestendigkeit«, uraufgeführt 1651 in Köln, schrieb Gryphius sein wirkungsvollstes Märtyrerstück. Den Kern der dramatischen Handlung bildet der letzte Lebenstag der christlichen Königin Catharina, die, bedrängt von den unkeuschen Anträgen des Chach Abas, standhaft bleibt, entsetzliche Foltern erträgt und am Ende den Märtyrertod auf dem Scheiterhaufen erleidet.

Catharina ist der leidende Engel. Im Finale sagt sie dem teuflischen Versucher sein verdientes Schicksal voraus: »Tyrann! der Himmel ists! der dein Verderben sucht ... Der Tod streckt schon die Hände nach dem verdammten Kopf.« Der einzelne, der unbeirrt seinem Glauben folgt, bleibt Sieger im Kampf mit dem Vertreter angemaßter Macht. Das Märtyrerdrama ist im letzten der Versuch der sittlichen Selbstbehauptung des Menschen vor der Unmenschlichkeit der Geschichte.

Venus im Zeichen des Mars – Das barocke Geschichtsdrama

Rückt der Dramatiker Gryphius den christlich-stoischen Helden ins Zentrum, so akzentuiert der zweite große Vertreter des Barockdramas, Daniel Casper von Lohenstein (1635–83) mehr die geschichtlichen Kräfte selbst. Sein Interesse gilt vornehmlich den Machtträgern, die mit allen, selbst mit unmoralischen und verbrecherischen Mitteln danach streben, ihre Macht zu erhalten.

Daniel Casper von Lohenstein (1635–83)

Das »Agrippina«-Drama (1665) demonstriert die Verderbtheit politischen Handelns. Agrippina, die Mutter Neros, scheut auch nicht vor dem Inzest zurück, um ihren politischen Einfluß auf den Sohn zu wahren, während Nero seine Mutter am Ende ermorden läßt, um die Macht ungeteilt für sich selbst zu erhalten. In »Sophonisbe« (1669) geht die Titelheldin aus rein machtpolitischen Gründen mit dem im Augenblick Handlungsmächtigen die Ehe ein, nachdem ihr Mann geflohen ist, und wählt den Tod, als ihre Herrschaftschancen zu schwinden beginnen.

Einen herausgehobenen Platz im Schaffen Lohensteins nimmt das Drama »Cleopatra« (1661) ein. Zurückgezogen lebt Cleopatra mit ihrem Mann Marc Anton nach der verlorenen Seeschlacht bei Actium (31 v. Chr.) in dem vom Sieger Octavian belagerten

Gryphius, »Catharina von Georgien«, Szenenkupfer von Johannes Using 1655

Theaterszenen, Handzeichnungen von Lodovico Burnaccini. Oben: Schäferpaar in einer Liebesszene, unten: Eifersüchtiger verfolgt Haremsfrau

Alexandria. Doppelzüngig verspricht Octavian demjenigen den Erhalt der Macht, der den Partner opfert. Cleopatra, einen Selbstmord vortäuschend, treibt ihren Mann, der sie leidenschaftlich liebt, in den Tod. Als sie jedoch das intrigante Spiel des Siegers durchschaut und einsehen muß, daß sie ihn nicht für sich gewinnen kann, nimmt sie sich das Leben.

Zum Schluß, mit der Giftschlange an der Brust, erkennt sie die Machtgier, der sie selbst erlegen ist, als die größte Widersacherin der Liebe und der Menschlichkeit. Venus unterliegt Mars, die Macht triumphiert über die Liebe in der korrupten Welt der Politik.

Moloch Krieg – Grimmelshausens »Simplicissimus«

Das 17. Jahrhundert ist vor allem geprägt durch die europäische Geschichtskatastrophe des Dreißigjährigen Kriegs, der jedoch den Anstoß zum ersten deutschen Roman der Weltliteratur gibt. Im Herbst 1668 erschien in fünf Büchern »Der Abentheurliche Simplicissimus Teutsch« von Hans Jakob Christoph von Grimmelshausen (um 1622–76) mit dem erklärten Ziel zu zeigen, »was der Krieg vor ein erschreckliches und grausames Monstrum sei«.

Angelegt ist der Roman als fiktive Autobiographie, in die immer wieder Biographisches einfließt. Der Ich-Erzähler steht in der Tradition des Schelms oder Pikaros (Lazarillo de Tormes, 1554; Guzman de Alfarache, 1599), Modellfigur des typischen Antihelden niedriger Herkunft, der sich listig, gerissen und skrupellos durchs Leben schlägt und dabei die ethischen Ideale der höheren Gesellschaft desillusioniert. Die Fülle der anschaulich dargebotenen Figuren, Schauplätze und Episoden läßt ein buntes Bild der dargestellten Welt entstehen.

Der Schlange brennend Gift ist kein solch rasend Feuer
Als Cäsars Ehrensucht. Man sucht bei Nattern Ruh,
Bei Drachen, wenn man nicht bei Menschen Zuflucht hat.
Aus Daniel Casper von Lohenstein, »Cleopatra«

Titelkupfer der Erstausgabe von Grimmelshausens »Simplicissimus« 1669 (1668). Das groteske Wesen kündigt die satirische Absicht des Romans an.

Mit dem Einbruch schwedischer Truppen in das elterliche Anwesen des Erzählers im Spessart setzt die eigentliche Romanhandlung ein. In der betont naiven Sichtweise erscheinen die Mordbrennereien, das Plündern und Vergewaltigen nur um so ungeheuerlicher. Die erste Begegnung des Heranwachsenden mit Fremden entlarvt den Krieg als brutales Verbrechen und den Menschen als zerstörerische Bestie. Nach einem kurzen Aufenthalt bei einem Einsiedler, der dem Ich-Erzähler christliche Werte zu vermitteln sucht, wird er hineingerissen in den Sog des Kriegs. Als Opfer und Narr stellt er zunächst die Unmenschlichkeit der Menschen bloß, bis er sich selbst dem korrupten Treiben überläßt und vor Gott und den Menschen schuldig wird. Zur Erkenntnis seiner Schuld gelangt, beschließt der Ich-Erzähler schließlich, als Einsiedler ein gottgefälliges Büßerdasein zu fristen.

Doch weniger der moralisch beispielhafte Weg des Ichs durch die Gefährdungen der Welt hin zu einer sittlichen Existenz haben den Erfolg des Romans begründet als die quasi authentischen Schilderungen des Kriegsinfernos und der heillosen gesellschaftlichen Verhältnisse. Fragwürdig erweisen sich im Grunde alle christlichen Werte angesichts von Gewalt, Grausamkeit und Mord. Der Roman entwirft das Bild einer Geschichte, in der der Mensch als sittliches Wesen versagt und scheitert. Die Literatur, die sich zunehmend dem diesseitigen Treiben zuwandte, ließ auch die Schattenseiten des Menschen, sein luziferisches Erbe grell hervortreten. Weniger ein göttlicher Heilsplan lenkt die Geschichte als das zerstörerische menschliche Handeln. Illusionslos stellt Grimmelshausen in der Entfesselung kriegerischer Aggression sowohl die christliche Ethik als auch die Renaissance-Ideale in Frage. Der Aufbruch des Menschen scheitert immer an ihm selbst.

Titelblatt der Erstausgabe von Grimmelshausens »Simplicissimus« 1669 (1668). Der wirkliche Erscheinungsort ist Nürnberg. Der richtige Name des Verlegers ist J. W. E. Felßecker. Erst 1838 gelang die Enttarnung des als Anagramm (Umstellung der Buchstaben) angelegten Pseudonyms.

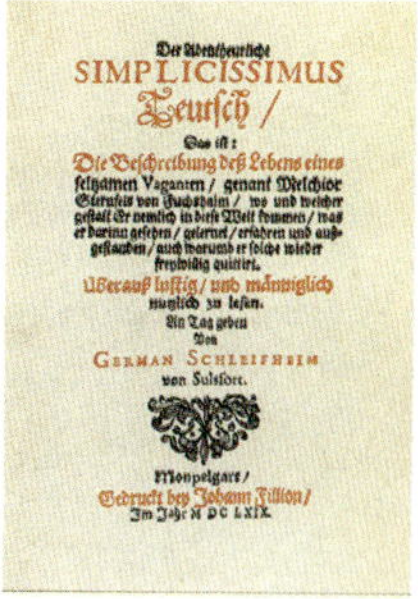
Der Abentheurliche
SIMPLICISSIMUS
Teutsch /
Das ist:
Die Beschreibung deß Lebens eines
seltzamen Vaganten / genant Melchior
Sternfels von Fuchshaim / wo und welcher
gestalt Er nemlich in diese Welt kommen / was
er darinn gesehen / gelernet / erfahren und auß-
gestanden / auch warumb er solche wieder
freywillig quittirt.
Uberauß lustig / und männiglich
nutzlich zu lesen.
An Tag geben
Von
GERMAN SCHLEIFHEIM
von Sulsfort.
Monpelgart /
Gedruckt bey Johann Fillion /
Im Jahr M DC LXIX.

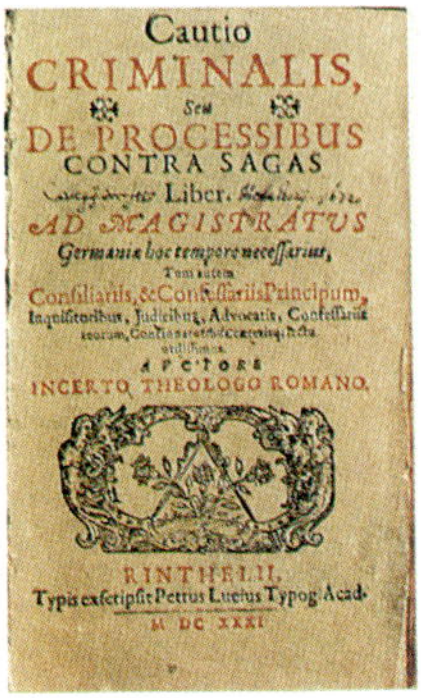

Titelseite der Erstausgabe von Friedrich Spees »Cautio Criminalis«, Rinteln 1631

Hexen, Henker, Hysterien – Friedrich Spee und der Hexenwahn

Hexenprozesse sind seit dem Ausgang des 15. Jahrhunderts nachweisbar. Ausgelöst wurden sie durch die sogenannte »Hexenbulle«, die Papst Innozenz VIII. 1484 erließ und damit den Inquisitoren in der Auseinandersetzung mit angeblich vom Teufel Besessenen und Andersgläubigen alle Mittel bis hin zur Folter in die Hand gab. In Deutschland übte vor allem der 1487 veröffentlichte »Hexenhammer« einen verheerenden Einfluß aus. Die Autoren, die Dominikaner (*domini canes*: die Hunde des Herrn) Sprenger und Institoris (eigentlich Krämer), geben dort detaillierte Anweisungen zur Führung von Hexenprozessen und berufen sich dabei auf das mosaische Gebot aus der Bibel: »Zauberer sollst du nicht leben lassen.«

Unter dem *crimen magiae*, dem Laster der Zauberei, verstand man den in der Regel körperlich vollzogenen Pakt mit dem Teufel, der den ihm Verfallenen Macht über andere gibt, so daß sie mit seiner Hilfe den Menschen Schaden zufügen können. Wo immer nun der Verdacht eines solchen angeblichen Teufelsbündnisses bestand, sei es wegen tatsächlicher unaufgeklärter Schadensfälle oder auch nur wegen eines auffälligen nonkonformen Verhaltens, konnte dem Verdächtigten und Denunzierten der Prozeß gemacht werden.

Mordbrennerei eines Dorfes durch plündernde Soldaten nach einem zeitgenössischen Kupferstich

Die Hexenverfolgung war der katholischen Kirche ein willkommenes Mittel, ihre absolute Macht zu demonstrieren, Andersdenkende und Andersgläubige als Ketzer zu diskriminieren und uneingeschränkte Unterwerfung zu erzwingen. So ist es nicht verwunderlich, daß die Hexenprozesse im Zuge der Gegenreformation um 1590 und 1630 erschütternde Höhepunkte erreichten. Zentren des Hexenwahns in Deutschland waren vor allem das Rheinland und Westfalen, wo Hunderte wehrloser Frauen auf dem Scheiterhaufen verbrannt wurden.

Hexenverbrennung nach einem zeitgenössischen Holzschnitt

Gegen den grassierenden Hexenwahn richtete der Jesuit Friedrich Spee seine 1631 und 1632 anonym erschienene, in lateinischer Sprache geschriebene Schrift »Cautio Criminalis«, rechtliche Bedenken wegen der Hexenprozesse. Spee, Hexenbeichtvater in Paderborn, hatte eine große Zahl als Hexen beschuldigter Frauen zum Scheiterhaufen führen müssen, ohne auch nur in einem Fall von der Schuld der Verurteilten überzeugt zu sein. Zwingend weist er nach, daß Dummheit, Aberglaube, Neid und Mißgunst die Prozesse antreiben und die Richter, Inquisitoren, Folterknechte und Scharfrichter von den Kopfgeldern profitieren.

Spee richtet die Richter, indem er ihnen ein fundamentales Versagen vor dem höchsten christlichen Gebot, vor dem Gebot der Nächstenliebe, vorwirft. Nur die Liebe vermag das Geschöpf seinem Schöpfer näherzubringen. In Wahrheit sind nicht die Opfer, sondern die Täter, die den Mitmenschen mit blutrünstigem Haß verfolgen, des Teufels.

Spees epochemachendes Werk steht am Anfang einer Entwicklung, die den blinden Autoritätsglauben überwindet und sich anschickt, menschliche Geschichte und menschliches Zusammenleben aus dem Geist christlicher Liebe neu zu entwerfen. Grimmelshausens »Simplicissimus« und Spees »Cautio Criminalis« zeigen aber auch das häßliche Gesicht des Menschen, seine verheerende Aggressivität, die dem schönen Ideal des Renaissance-Menschen tragisch widerspricht. Nicht nur der Zwiespalt von Lebenshunger und Todesangst prägte das Zeitalter des Barock, sondern darüber hinaus der deprimierende Widerspruch des Ideals mit der Wirklichkeit, der Schönheit der Kunst mit der Häßlichkeit des Lebens.

Damit es jedoch nicht den Anschein hat, als ob der Prozeß nur auf das Gerücht hin, ohne weitere Indizien, wie man sagt, angestrengt worden wäre, siehe, da ist gleich ein Indiz zur Hand, da man der Gaja aus allem einen Strick dreht. Ihr Lebenswandel war entweder schlecht und sündhaft oder gut und rechtschaffen. War er schlecht, so sagt man, das sei ein starkes Indiz, denn von einer Schlechtigkeit darf man getrost auf die andere schließen. War ihr Lebenswandel indessen gut, so ist auch das kein geringes Indiz: Denn auf diese Weise, sagt man, pflegen die Hexen sich zu verstecken und wollen besonders tugendhaft erscheinen.

Aus Friedrich Spee, »Cautio Criminalis« (dt. Übersetzung)

1640–88
Friedrich Wilhelm von Brandenburg, der »Große Kurfürst«
1643–1715
Ludwig XIV. von Frankreich wird zum Modell für den europäischen Absolutismus.
29. Oktober 1685
Edikt von Potsdam (Aufnahme französischer Hugenotten)
1701–13
Friedrich I. erster König in Preußen
1701–13
Spanischer Erbfolgekrieg
1713–40
Friedrich Wilhelm I. von Preußen
19. April 1713
Pragmatische Sanktion (Habsburger Thronfolge)
1716–18
Türkenkrieg (Prinz Eugen)
1734
Gründung der Universität Göttingen
1740–48
Österreichischer Erbfolgekrieg
1740–63
Schlesische Kriege
1740–80
Maria Theresia
1740–86
Friedrich der Große
1750–53
Voltaire am Hof Friedrichs des Großen
15. Februar 1763
Frieden von Hubertusburg

Aufbrüche aus »selbstverschuldeter Unmündigkeit«

Der Dreißigjährige Krieg hatte ein verwüstetes, wirtschaftlich ruiniertes Deutschland zurückgelassen. Weite Landstriche waren entvölkert, viele Gemeinwesen ausgelöscht. Um wirtschaftlich einen Neuanfang zu begründen, galt es, den bürgerlichen Unternehmergeist und Gewerbefleiß zu wecken. Überall begannen die Landesherren, Industrie (Manufakturen) und Handel zu fördern. Eine Entwicklung, die den Wohlstand im Bürgertum allmählich steigerte, vor allem aber das Selbstbewußtsein des Bürgers positiv beeinflußte, da er sich aufgerufen fühlte, am wirtschaftlichen Aufschwung mitzuarbeiten, auch wenn ihm politischer Einfluß weiterhin versagt war.

Gebunden war sein gesellschaftlicher Erfolg an seinen persönlichen Einsatz, an sein am Nutzen orientiertes Handeln und an seine Arbeit und seinen Fleiß im Dienst des Gemeinwohls. Alles Handeln mußte sich am Maßstab der Vernunft messen lassen, an der Forderung nach zweckvoller Betätigung innerhalb des für alle verbindlichen sozialen Systems. Tugendhaft war der moralisch Starke, der zur Förderung der

Kupferstich aus der Serie »Fleiß und Faulheit« (1747) von William Hogarth. Herausgestellt wird der Gewerbefleiß des Bürgers. Georg Christoph Lichtenberg schreibt in seinen »Erklärungen« (1794) der Stiche: »Hier stehen sie nun beide im Comtoir, Herr West, der Principal, und Gutkind, der getreue Knecht, der in Wenigem getreu gewesen ist, und nun über Viel gesetzt wird.«

Von besonderer Bedeutung war die Gründung von Porzellanmanufakturen durch die Landesherren. Meißen, Nymphenburg und Frankenthal erlangten bald europäische Geltung. Die Abbildung zeigt eine Schäfergruppe um 1760 aus der vom Kurfürsten von der Pfalz gegründeten Frankenthaler Porzellanmanufaktur.

Gemeinschaft und ihres Wohlergehens seine Pflicht tat.

Das Vertrauen in den vernunftgeleiteten Menschen und seine Verantwortung in seinem konkreten, diesseitigen Lebenskreis erhöhte nicht nur sein Selbstbewußtsein, sondern führte auch zu einer weiteren Lösung aus religiösen Bindungen. Zwar blieb der Glaube an die göttliche Schöpfung unangetastet, überzeugt aber war man davon, daß es keine weiteren Eingriffe des Schöpfers geben werde (Deismus), dem Menschen also die Lebens- und Weltgestaltung allein auferlegt sei.

Vor allem der Philosoph Christian Wolff (1679–1754) war es, der das System des Rationalismus, des vernunftgeleiteten Handelns, bündig formulierte. Vorausgegangen war ihm Gottfried Wilhelm Leibniz (1646–1716), der das Vernunftgemäße wie das Individuell-Persönliche hervorgehoben und den Glauben an die »prästabilierte Harmonie« die feststehende Ordnung der Dinge vertreten hatte. In seiner berühmten »Theodizee« (1710) geht er davon aus, daß Gott die bestehende Welt als die beste aller möglichen Welten geschaffen habe und alle Klagen über ihre Mängel nur in der menschlichen Kurzsichtigkeit begründet seien.

Aufklärung, so definierte der Königsberger Philosoph Immanuel Kant (1724–1804) 1784 im Rückblick auf die Epoche, sei der »Ausgang des Menschen aus seiner selbstverschuldeten Unmündigkeit«. Nur der Mensch, der sich aus den Fesseln von Dogma und kollektiver Autorität löst und seiner eigenen Vernunft vertraut, ist ein mündiger Bürger und nützliches Mitglied seiner Gemeinschaft. Zugleich aber weist Kant auch der bloß rationalistischen Erkenntnis ihre Grenzen, indem er die sensualistische Erfahrung hervor-

Titelseite der Erstausgabe der »Theodizee« von Gottfried Wilhelm Leibniz (1710): Dabei handelt es sich um den Versuch, die von Gott geschaffene Welt als »die beste aller möglichen Welten« darzulegen.

ESSAIS
DE
THEODICEE
SUR LA
BONTÉ DE DIEU,
LA
LIBERTÉ DE L'HOMME
ET
L'ORIGINE DU MAL.

A AMSTERDAM,
Chez ISAAC TROYEL, Libraire.
MDCCX.

hebt, denn allein die Sinne geben Kunde von der realen Außenwelt. Entscheidend bleibt, daß dem Menschen zugetraut wird, seine Welt und sich selbst zu erkennen und zu erfahren und nach Maßgabe seiner Selbsterkenntnis und Selbsterfahrung zweckvoll zu handeln.

Immanuel Kant, Gemälde aus dem Jahr 1791

Johann Christoph Gottsched – Die Literatur wird vernünftig

Anknüpfend an die klassizistische Regel- und Normenpoetik Frankreichs (Boileau), entwirft Johann Christoph Gottsched (1700–66), Professor in Leipzig, in seinem »Versuch einer Critischen Dichtkunst vor die Teutschen« (1730) das Programm einer vernünftigen Literatur. Wichtig sind ihm die Klarheit des Stils, Geschmack und Witz und der moralische Nutzen zur Förderung des Bürgertums. Während er die Barockliteratur als Unnatur und Schwulst abtut, geht es ihm um die Nachahmung der in seiner Sicht nach klassischen Regeln geordneten Natur.

In diesem Sinn fordert er im Drama die strikte Einhaltung der drei Einheiten von Handlung (Durchführung eines Grundmotivs), Ort (gleichbleibender Schauplatz) und Zeit (Ablauf innerhalb von 24 Stunden). Im wesentlichen folgt er dabei dem klassizistischen französischen Drama (Racine, Corneille). Seiner Ablehnung des Wunderbaren, Irrationalen und scheinbar Regellosen fielen auch die Dramen Shakespeares, die Oper und der Hanswurst auf der Schauspielbühne zum Opfer.

Titelseite der vierten Auflage von Gottscheds »Critischer Dichtkunst« (1751)

Versuch
einer
Critischen Dichtkunst
durchgehends
mit den Exempeln unserer besten Dichter erläutert.
Anstatt
einer Einleitung ist Horazens Dichtkunst
übersetzt, und mit Anmerkungen erläutert.
Diese neue Ausgabe ist, sonderlich im II. Theile,
mit vielen neuen Hauptstücken vermehret,
von
Johann Christoph Gottscheden.

Vierte sehr vermehrte Auflage, mit allergnädigster Freyheit.
Leipzig, 1751.
Verlegts Bernhard Christoph Breitkopf.

Die sprachlich künstlerische Einkleidung ist gleichsam nur der Zuckerguß, der die oft bittere moralische Pille genießbar macht. Gottscheds Regeln haben den Charakter von Gebrauchsanweisungen, beispielsweise bei der Gestaltung der Tragödie: »Der Poet wählt sich einen moralischen Lehrsatz ... Dazu nimmt er sich eine Fabel, daraus die Wahrheit eines Satzes erhellt. Hiernach suche er in der Historie solche berühmte Leute, denen etwas ähnliches begegnet.«

Gottscheds dogmatische Positionen blieben nicht unwidersprochen. Insbesondere die Schweizer Johann

Jakob Bodmer (»Critische Abhandlung von dem Wunderbaren in der Poesie«, 1740) und Johann Jakob Breitinger (»Kritische Dichtkunst«, 1740) reklamierten den Anspruch poetischer Phantasie und forderten eine Verknüpfung des Wunderbaren mit dem Wahrscheinlichen.

Der Triumph der Didaktik: Fabel und Satire

Dominant ist im Zeitalter der Aufklärung, zumindest bis zur Mitte des 18. Jahrhunderts, die belehrende, didaktische Literatur zur Förderung einer vernunftgeleiteten bürgerlichen Lebenspraxis. Die Fabel, im engeren Sinne die Äsopische Fabel (Äsop: Held eines frühgriechischen Volksbuchs), veranschaulicht einen moralischen Satz, eine praktische Lebensweisheit durch die Einkleidung in eine Handlung, in der Tiere die eigentlichen Akteure sind. Die festliegende Typisierung der einzelnen Tiere (der majestätische Löwe, der listige Fuchs, der kluge Rabe u. a. m.) dient der unmißverständlichen Erkenntnis der Lehre. Die uneigentliche Darstellung der nützlichen Wahrheit kann aber auch außerhalb der Tierfabel gleichnishaft Gestalt gewinnen, indem sie sich anderer Requisiten und Einkleidungen bedient.

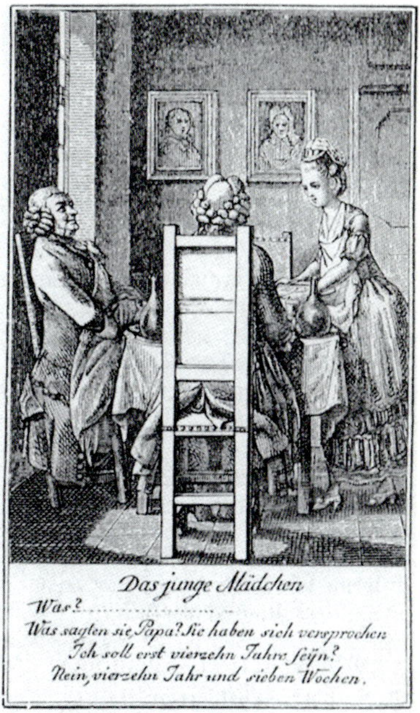

Kupferstich von Daniel Nikolaus Chodowiecki zu Gellerts »Fabeln« (1776)

Stellt die Fabel die moralische Norm positiv dar, so tritt sie in der Satire in ihrer Verkehrung entgegen. In seiner 1734 veröffentlichten Satire »Die Vortrefflichkeit und Notwendigkeit der elenden Scribenten« ironisiert Christian Ludwig Liscow (1701–60) in äußerst scharfer und polemischer Form die ewiggestrigen, der unaufgeklärten Tradition weiterhin anhängenden Autoren, die als Zerrbilder der Vernunft dem Gelächter preisgegeben werden.

Der populärste Satiriker im 18. Jahrhundert ist der weniger intellektuelle Gottlieb Wilhelm Rabener (1714–

Bedeutende Fabeldichter im 18. Jh.:
Christian Fürchtegott Gellert (1715–69)
Friedrich Hagedorn (1708–54)
Johann Wilhelm Gleim (1719–1803)
Magnus Gottfried Lichtwer (1719–83)

Christian Ludwig Liscow (1701–60), Kupferstich (1789), gefürchteter Verfasser von Prosa-Satiren, die auch vor persönlichen Verletzungen nicht zurückscheuten

71). Die »Totenliste von Nikolaus Klimen« (1743) ist eine komisch-lächerliche Revue negativer Charaktertypen aus dem bürgerlichen Stand. Neben dem unterwürfig schmeichelnden Gelegenheitspoeten und dem praxisfernen Gelehrten stehen der schlafmützige Stadtrat, der quacksalbernde Arzt, der habgierige Kaufmann, der betrügerische Advokat, der ebenso tyrannische wie dumme Schulmeister und, last but not least, die eitle, verschwendungssüchtige Frau.

Die moralischen Wochenschriften – Der Bürger auf der Suche nach sich selbst

Nach englischem Vorbild (»The Tatler« 1709–11; »The Guardian« 1713) erschienen schon bald auch in Deutschland die sogenannten »Moralischen Wochenschriften«. Die populärsten unter ihnen waren Matthesons »Vernünftler« (1713f.) in Hamburg, Bodmers und Breitingers »Discourse der Mahlern« (1721–23) sowie Gottscheds »Die vernünftigen Tadlerinnen« (1725–27).

Die Wochenschriften verstanden sich als praktische Orientierungshilfe im Alltag, indem sie den Bürger zur vernünftigen Lebensgestaltung anleiteten und ihm Ideale bürgerlichen Wohlverhaltens vermittelten. Im einzelnen wurden sowohl Fragen des neu aufgekommenen Tabakrauchens und des Kartenspiels wie der Erziehung, des Aberglaubens, der Ehe und der Kunst behandelt. Um wahrhaft glücklich zu werden, galt es, mäßig und verantwortungsbewußt zu leben, klar zu denken und alles Spekulative abzuwehren, Gemeinsinn zu entwickeln und sich für das Nützliche einzusetzen. Kleine Erzählungen, Briefe, Essays, Satiren und Dialoge boten eine Vielfalt an Abwechslung und kleideten die Lehren unterhaltsam ein. Der durchgehend optimistische Grundton sollte den Bürger vergewissern, in der besten aller möglichen Welten zu leben, sofern er bereit war, das Bestmögliche aus sich selbst zu machen.

Titelseite von Bodmers und Breitingers populären »Moralischen Wochenschrift«, in der die Mitarbeiter ihre Beiträge über nützliche Lebensweisheiten mit den Namen bekannter Maler unterzeichneten. Auf dem Titelkupfer umrahmen zwei Satyrn eine Gesprächsszene.

Rokoko – Das Leben ein Spiel

Jean-Antoine Watteau, *Gesellschaft im Freien*, um 1718/19. Die idyllische Parkszene, die blühenden Farben, die heitere Atmosphäre und die schwerelos wirkenden Figuren veranschaulichen die beschwingte Leichtigkeit des Rokoko.

Wie die bürgerliche Aufklärung bejahte das mehr feudal-großbürgerliche Rokoko (frz. *rocaille* = Muschel, architektonisches Schmuckelement) die konsequente Hinwendung zum Diesseits, setzte aber an die Stelle des Nützlichen die Freude und den Genuß, an die Stelle der Lehre das Schöne um seiner selbst willen und an die Stelle des sittlichen Ernsts das Spiel. Das Rokoko war die andere, die heitere Seite eines Zeitalters, das sich der Pflicht und Moral verschrieben hatte, dem Glück, das nicht aus der Leichtigkeit des Lebens, sondern aus der Anstrengung der Arbeit erwächst.

In der Architektur, in der bildenden Kunst und in der Literatur des Rokoko herrschen das Graziöse und Dekorative, das Heitere und Verspielte, das Galante und mitunter Frivole. Die idyllische Natur, wie ein Park stilisiert, ist bevölkert mit Schäferinnen und Schäfern, mit Nymphen und Faunen, unter die sich gelegentlich Bacchus und Amor selbst mischen. Alles dreht sich um Freude und Vergnügen, um Wein und Liebe. Das Leben scheint ein Fest ohne Ende, dem halbverhüllte Reize, anmutiges Werben und kokett angedeutetes Erfüllen die pikante Note verleihen.

Ausdrucksformen sind vor allem leicht tändelnde Verse, eine *poésie fugitive*, flüchtig hingetupfte lyrische Augenblickskunst. Friedrich Hagedorn, einer der führenden Vertreter der Rokoko-Poesie, empfiehlt seine Lieder zum Zeitvertreib: »Den itzt an Liedern reichen Zeiten / Empfehl ich diese Kleinigkeiten: / Sie werden nicht unsterblich sein.« Neben Hagedorn sind es vor allem Heinrich Wilhelm Gerstenberg (»Tändeleyen«,

Spiegelsaal der Nymphenburger Amalienburg, erbaut 1734–39 nach Plänen von François de Cuvilliés. Die Amalienburg gilt als ein Höhepunkt des höfischen Rokoko.

Der Kuß

Ich war bey Chloen
ganz allein,
Und küssen wollt'
ich sie:
Jedoch sie sprach,
sie würde schreyn,
Es sey vergebne
Müh.

Ich wagt' es doch,
und küßte sie,
Trotz ihrer Gegen-
wehr.
Und schrie sie nicht?
Ja wohl, sie
schrie; –
Doch lange hinter
her.

Christian Felix Weiße

1759), Johann Wilhelm Gleim (»Versuch in scherzhaften Liedern«, 1753/58), Johann Peter Uz (»Lyrische Gedichte«, 1749) und Christian Felix Weiße (»Scherzhafte Lieder«, 1759), die die Poesie des Rokoko ins Leben rufen.

Lessing – Die Vereinigung von Kopf und Herz

Gotthold Ephraim Lessing (1729–81) vollendet die bürgerliche Aufklärung, indem er deren einseitige Orientierung am Rationalismus überwindet. Sinnliche Wahrnehmung und innere Erfahrung bilden die Grundlagen aller Erkenntnis und der wahren Humanität. Formale Regelhaftigkeit, dogmatische Orthodoxie und das Beharren auf der alleinigen logisch rationalen Ordnung der Dinge werden dem Menschen nicht gerecht.

Als Religionsphilosoph wendet sich Lessing gegen den kirchlichen Dogmatismus, indem er sich in seinem »Anti-Goeze« (1778/79) mit dem orthodoxen Hamburger Hauptpastor Goeze auseinandersetzt. In der moralphilosophischen Schrift »Die Erziehung des Menschengeschlechts« (1777) vertritt er den Glauben an die Verinnerlichung tugendhaften Handelns, das der Vorschriften und Sanktionen letztlich nicht mehr bedürfe.

Zukunftsweisend sind Lessings kunst- und literaturtheoretische Arbeiten. Auf Grund der unterschiedlichen räumlich-zeitlichen Darbietung des Stoffs und der dadurch bedingten unterschiedlichen Aufnahmeweisen begreift er im Widerspruch zum klassischen Glaubenssatz »*ut pictura poesis*« (»wie die Bilder, so die Poesie«) die bildende Kunst als ein Nebeneinander im Raum und die Literatur als ein Nacheinander in der Zeit (»Laokoon«, 1766). Ausdrücklich setzt er sich in seinem 17. Literaturbrief für Shakespeare ein, der in seinen Dramen den wirklichen menschlichen Verhältnissen näherstehe als die Vertreter des klassizistischen französischen Dramas. Deutliche Kritik übt er an den Positionen Gottscheds, dessen formale Bindung an die drei Einheiten er als allzu äußerlich

Gotthold Ephraim Lessing (1729–81), Gemälde von Anton Graff, um 1770

zurückweist. Bahnbrechend war vor allem Lessings »Hamburgische Dramaturgie« (1767/69). Die dramatische *Katharsis*, die Reinigung von zerstörerischen Leidenschaften, geschieht durch die Furcht, die der Zuschauer für den Helden empfindet und durch die Furcht des auf den Zuschauer bezogenen Mitleids. In diesem Sinn verwirft Lessing das barocke Märtyrerdrama, da weder das absolut Gute noch das absolut Schlechte dazu angetan sind, Mitleid zu erregen.

Augusteer-Halle in der Herzog August Bibliothek Wolfenbüttel, die Lessing seit 1770 leitete

Als Dramatiker schafft Lessing das erste moderne deutsche Lustspiel. Die Charakterkomödie »Minna von Barnhelm« (1767) überwindet die klassizistische Typisierung, indem sie den Hauptfiguren Entwicklungsfähigkeit zuspricht. Das nach einer persönlichen Frustration starre Ehrverhalten des Majors von Tellheim wird durch die unerschütterliche Liebe und die Einfühlsamkeit Minnas am Ende aufgelöst. Glück stellt sich dort ein, wo das, was sich im Kopf als fixe Idee festgesetzt hat, durch die Weite und das Verständnis des Herzens korrigiert wird.

Mit »Emilia Galotti« (1772) begründet Lessing das bürgerliche Trauerspiel. Tragik entfaltet sich in der Welt des Bürgers, der sich auflehnt gegen die Unterdrückung durch den Adel. Moralisch bloßgestellt wird der Vertreter des absolutistischen Regimes, der das Bürgermädchen zu seiner Mätresse zu machen versucht und dadurch den Vater des Mädchens herausfordert, die eigene Tochter zu töten. Moralisch triumphiert der Bürger über die Amoralität des Adels.

Szenenbild aus Lessings »Nathan der Weise«, letzter Auftritt

»Nathan der Weise« (1779) ist das erste bedeutende Beispiel für das Ideendrama. Berühmt geworden ist die Ringparabel, mit der Nathan den Sultan im Gleichnis davon überzeugt, daß weniger die Zugehörigkeit zu einer der positiven Religionen entscheidend ist als die Gesinnung und das praktische Tun ihrer Bekenner. Wahre Humanität gründet sich auf sittliches Empfinden und Handeln und auf die praktizierte Toleranz dem Andersgläubigen gegenüber.

Christoph Martin Wieland im Kreise seiner Familie, Ölgemälde von Melchior Kraus, 1775

Sittlichkeit und Sinnlichkeit – Die Romane Christoph Martin Wielands

Während der Roman in der englischen Literatur des 18. Jahrhunderts zur führenden Gattung avancierte (Defoe, Fielding, Sterne), kam er in der deutschen Aufklärung nur selten über ein Mittelmaß hinaus. Johann Gottfried Schnabels »Insel Felsenburg« (1731–43) blieb ebenso weit hinter dem Vorbild von Defoes »Robinson Crusoe« zurück wie Wielands »Don Sylvio« (1764) hinter dem bewunderten »Don Quijote« von Miguel de Cervantes.

Erst mit der »Geschichte des Agathon« (1766/67) gelang Wieland (1733–1813) ein zukunftsweisendes Romanmodell. Der hochbegabte Jüngling Agathon lernt durch den Rat weiser Freunde und durch eigene Erfahrung, daß das höchste Ziel menschlicher Vollkommenheit allein durch die Überwindung von Maßlosigkeit und Egoismus und die Zügelung der Leidenschaften zu erreichen ist. In Harmonie mit sich selbst wendet er sich am Ende mit all seinen Kräften der Förderung des Gemeinwohls zu. Letztlich ungelöst aber bleibt, veranschaulicht in Agathons Beziehung zu der ebenso liebenswerten wie geistreichen Hetäre (außereheliche Geliebte) Danae, der Konflikt von Sittlichkeit und Sinnlichkeit. Wielands »Agathon« leitet die Tradition des deutschen Bildungsromans ein.

Christoph Martin Wieland, »Die Abderiten«, Stich von H. Lips (1796). Der Prozeß um des Esels Schatten, Höhepunkt des Romans, findet sein Ende, als die Abderiten über den Esel herfallen und ihn in kleine Stücke zerreißen.

Im Roman »Die Abderiten« (1774) mißlingen alle Versuche, die Bürger Abderas (das antike Schilda) zu vernünftiger Sittlichkeit zu führen. Schwärmerei, Engstirnigkeit, das Verharren im Banalen, Aberglaube und fehlende Selbstkritik verhindern jede Form sittlicher Vervollkommnung. Mit den »Abderiten« und dem »Triumph ungeläuterter Sinnlichkeit« schrieb Wieland einen satirischen Gegenentwurf zum Bildungsroman.

Lichtenberg – Der Selbstdenker als mündiger Bürger

Der Professor für Naturwissenschaften in Göttingen und geistreiche Autor Georg Christoph Lichtenberg (1742–99) vertritt beispielhaft die Tendenzen der Spätaufklärung, Literatur verstärkt auf Erfahrung zu gründen und sich in kritischem Selbstdenken zu üben. Spöttisch wendet er sich gegen jegliche Art von Beschränktheit und dogmatischer Verengung. Als scharfer, unbestechlicher Beobachter fängt er die Torheiten und Unzulänglichkeiten in knappen, pointierten Formulierungen ein und sammelt sie in seinen sogenannten »Sudelbüchern«. Oft sind die Einfälle und Reflexionen in wenigen Sätzen zusammengedrängt und enthüllen als eine Art Pfennigswahrheit den miserablen Zustand der Menschen und der Welt mit wenigen Worten. Lichtenberg ist der Meister des Aphorismus, des knappen, schlagkräftigen, äußerst prägnanten Worts.

Genau beobachtet er sich selbst: »Ich vergesse das Meiste, was ich gelesen habe: nichts desto weniger aber trägt es zur Erhaltung meines Geistes bei.« Freigeistig und unspekulativ setzt er sich mit dem Religiösen auseinander: »Gott schuf den Menschen nach seinem Bilde, das heißt vermutlich, der Mensch schuf Gott nach dem seinigen.« Den Menschen selbst sieht er illusionslos. »Ist es nicht sonderbar, daß die Beherrscher des menschlichen Geschlechts den Lehrern desselben so sehr an Rang überlegen sind? Hieraus sieht man, was für ein sklavisches Tier der Mensch ist.« Immer wieder kreisen seine Gedanken um den rechten Umgang mit Büchern: »Man muß Niemanden für zu groß halten und mit Überzeugung glauben, daß alle Werke für die Ewigkeit die Frucht des Fleißes und einer angestrengten Aufmerksamkeit gewesen sind.« Skeptisch beurteilt Lichtenberg schließlich das bloße Gerede über die Aufklärung. »Man spricht viel von Aufklärung und wünscht mehr Licht. Mein Gott, was hilft aber alles Licht, wenn die Leute entweder keine Augen haben oder die, welche sie haben, vorsätzlich schließen!«

Es ist nun einmal nicht anders: die meisten Menschen leben mehr nach der Mode als nach der Vernunft.
Georg Christoph Lichtenberg

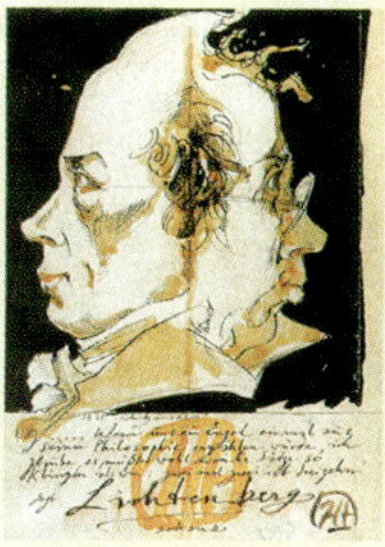

Horst Janssen, *Georg Christoph Lichtenberg*, Doppelportrait mit Horst Janssen, 1988

Es gibt wirklich sehr viele Menschen, die bloß lesen, damit sie nicht denken dürfen.
G. C. Lichtenberg

Wir fressen einander nicht, wir schlachten uns bloß.
G. C. Lichtenberg

Laß dich deine Lektüre nicht beherrschen, sondern herrsche über sie.
G. C. Lichtenberg

1680–1747
Barthold Hinrich Brockes: »Irdisches Vergnügen in Gott«

1764
Preußisch-russisches Bündnis

1765–90
Joseph II.

1772
Erste Teilung Polens

1779
Friedenskongreß von Teschen

1779–80
Bayerischer Erbfolgekrieg

1784
Toleranzpatent; Aufhebung der Leibeigenschaft

1785
Deutscher Fürstenbund

Die Entdeckung des Herzens

Um die Mitte des aufgeklärten Jahrhunderts begann das Gefühl gegen die allzu einseitige Herrschaft der Vernunft aufzubegehren. Das Herz meldete unmißverständlich seinen Anspruch an, wo bereits alles dem Kopf unterworfen schien. Vorbereiter war die Bewegung im Pietismus, der bereits am Ende des 17. Jahrhunderts einsetzende Versuch, die subjektive Liebesgemeinschaft der Christen an die Stelle der objektiven kirchlichen Formen zu setzen. Insbesondere an der Universität Halle trat der evangelische Theologe August Hermann Francke (1663–1727) für das seelische Erleben des Glaubens ein und leitete so eine Verinnerlichung und Vertiefung des Denkens ein.

Die Zuwendung zum eigenen Innern verfeinerte die Selbstreflexion und kultivierte den Sinn für die zartesten Nuancen der Stimmungen und Empfindungen. Auf diesem Boden entfaltete sich die literarische Empfindsamkeit als säkularisierte Form des Pietismus. Ausdrucksformen wie das Tagebuch und der Brief gewannen an Bedeutung, die lyrische Dichtung und das Idyll erreichten einen Höhepunkt. Der Epochenname selbst geht auf Lessing zurück, der für die Übersetzung von Sternes »Sentimental Journey« das Wort »empfindsam« empfahl.

Verpflichtend blieb wie in der Aufklärung das tugendhafte Verhalten, das sich aber nun weniger auf vernünftige Einsicht als vielmehr auf die empfindsame Bejahung von innen heraus gründete. Auswüchse der Empfindsamkeit lösten Kritik an der sogenannten Empfindelei aus, eine tränenselige Gefühlsschwärmerei, der es mehr um den rührenden Effekt als um die Aufrichtigkeit des Gefühls ging.

Daniel Chodowiecki, *Empfindung*, zwei Kupferstiche. Deutlich hebt sich die wahre Empfindsamkeit von der exaltierten Empfindelei ab.

Die schöpferische Kraft der Seele – Klopstocks »Messias«

Bahnbrechend für das neue empfindsame Bewußtsein war Friedrich Gottlieb Klopstocks (1724–1803) von John Miltons »Paradise Lost« (1667) angeregter »Messias«. Die ersten drei Gesänge lagen bereits 1748 vor. Der abschließende vierte Band erschien 1773. Ziel des Leidensweges Christi ist »der sündigen Menschheit Erlösung«. Durch sie wird »Adams Geschlechte die Liebe der Gottheit / Mit dem Blute des heiligen Bundes von neuem geschenkt.«

Friedrich Gottlieb Klopstock (1724–1803)

Beherrschend sind der versöhnliche Ton und die Gewißheit des im letzten triumphierenden Guten, während das Böse abgeschwächt und der Teufel als ohnmächtig und erlösungsbedürftig begriffen wird. Der verschachtelte Satzbau, die Bilderflut, die eindringlichen Wiederholungen, insbesondere aber der flexibel gehandhabte Hexameter (sechshebiger Vers), der in aller Regel in den freien Rhythmus mündet, erzeugen eine mit fortreißende Dynamik, die die Seele in Bewegung setzen soll, um sie für die vermittelten Eindrücke empfänglich zu machen.

Im Unterschied zur erwarteten objektiven epischen Darbietung läßt Klopstock die auftretenden Figuren aus ihrem eigenen, subjektiven Erleben sprechen. Alles scheint vermenschlicht, durchdrungen von einer empfindsamen Annäherung an die Glaubensgehalte. Klopstock vertieft die Sprache zum Ausdruck schöpferischer Empfindung, die das Heilsgeschehen in der Einzelseele nachschafft.

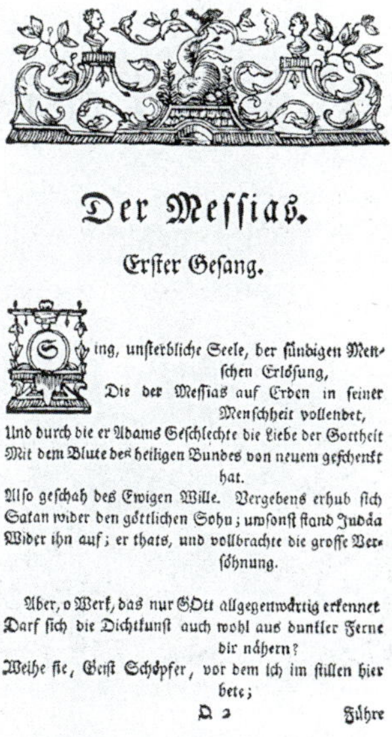

Der Messias.

Erster Gesang.

Sing, unsterbliche Seele, der sündigen Menschen Erlösung,
Die der Messias auf Erden in seiner Menschheit vollendet,
Und durch die er Adams Geschlechte die Liebe der Gottheit
Mit dem Blute des heiligen Bundes von neuem geschenkt hat.
Also geschah des Ewigen Wille. Vergebens erhub sich
Satan wider den göttlichen Sohn; umsonst stand Judäa
Wider ihn auf; er thats, und vollbrachte die grosse Versöhnung.

Aber, o Werk, das nur GOtt allgegenwärtig erkennet
Darf sich die Dichtkunst auch wohl aus dunkler Ferne dir nähern?
Weihe sie, Geist Schöpfer, vor dem ich im stillen hier bete;

D 2 Führe

Aus Klopstocks »Messias«. Erster Druck in den »Bremer Beiträgen« (1748)

Christian Fürchtegott Gellert (1715–69)

Gellerts sanfte Wege zur Tugend

Christian Fürchtegott Gellert (1715–69) verbindet in seinen zeitgenössisch äußerst populären Werken das Lehrhafte der Aufklärung mit pietistischer Frömmigkeit und empfindsamer Tugendliebe. Alle Wege zu sittlichem Wohlverhalten nehmen ihren Ausgang vom Herzen und führen zu ihm zurück. Aufrichtig tugendhaft ist nur, wer die moralischen Werte selbst empfunden und verinnerlicht hat.

Gellerts Lustspiel »Die Betschwester« (1745) behandelt den Konflikt des Mannes zwischen zwei Frauen. Während die stille, tief fühlende Christiane Simon aufrichtig liebt, auf ihre Liebe aber zugunsten der Freundin Eleonore zu verzichten bereit ist, nimmt Eleonore, die lebhaftere und weltläufigere Frau, den Verzicht zunächst an, ist jedoch ihrerseits bereit, ihre Liebe der Freundschaft zu opfern, als sie erkennt, daß Christiane und Simon innerlich zusammengehören. Komisch lächerlich dargestellt ist nur Christianes Mutter, die Betschwester, eine oberflächliche Frömmlerin, Kontrastfigur zu den beiden aufrichtig fühlenden jüngeren Frauen. Die Liebe zwischen Entsagung und Erfüllung, Opferbereitschaft und Hingabe soll das Mitgefühl des Zuschauers wecken und ihm Wege öffnen zum Mitmenschen. Gellerts Bühnenstück gestaltet beispielhaft das tragikomische, weinerliche Lustspiel mit seinen rührenden Elementen und seinem glücklichen Ausgang, in den sich jedoch auch der Verzicht der entsagenden Frau mischt. Neben dem bürgerlichen Trauerspiel stellt das weinerliche Lustspiel die zweite bedeutende Möglichkeit im Drama dar, den Bürger in Überwindung der ständisch gebundenen Tragödie fähig zu tragischem Erleben zu machen und sein Selbstverständnis zu vertiefen.

Auch in Gellerts 1747/48 erschienenem Roman »Das Leben der schwedischen Gräfin von G.« geht es um ein Dreiecksverhältnis. In der Rückschau erlebt die Gräfin noch einmal ihr Leben zwischen ihrem Gatten und dem Freund, dem sie sich zugewendet hatte, nachdem ihr Mann für tot erklärt worden war. Bei dessen unerwarteten Rückkehr jedoch nehmen die beiden die Ehe wieder auf, während der andere als Freund des Hauses in die Gemeinschaft aufgenommen wird. Der in der Ich-Form erzählte Roman hat seine Vorzüge in der sensiblen psychologischen Darstellung, die auch das Intime miteinbezieht. Gefühle und Empfindungen werden reflektiert, und ihre Bedeutung für eine echte Tugend der Mitmenschlichkeit wird nicht nur erörtert, sondern auch im eigenen Verhalten verwirklicht. Auf dem Sterbebett bekennt sich der Vater des Grafen zur irdischen Glückseligkeit (Eudämonismus) des Menschen: »Liebt getreu und genießt das Leben, das uns die Vorsehung zum Vergnügen und zur Ausübung der Tugend geschenkt hat.«

Gellerts einziges größeres Erzählwerk nach englischen und französischen Vorbildern (Richardson, Prévost) begründete den empfindsamen Roman in Deutschland, der in der Nachfolge wie etwa im Fall von Johann Martin Millers »Siegwart« (1776) zum ›Gefühlskitsch‹ aus Tränen und Mondschein absank und Kritik an der bloßen Empfindelei hervorrief.

Kupfer zur zweiten Auflage des »Siegwart« (1777) von Johann Martin Miller. »Der edle Jüngling lag erstarrt und tot im blassen Mondschein auf dem Grabe seines Mädchens ...«

Die Sehnsucht nach der Idylle

Die Hinwendung zum Diesseits, das Streben nach Glückseligkeit und nicht zuletzt der oft graue Alltag der Arbeit und der Pflicht riefen die Sehnsucht nach einem befriedeten, harmonischen Dasein im Abseits, im Einklang mit der zwecklosen Schönheit der Natur

Kolorierter Kupferstich von Daniel Chodowiecki zu einem zeitgenössischen Idyllenbändchen (1789)

Blick in den Ende des 18. Jahrhunderts angelegten, ältesten englischen Landschaftsgarten auf dem Kontinent in Wörlitz. Der englische Park, auch als literarisches Motiv verwendet, entsprach in besonderer Weise dem empfindsamen Bewußtsein. »Es ist ... in einzigartiger Weise auf kleinem Raum zusammengefaßt, alles zum Ausdruck gebracht ..., was das ausklingende 18. Jahrhundert, das Zeitalter der Empfindsamkeit, beseelte.« (W. van Kempen)

wach. Die Grenzen zur Poesie des Rokoko wurden dabei fließend.

In Anlehnung an die Bukolik (Hirtendichtung) Theokrits (um 300 v. Chr.) und die Eklogen (ländliche Gedichte) Vergils (70–19 v. Chr.) entstanden außerordentlich beliebte idyllische Dichtungen. Im Wechsel von erzählender und dialogischer Darbietung, meistens in schlichter Prosa, gelegentlich auch in Versen, entwarf die Idylle (griech. *eidyllion* = Bildchen) Genrebilder eines empfindsamen Glücks in bescheidenen Umständen vor friedvoller ländlicher Kulisse. Handeln weicht der Beschaulichkeit, Stille macht die Hektik des Alltags vergessen, und zweckgerichtetes Tun löst sich auf in der natürlichen Schönheit um ihrer selbst willen.

Eine der ersten großen idyllischen Dichtungen des 18. Jahrhunderts ist Ewald von Kleists (1715–59) »Der Frühling« (1749). Aus der Sicht des betrachtenden und empfindenden Subjekts ziehen Bilder einer schönen, frühlingshaften Natur vorüber. Mit dem erfrischenden Regen am Schluß kehren Stille und Gelassenheit auch ins menschliche Herz ein.

Neben Ewald Kleist und Friedrich (genannt Maler) Müller ragt unter den idyllischen Dichtern vor allem der Schweizer Salomon Geßner (1730–88) hervor. Seine 1756 erschienenen Prosaidyllen sind empfindsame Genrebilder der ungestörten Harmonie von Natur und Mensch in einer bewußt stilisierten Gegenwelt zum Arbeitsalltag. Doch im Grunde ist die Idylle mehr Wunsch als Wirklichkeit: »Könnt' ich in einsamer Gegend mein Leben ruhig wandeln, im kleinen Landhaus, beim ländlichen Garten unbeneidet und unbemerkt! Im grünen Schatten wölbender Nußbäume stünde dann mein einsames Haus, vor dessen Fenstern kühle Winde und Schatten und sanfte Ruhe unter dem grünen Gewölbe der Bäume wohnen; vor dem friedlichen Eingang einen kleinen Platz eingezäunt, in dem eine kühle Brunn-

Quelle unter dem Traubengeländer rauschet, an deren abfließendem Wasser die Ente mit ihren Jungen spielte« (S. Geßner, »Der Wunsch«).

Titel von Salomon Geßners »Schriften« (1770), von ihm selbst radiert

Empfindsame Annäherungen – Das Gedicht als Zwiesprache des Ichs mit der Welt

Gesteigerte Empfänglichkeit für sinnliches Erleben, subjektive Offenheit und die Spontaneität des Gefühls ließen sich am eindruckvollsten in der Lyrik verwirklichen. Einen Vorklang bildet Albrecht von Hallers (1708–77) großes Naturgedicht »Die Alpen« (1732), in dem im Rahmen einer kritischen Gegenüberstellung von Natur und Zivilisation die gewaltige Gebirgslandschaft in detailfreudig ausgemalten Bildern idyllische Züge annimmt.

Der eigentlich empfindsame Stil in der Lyrik erlebte seinen Durchbruch in den »Geistlichen Oden und Liedern« (1757) von Christian Fürchtegott Gellert. Die Gedichte auf christliche Festtage, auf das Leben Jesu und die Dank-, Bitt- und Trostlieder sprechen aus der Frömmigkeit des Herzens, aus dem Glauben, der im Gefühl wurzelt. Berühmt geworden ist Gellerts Nachdichtung des 19. Psalms »Die Himmel rühmen des Ewigen Ehre«. Getragen ist der Glaube von der Freude über die göttliche Güte und die Gnade des Lebens. »Mit dankendem Gemüte / Freu ich mich deiner Güte; / Ich freue mich in dir.« (»Abendlied«)

Von den Zeitgenossen begeistert gefeiert wurden die »Oden« (1771) Friedrich Gottlieb Klopstocks, von denen die frühesten bereits um 1748 im Druck vorlagen. In dynamisch vorwärts drängenden, reimlosen, freien Rhythmen entlädt sich eine für die Zeit beispiellose Intensität des Gefühls. Gott und Natur werden gleichermaßen begeistert und ergriffen gefeiert wie Liebe und Freundschaft. Mitunter klingen dunklere Töne an, die die verborgene Ganzheit von Leben und Sterben ahnen lassen. Zwischen Ankunft und Abschied, Freude und Trauer schwingt der Rhythmus des Herzens, in dessen Empfindungen sich eine ganze Welt spiegelt.

Titel von Albrecht Hallers »Gedichte«, achte Auflage, Zürich 1762

Ihr Freunde, hänget, wann ich gestorben bin,
Die kleine Harfe hinter dem Altar auf,
Wo an der Wand die Totenkränze
Manches verstorbenen Mädchens schimmern.

Der Küster zeigt dann freundlich dem Reisenden
Die kleine Harfe, rauscht mit dem roten Band,
Das, an der Harfe festgeschlungen,
Unter den goldenen Saiten flattert.

Oft, sagt er staunend, tönen im Abendrot
Von selbst die Saiten, leise wie Bienenton;
Die Kinder, auf dem Kirchhof spielend,
Hörtens, und sahn, wie die Kränze bebten.

Ludwig Heinrich Christoph Hölty, »Auftrag«, 1776

Matthias Claudius (1740–1815)

Von Klopstock unmittelbar angeregt wurde Ludwig Christoph Heinrich Hölty (1748–76), der begabteste Lyriker des »Göttinger Hains«, eines 1772 gegründeten Freundschafts- und Dichterbundes. Ihm gehörte auch der bis heute geschätzte Homer-Übersetzer Johann Heinrich Voß an. Verglichen mit Klopstocks »Oden« sind Höltys 1783 postum erschienene »Gedichte« unpathetischer und elegischer, getragen von einem sich sanft verströmenden Gefühl. Die Freude am Leben, an den Blumen, dem Mai und dem Frühling, an den Freunden und den Mädchen gleitet immer wieder hinüber zur Trauer über das Verblühen und Vergehen. Leben und Sterben aber sind dem empfindsamen Dichter nur die beiden Seiten eines Daseins, klaglos hingenommen als das sich in jedem einzelnen stets neu erfüllende Schicksal. Das Gedicht gibt nur wieder, was das Leben in das lyrische Ich hineingegeben hat: »... tönen im Abendrot / Von selbst die Saiten, leise wie Bienenton ...«

Matthias Claudius – Die Wahrheit der Empfindung
Matthias Claudius (1740–1815) ist der bedeutendste Dichter und Autor der Epoche. Zwischen 1775 und 1812 erschienen in acht Teilen seine sämtlichen Werke unter dem Zeitungstitel »Der Wandsbecker Bote«. Bevorzugte Redeweisen des »Boten« sind das Gespräch, die Rede, der Brief, der Essay und nicht zuletzt das Gedicht, Formen der Ich-Aussprache und der Zuwendung zum andern gleichermaßen. Den Kern bildet jeweils der Austausch von Empfindungen, Gedanken, Meinungen und Urteilen.

Vermittelt wird die Botschaft eines selbst empfindenden Querdenkers, der sich niemals einfangen läßt von der Selbstüberschätzung der Menschen im Zeitalter der Vernunft (»Eine Abhandlung vom menschlichen Herzen«). Erst die Besinnung auf den Tod läßt die grenzenlose Hilfsbedürftigkeit des einzelnen offenbar werden und weckt in ihm zugleich das Bedürfnis nach guter Nachbarschaft (»Der Besuch im St. Hiob«). Das illusionslose Eingeständnis menschlicher Ohnmacht führt zur Hoffnung auf Erlösung aus der Zeit im Vertrauen auf das Göttliche im Menschen selbst. »Wir sind nicht groß, unser Glück ist, daß wir an etwas Größers und Bessers glauben können.«

Die Gedichte von Matthias Claudius gehören zu den lyrischen Höhepunkten der deutschen Literatur. Im »Abendlied« (»Der Mond ist aufgegangen«) sind die strahlenden Himmelslichter Sinnbilder gläubiger Sehnsucht in der Finsternis. Mit dem aufsteigenden Nebel richtet sich der Blick empor zur eigentlichen Heimat des Menschen, aus der er gekommen ist und in die er wieder einkehren wird. Erschütternd veranschaulicht Claudius aber auch die Katastrophe menschlicher Gewalt. In seinem »Kriegslied« greift der Mensch zerstörerisch in den Frieden der Schöpfung ein und löst ein Chaos ohnegleichen aus. Das Kriegslied des Boten ist der Aufschrei des mitleidenden Subjekts und Eingeständnis tiefer existentieller Scham.

Immer wieder kreisen die Gedichte um Liebe und Tod, zwischen denen sich das menschliche Leben spannt. Sanft entführt der Tod in der empfindsamen lyrischen Szene »Der Tod und das Mädchen« den noch jungen Menschen aus der Zeit in die Ewigkeit. Der Tod erscheint nicht als Feind, sondern als Freund, als Begleiter des Menschen zu dem im Glauben verheißenen Ziel.

Den schönsten Ausdruck unerschütterlichen Liebesvertrauens hat Claudius in dem Gedicht »An Frau Rebekka« gefunden. Nicht Leidenschaft und Begehren sind entscheidend, sondern die Gewißheit des Glücks, das der eine dem andern gibt und das gegenseitige Vertrauen, in dem beide aufgehoben sind. Ein Geschenk Gottes ist die Geliebte, ein goldener Engel und Liebesbote, der in der Zuneigung zum Geliebten die Erinnerung an das Paradies wachhält, in das beide am Ende ihrer Tage wieder einkehren werden, denn alle Liebe ist ihrer Natur nach ewig.

Der Mond ist aufgegangen,
Die goldnen Sternlein prangen
Am Himmel hell und klar;
Der Wald steht schwarz und schweiget,
Und aus den Wiesen steiget
Der weiße Nebel wunderbar.
Matthias Claudius, »Abendlied«, 1. Strophe

Matthias Claudius und seine Frau Rebekka im Kreis der Mitarbeiter am »Wandsbecker Boten« (von oben im Uhrzeigersinn: Herder, Voß, F. Stolberg, Jacobi, Hamann, Lavater, A. Gallitzin, Perthes, Klopstock, Lessing). Außerdem arbeiteten mit: Goethe, Gleim und Hölty.

1737
Gründung der ersten Freimaurerloge in Deutschland: Loge »Absalom« in Hamburg

1756–63
Siebenjähriger Krieg

1762
Jean-Jacques Rousseau: »Du contrat social«

1776–83
Amerikanischer Unabhängigkeitskrieg

1781
Immanuel Kant: »Kritik der reinen Vernunft«; Toleranzpatent Kaiser Josephs II.

1789
14. Juli: Erstürmung der Bastille; 4. August: Abschaffung der Privilegien; 26. August: Erklärung der Menschen- und Bürgerrechte

1794
Preußisches Allgemeines Landrecht tritt in Kraft

Der Dritte Stand zerbricht seine Ketten, während Adel und Klerus die Flucht ergreifen. Karikatur aus der Zeit der Französischen Revolution

Die rebellierende Natur

Der Sturm und Drang, so genannt nach dem gleichnamigen Drama von Friedrich Maximilian Klinger aus dem Jahr 1776, wandte die Kräfte des Gefühls weniger nach innen als nach außen. Die mehr introvertierte Empfindsamkeit wandelte sich zu extrovertierter Leidenschaft, das Streben nach selbstgenügsamer Entfaltung des inneren Reichtums zum Streben nach kritischer Veränderung der äußeren Verhältnisse. Im Zeitalter Jean-Jacques Rousseaus (1712–78) mit seinem Ruf »Zurück zur Natur!« glaubte man an den Menschen als ein ursprünglich freies Geschöpf der Natur, das eine korrupte Zivilisation in Ketten gelegt hatte. Es galt, alle Hemmungen und Verunsicherungen abzubauen und den Menschen und seine Verhältnisse zum natürlichen Urzustand zurückzuführen.

Gleichaltrig mit den französischen Revolutionären und erfüllt von den gleichen Ideen der Freiheit, schreckten die Stürmer und Dränger jedoch vor einer Revolution selbst zurück. Das Unbehagen in der weiterhin absolutistisch bestimmten, inzwischen verzopften Aufklärungskultur schlug sich ausschließlich intellektuell und künstlerisch nieder.

Der schöpferische Mensch war nicht länger der kritische Kopf, sondern das Originalgenie, in dem sich die ursprüngliche Wahrheit des Lebens offenbarte. Man begeisterte sich für Kraftnaturen mit ihrem dynamischen, spontanen Lebensverständnis und ihrer gesteigerten Sinnlichkeit. Der Philosoph Johann Georg Hamann (1730–88) hob die Schöpferkraft des Gefühls hervor und trat für das Genie ein, das die Regeln immer wieder neu erschüttern müsse (»Sokratische Denkwürdigkeiten«, 1759).

Sein Schüler Johann Gottfried Herder (1744–1803) nannte die Sprache einen »Gesang der Natur«. Nicht die Nachahmung fremder Modelle führt nach seiner Auffassung zur Entfaltung der eige-

Das Wesen des Liedes ist Gesang, nicht Gemälde; seine Vollkommenheit liegt im melodischen Gange der Leidenschaft oder Empfindung, den man mit dem alten treffenden Ausdruck »Weise« nennen könnte. Fehlt diese einem Liede, hat es keinen Ton, keine poetische Modulation, keinen gehaltenen Gang und Fortgang derselben – habe es Bild und Bilder und Zusammensetzung und Niedlichkeit der Farben, so viel es wolle: es ist kein Lied mehr.

J. G. Herder, Einleitung zu seiner »Volkslieder-Sammlung«, 1779

nen nationalen Kreativität (keine »schiefen Römer«), sondern allein die Besinnung auf die urwüchsigen, muttersprachlichen Kräfte (»Fragmente«, 1767). Sprache, so führt Herder in seiner »Abhandlung über den Ursprung der Sprache« (1770) aus, ändert sich nach den gegebenen regionalen Bedingungen. Jedes Wort offenbart ein menschliches Urerlebnis.

Ein besonderes Interesse galt der Volksdichtung. In den Volksliedern und Volksballaden, wie sie in England und Schottland gesammelt wurden (J. Macpherson, »Fragments of Ancient Poetry«, 1760/63; Th. Percy, »Reliques of Ancient English Poetry«, 1765) glaubte man den ursprünglichen dichtenden Volksgeist am Werk, der nicht nach Regeln, sondern nach instinktiven Intuitionen schafft. Natur wurde zum Maß aller Dinge, nicht länger jedoch als Objekt empfindsamer Anschauung, sondern als Quelle kraftvoller Selbstverwirklichung. Darüber hinaus begann man auch die Gefährdungen durch eine ungezügelte Natur zu sehen.

Große Resonanz fand Macphersons literarische Fälschung »Ossian« (1760/63), eine episch-lyrische Dichtung von tragisch-heroischer Stimmung vor der Kulisse einer rauhen, düsteren Natur. Herders Übersetzung aus dem Jahr 1782 wurde begeistert als Gegenbild zur klassizistischen französischen Dichtung begrüßt

Ganze Kerle – Die frühen Dramen Goethes und Schillers

Das dynamische Lebensgefühl und das Konfliktbewußtsein, geprägt von der Opposition zur Zeit, ließ das Drama zur charakteristischen Ausdrucksform der Epoche werden. Am 14. April 1774 wurde in Berlin Johann Wolfgang Goethes (1749–1832) »Götz von Berlichingen« uraufgeführt und begeistert aufgenommen. Götz von Berlichingen, eine historische Gestalt aus der Zeit der Bauernkriege, ist das große, nach Freiheit strebende Individuum, das in seiner Zeit nichts anderes als

Johann Wolfgang Goethe, Ölgemälde, Kopie von unbekannter Hand nach G. O. May, 1779

Götz und Weislingen, »Götz von Berlichingen«, 1. Akt, 3. Bild, Ölbild von Johann Heinrich Wilhelm Tischbein, 1782

Verfall und Dekadenz zu sehen vermag. Als Opfer von Verrat und Intrigen, in die selbst sein Jugendfreund Weislingen verwickelt ist, stirbt Götz nach heroischer Gegenwehr gegen die Übermacht der Fürsten und der Kirche in der Gefangenschaft.

In bewußter Abweichung vom Regeldrama schreibt Goethe sein Stück in volkstümlicher Prosa und löst alle Bindungen an die Einheiten von Handlung, Zeit und Ort auf. Im »Götz« verwirklicht Goethe, was er 1771 in seiner Rede »Zum Shakespeares-Tag« programmatisch ausgeführt hatte. Shakespeares »Stükke drehen sich alle um den geheimen Punkt ..., in dem das Eigentümliche unseres Ichs, die prätendierte (geforderte) Freiheit unsres Willens mit dem notwendigen Gang des Ganzen zusammenstößt.«

Parallelen bestehen zu Friedrich Schillers (1759–1805) 1781 anonym erschienenem, am 13. Januar 1782 in Mannheim uraufgeführten ersten Schauspiel »Die Räuber«. Karl Moor, wie Götz ein dynamischer, selbstbewußter Charakter, durch eine Intrige seines machtgierigen Bruders Franz aus dem Vaterhaus verstoßen, stellt sich an die Spitze einer Räuberbande, um sich an dem »tintenklecksenden Säkulum« zu rächen und das »schlappe Kastratenjahrhundert« das Fürchten zu lehren. Doch schon bald muß er erkennen, daß er nicht die angestrebte Ordnung, sondern nur Chaos schafft. Die angeblich revolutionären Akte entpuppen sich als gemeine räuberische Umtriebe. Zum Schluß läßt sich Karl den Gerichten ausliefern, nachdem er eingesehen hat, daß zwei Menschen wie er »den ganzen Bau der sittlichen Welt zugrund richten würden«.

Friedrich Schiller, Ölgemälde von Anton Graff, 1786–91

Moor: Nein, ich mag nicht daran denken! Ich soll meinen Leib pressen in eine Schnürbrust und meinen Willen schnüren in Gesetze. Das Gesetz hat zum Schneckengang verdorben, was Adlerflug geworden wäre. Das Gesetz hat noch keinen großen Mann gebildet, aber die Freiheit brütet Kolosse und Extremitäten aus. ... Stelle mich vor ein Heer Kerls wie ich, und aus Deutschland soll eine Republik werden, gegen die Rom und Sparta Nonnenklöster sein sollen.

Der neue revolutionäre Geist schlägt sich am überzeugendsten in Schillers »Die Räuber« nieder, so im Monolog Karl Moors, 1. Akt, 2. Szene.

Schillers Drama ist symptomatisch für die Haltung seiner Generation in Deutschland zum politischen Umsturz. Die Kritik an der erstarrten, kraftlosen Gesellschaft mündet in die Anerkennung einer idealen sittlichen Weltordnung, die dem einzelnen revolutionäres Handeln verbietet. Das Aufbegehren findet ohnehin nur in Worten statt und wird am Ende als räuberisches Unwesen diskriminiert. Götz und Karl Moor sind Spiegelbilder bürgerlicher Ohnmacht, als literarische Figuren konzipiert, den realen Verzicht auf politisch veränderndes Eingreifen zu rechtfertigen.

Schiller trägt seinen Mitschülern auf der Karlsschule im Bopserwald bei Stuttgart die »Räuber« vor. Skizze von Victor Heideloff

Die Opfer klagen an: Der Dramatiker J. M. R. Lenz

Nicht die Kraftnaturen stehen im Zentrum der Prosadramen von Jakob Michael Reinhold Lenz (1751–92), sondern die Opfer einer autoritären, unmenschlichen Gesellschaft. Von den Verletzungen und dem Leiden der unterdrückten Menschennatur geht eine geheime, subversive Sprengkraft aus.

Sein erstes Drama »Der Hofmeister oder Vorteile der Privaterziehung« schrieb Lenz 1772. Die Uraufführung fand 1778 in Hamburg statt. Im Haus eines standesstolzen, beschränkten adligen Majors soll der als Hofmeister (Hauslehrer) angestellte Läuffer dem Sohn Weltmanieren und der Tochter Gustchen »etwas aus dem Christentum« beibringen. Gustchen, von

Von nun an die Sonne in Trauer,
Von nun an finster der Tag,
Des Himmels Tore verschlossen!
Wer tut, sie wieder zu öffnen,
Wer tut mir den göttlichen Schlag?
Hier ausgesperret, verloren,
Sitzt der Verworfne und weint
Und kennt im Himmel, auf Erden
Gehässiger nichts als sich selber
Und ist im Himmel, auf Erden
Sein unversöhnlichster Feind.

J. M. R. Lenz, »Der verlorne Augenblick, die verlorne Seligkeit«

Jakob Michael Reinhold Lenz, Bleistiftzeichnung von Johann Heinrich Pfenninger

ihrem Verlobten vernachlässigt, beginnt eine Beziehung mit Läuffer. Unter dem Druck der Gesellschaft, die eine solche Verbindung nicht duldet, fliehen beide. Als Läuffer seinem Kind, das Gustchen in einer Waldhütte zur Welt gebracht hat, begegnet, kastriert er sich in einem Akt der Verzweiflung.

Während sich in der adligen Gesellschaft, nachdem man Gustchen verziehen hat, alles wieder einrenkt, sieht sich Läuffer endgültig ins gesellschaftliche Abseits abgedrängt. Lenz hat sein Drama als Komödie bezeichnet, wobei er unter Komödie ein »Gemälde der menschlichen Gesellschaft« versteht. Im Grunde handelt es sich um eine der ersten Tragikomödien der deutschen Literatur. Das Happy-End ist der besseren Gesellschaft vorbehalten. Tragisch ist dagegen das Schicksal des unterdrückten Bürgers. Mit seiner Selbstkastration verzichtet Läuffer auf sein volles bürgerliches Lebensrecht. Das Drama klagt sowohl die Gesellschaft an, die den einzelnen zu solchen Verzweiflungstaten treibt, als auch den einzelnen selbst, der seinen Anspruch auf Selbstverwirklichung nicht entschlossen verteidigt.

In den »Soldaten« (1776) spiegelt Lenz in der unglücklichen Liebe zwischen dem mittellosen Offizier und dem Bürgermädchen den krisenhaften Zustand einer Gesellschaft, in der das Militär und das Bürgertum sich in unlösbaren Konflikten gegenüberstehen, solange von den Offizieren weiterhin die Ehelosigkeit verlangt wird. Angeprangert werden die ständische Erstarrung und die widernatürlichen sozialen Bedingungen, die das Glück des einzelnen verhindern und ihn zum wehrlosen Opfer machen.

Leidenschaft und Leiden – Goethes »Werther«

Goethes Briefroman »Die Leiden des jungen Werthers« (1774) wurde zum Kultbuch der jungen Generation am Ausgang des 18. Jahrhunderts. Autobiographischer Hintergrund ist Goethes Aufenthalt in Wetzlar im Jahr 1772, wo er Charlotte Buff, der Verlobten eines Gesandtschaftssekretärs begegnete und

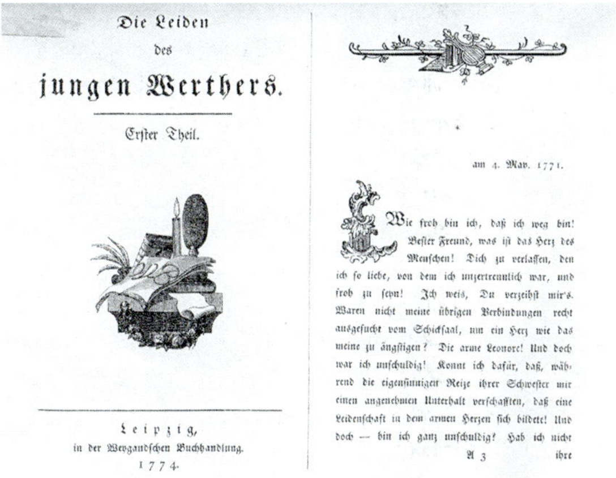

Die Leiden des jungen Werthers.

Erster Theil.

Leipzig, in der Weygandschen Buchhandlung. 1774.

am 4. May. 1771.

Wie froh bin ich, daß ich weg bin! Bester Freund, was ist das Herz des Menschen! Dich zu verlassen, den ich so liebe, von dem ich unzertrennlich war, und froh zu seyn! Ich weis, Du verzeihst mir's. Waren nicht meine übrigen Verbindungen recht ausgesucht vom Schicksaal, um ein Herz wie das meine zu ängstigen? Die arme Leonore! Und doch war ich unschuldig! Konnt ich dafür, daß, während die eigensinnigen Reize ihrer Schwester mir einen angenehmen Unterhalt verschafften, daß eine Leidenschaft in dem armen Herzen sich bildete! Und doch — bin ich ganz unschuldig? Hab ich nicht

A 3 ihre

Titelseite des Erstdrucks 1774 von Goethes »Werther« mit der ersten Seite des Texts

sie erfolglos umwarb. Nach seiner Abreise ohne Abschied erfuhr er vom Selbstmord des Legationssekretärs Jerusalem in Wetzlar.

Der Roman besteht überwiegend aus Briefen Werthers an einen Freund. Werther fühlt sich nach seiner Ankunft in dem kleinen Landstädtchen in Einklang mit der idyllischen Umgebung und genießt das einfache Leben. Schmerzlich empfindet er allerdings schon früh die Einschränkung durch einengende Verhältnisse, die den einzelnen auf sich selbst zurückwerfen. Aus dem Zustand einer bedenklich gesteigerten Empfindsamkeit und der bedrohlich zunehmenden Selbstisolation verspricht ihn die Begegnung mit Lotte auf einem Ball hinauszuführen. Doch die aufkeimende Hoffnung schlägt bei der Rückkehr Alberts, des Verlobten Lottes, in bitterste Enttäuschung um.

Charlotte Buff, das Vorbild für die Lotte im »Werther«, Pastellbild, anonym, um 1779

Der Versuch, Lotte in einer angenommenen Stelle bei der Gesandtschaft zu vergessen, schlägt fehl. Engstirnigkeit und Spießertum treiben Werther zu ihr zurück, da er sich nur bei ihr die Erfüllung seiner tiefsten Sehnsüchte erhofft. Doch in dem Maße, wie sich Lotte ihm versagt und seine Eifersucht auf ihren Verlobten wächst, nimmt seine Leidenschaft selbstzerstörerische Züge an. Bei pathologisch gestörter Wahrnehmung beginnt für Werther die Außenwelt zu versinken. In äußerster Vereinsamung

Lotte, die Pistolen überreichend, Sepiazeichnung von Daniel Chodowiecki, 1775. Der ›Werther‹ hatte großen Einfluß auf die Mode: Blauer Frack und gelbe Weste wurden zur beliebten Kombination.

schreibt er einen Abschiedsbrief an Lotte, leiht sich Alberts Pistolen und erschießt sich in dem blauen Frack mit gelber Weste, den er beim Kennenlernen Lottes auf dem Ball getragen hatte.

Werther ist zum Opfer seines eigenen, ins Maßlose gesteigerten Gefühls geworden, ein Gefühl, das ihn von der Gesellschaft und den realen Verhältnissen entfernte und am Ende zerstörte. Die von Werther geschriebenen Briefe spiegeln ein monomanisch um sich kreisendes, selbstverliebtes Ich. Antworten spielen verräterischerweise keine Rolle.

Machte Lenz die von der Natur entfremdete Gesellschaft entscheidend für das Leiden des einzelnen mitverantwortlich, warnt Goethe vor dem fatalen Wirklichkeitsverlust durch das nur am eigenen Gefühl orientierte Erleben. Selbstverwirklichung setzt die Öffnung des Ichs für das andere und die anderen ebenso voraus wie die Bereitschaft der anderen, das Ich aufzunehmen. Die begeisterte zeitgenössische Zustimmung, wie sie sich in der sogenannten Werther-Mode und in einer Reihe von Selbstmorden in der Nachfolge Werthers äußerten, beruhte auf einem Mißverständnis. Werther ist weniger eine Identifikationsfigur, sondern vielmehr ein abschreckendes Beispiel.

»Es schlug mein Herz …« – Goethe und das moderne Erlebnisgedicht

In der Straßburger Zeit zwischen 1770 und 1771 erfuhr Goethes Lyrik, bis dahin noch mehr der Rokoko-Poesie verpflichtet, ihren Durchbruch zum Erlebnisgedicht. Eng verbunden mit der dichterischen Wandlung war Goethes Zuneigung zur Pfarrerstochter

Friederike Brion in Sesenheim. Erlebnis meint die bedeutungsvolle Erfahrung in der spontanen Begegnung des Ichs mit der Welt, eine Erfahrung, die als Bereicherung der eigenen Persönlichkeit empfunden wird.

Friederike Brion. Vermutliches Portrait von unbekannter Hand.

In »Willkommen und Abschied« (»Es schlug mein Herz, geschwind zu Pferde!«) erlebt das lyrische Ich die Natur in unmittelbarer Anschauung. Alles scheint von einem geheimnisvollen, schauerlichen Leben erfüllt, gegen das der einzelne selbstbewußt den eigenen Lebensmut setzt. Erfüllung findet das überschäumende Lebensgefühl in der Begegnung mit der Geliebten. In ihrer Liebe erfährt das Ich göttliches Glück. Die Darstellung ist drängend und impulsiv, gespannt zwischen den Ursituationen der Ankunft und des Abschieds, dazwischen der dahinstürmende Ritt durch die stark bewegte Szene des Lebens.

Das liedhafte Gedicht »Maifest« (»Wie herrlich leuchtet / mir die Natur!«) verschmilzt begeistertes Naturerleben mit der tief belebenden Kraft der Liebe. Die Geliebte scheint eins mit dem Blühen ringsum, und der Liebende ist der aufsteigenden Lerche gleich.

Nur wenige Jahre später, im Herbst 1774, entstand die große Hymne »Prometheus« in reimlosen, freien Rhythmen. Der Titan der griechischen Sage, der das Feuer zu den Menschen brachte, ist bei Goethe der schöpferische Mensch schlechthin, dem, allein gegen die Götter stehend, höchste Kraft zuwächst. Schöpfung ist für ihn Selbstverwirklichung und Hingabe zugleich. Im Rückblick auf seine Jugenddichtungen schreibt Goethe, »daß die ganze Schöpfung nichts ist und nichts war als ein Abfallen und Zurückkehren zum Ursprünglichen« und »daß wir, indem wir von einer Seite uns zu verselbsten genötiget sind, von der andern in regelmäßigen Pulsen uns zu

Heideröslein

Sah ein Knab' ein Röslein stehn,
Röslein auf der Heiden,
War so jung und morgenschön,
Lief er schnell, es nah zu sehn,
Sah's mit vielen Freuden.
Röslein, Röslein, Röslein rot,
Röslein auf der Heiden.

Knabe sprach: Ich breche dich,
Röslein auf der Heiden!
Röslein sprach: Ich steche dich,
Daß du ewig denkst an mich,
Und ich will's nicht leiden.
Röslein, Röslein, Röslein rot,
Röslein auf der Heiden.

Und der wilde Knabe brach
's Röslein auf der Heiden;
Röslein wehrte sich und stach,
Half ihm doch kein Weh und Ach,
Mußt' es eben leiden.
Röslein, Röslein, Röslein rot,
Röslein auf der Heiden.

Angeregt von Herder, beschäftigte sich Goethe bereits in Straßburg mit der Volksballade. Das »Heideröslein« entstand 1771 in enger Anlehnung an die volkstümliche Überlieferung.

Bedecke deinen Himmel, Zeus
Mit Wolkendunst!
Und übe, Knaben gleich,
Der Diesteln köpft,
An Eichen dich und Bergeshöhn!
Mußt mir meine Erde
Doch lassen stehn,
Und meine Hütte,
Die du nicht gebaut,
Und meinen Herd,
Um dessen Glut
Du mich beneidest.
...
Hier sitz' ich, forme Menschen
Nach meinem Bilde,
Ein Geschlecht, das mir gleich sei,
Zu leiden, weinen,
Genießen und zu freuen sich,
Und dein nicht zu achten,
Wie ich.

Anfang und Ende von Goethes »Prometheus-Hymne« (1774), in der sich das gestiegene Selbstbewußtsein des Menschen überkommenen Ordnungen gegenüber besonders kraftvoll ausdrückt.

entselbstigen nicht versäumen« (»Dichtung und Wahrheit«, 8. Buch).

»Wo Todesengel nach Tyrannen greifen ...« – Die politische Lyrik

Im Sturm und Drang entwickelte sich als Ausdruck des inneren Widerstands gegen die Unterdrückung des Bürgers im absolutistischen Staat das gesellschaftskritische Gedicht. Sein wichtigster Vertreter ist Christian Friedrich Daniel Schubart (1739–91). Respektlose, gegen Staat und Kirche gerichtete Veröffentlichungen führten zu seiner Verhaftung und zu einer mehr als zehnjährigen Haft auf der Festung Hohenasperg. Hier entstanden einige seiner ebenso ergreifenden wie kritisch vernichtenden Gedichte.

Im Gedicht »Der Gefangene« (1782) überdenkt er sein Schicksal. Blutig geht die Sonne für ihn unter. Der Mond scheint bleich in seinen Kerker. Wie Fackeln bei einer Totenfeier leuchten die Sterne. Ketten, so ist ihm, taugen nur für Sklaven und Teufel. Doch der versklavte und verteufelte Freiheitskämpfer, den man in Ketten gelegt hat, klagt die Mächtigen und die Gesellschaft, die solches duldet, an und setzt sie ins Unrecht. Mit ihm, der nach Freiheit strebte, hat man die Freiheit selbst eingekerkert und dem Tod übergeben.

Am 23. Januar 1777 wurde Schubart verhaftet und zu zehn Jahren Festungshaft verurteilt. Das Kupfer von d'Argent (1793) hält die Verhaftungsszene fest.

In dem 1783 entstandenen Gedicht »Die Fürstengruft« rechnet Schubart mit seinen erklärten Gegnern unmittelbar ab. Gute Fürsten sind tote Fürsten. Noch die toten Tyrannen rufen nichts als schreckliche Erinnerungen wach, Erinnerungen an ihre Unmenschlichkeit, Machtgier und Geilheit. Kein Ruhmeslied erklingt. Anklage wird gegen die erbarmungslosen

Menschenfeinde erhoben, die der Verdammung am Jüngsten Gericht sicher sind. Der gefangene politische Dichter steht für die Ohnmacht des Bürgers schlechthin. Sein Wort muß die Tat, seine Aggressionsphantasie die wirkliche, längst überfällige Revolution ersetzen.

Die Fürstengruft

Da liegen sie, die stolzen Fürstentrümmer,
Eh'mahls die Götzen ihrer Welt!
Da liegen sie, vom fürchterlichen Schimmer
Des blassen Tags erhellt.

Da liegen Schedel mit erlosch'nen Blicken,
Die eh'mahls hoch herab gedroht,
Der Menschheit Schrecken! – Denn an ihrem Nicken
Hing Leben oder Tod.

Vertrocknet und verschrumpft sind die Canäle,
Drin geiles Blut, wie Feuer floß,
Das schäumend Gift der Unschuld in die Seele,
Wie in den Körper, goß.

Damit die Quäler nicht zu früh erwachen;
Seyd menschlicher, erweckt sie nicht.
Ha! früh genug wird über ihnen krachen
Der Donner am Gericht.

Schubarts »Fürstengruft« gehört zu den radikalsten Beispielen politischer Lyrik im Sturm und Drang.

Das bürgerliche Epos – Die Wiederentdeckung der Ballade

Angeregt durch die alten englisch-schottischen Balladen wie auch durch die deutschen Volksballaden, entwickelten Gottfried August Bürger (1747–94) und Ludwig Heinrich Christoph Hölty in den siebziger Jahren die deutsche Kunstballade. Nachdem das Epos mit seinen feudalen Helden unzeitgemäß geworden war, bot sich das kurze epische Gedicht als Ausdruck bürgerlichen Selbstverständnisses an. Insbesondere die Beschränkung der Ballade auf die Situation, in der der Konflikt offenbar wird, machte sie geeignet für die pointierte Darstellung sozialer Krisen.

Maßstabsetzend war vor allem Bürgers »Lenore« (1774). Vor demHintergrund des Siebenjährigen Kriegs begehrt Lenore auf gegen die kriegerischen Auseinandersetzungen der Mächtigen. In schlimmer Ahnung, ihren Geliebten auf den Schlachtfeldern verloren zu haben, weist sie alle religiösen Tröstungen zurück. Nur ihrem Gefühl vertrauend, sieht sie den Lebenssinn allein in der Erfüllung ihres Liebesglücks. Trotzig bäumt sich der einzelne auf gegen die andauernden Vereinnahmungen und Verletzungen von außen. Lenores untröstliches Aufbegehren zwingt

Gottfried August Bürger, Ölgemälde von Anton Graff, 1792

Lenore reitet mit dem gespenstischen Totenreiter in den Kirchhof ein, Aquarell von Daniel Chodowiecki, 1784

schließlich den gefallenen Geliebten als gespenstischen Totenreiter herbei, der sie mit sich fortführt und sich mit ihr ins Grab stürzt. Der leidenschaftliche Protest des unangepaßten Individuums wird in konservativer Wendung bestraft. Das phantastische Ereignis unterstreicht einmal mehr die Übermacht der Verhältnisse und die Ohnmacht des Ichs, das den Aufstand probt.

In der 1773 entstandenen Ballade Höltys »Die Nonne« sprengt das einmal entfesselte Gefühl selbst die Fesseln des Gelübdes. Nach der Verführung durch einen Ritter sitzengelassen, nimmt die betrogene Nonne blutige Rache an dem Betrüger, indem sie ihn ermorden läßt und noch dem Leichnam in der Gruft das untreue Herz herausreißt und zertritt. Nach ihrem Tod muß sie die grausige Szene endlos wiederholen. Auch hier wird der einzelne Opfer seines unbändigen Gefühls, gerichtet wird aber auch der Betrüger und Verräter. In den Balladen Bürgers und Höltys gewinnt modernes Ich-Bewußtsein Konturen. Der tragische Untergang des einzelnen offenbart die Fragwürdigkeit traditioneller Gesellschaft.

Goethes frühe Balladen warnen vor der willenlosen Hingabe an eine außen wie innen als chaotisch erlebte Natur. Eindrucksvoll gestaltet er in seinem »Erlkönig« (1782) den Einbruch dämonischer, im Unterbewußten lauernder Kräfte ins Bewußtsein des Menschen und dessen Ausgeliefertsein an zerstörerische Energien in seinem eigenen Inneren. Die aufsteigenden Trugbilder einer verzerrten und verzerrenden Wahrnehmung wenden sich gegen den Wahrnehmenden selbst und richten ihn zugrunde.

Bereits in der 1778 entstandenen Ballade »Der Fischer« steht die Gefährdung des Menschen durch elementar anarchische Kräfte im Mittelpunkt. Wer sich der ungezügelten Natur aussetzt, sich dem Strom dessen, was aus der Tiefe emporsteigt, widerstandslos überläßt, kommt in den einmal entfesselten Gewalten um. Der Tod des Fischers, sein Eintauchen in den verschlingenden Abgrund, besiegelt den Triumph des Triebs über den Geist, der chaotischen Natur über das ordnende Ich.

Das beschädigte Ich – Karl Philipp Moritz' »Anton Reiser«

Karl Philipp Moritz (1756–93) nennt seinen zwischen 1785 und 1790 in vier Teilen erschienenen »Anton Reiser« einen psychologischen Roman, die »innere Geschichte« eines Menschen, die auf das individuelle Dasein aufmerksam machen soll. Unfrieden, Armut und Krankheit bestimmen Antons Kindheit und Jugend. Eine bigotte, pietistische Erziehung verhindert jegliche Form der Selbstverwirklichung. Aus der niederdrückenden äußeren Welt sucht Anton Zuflucht bei der Literatur und dem Theater. Beides entpuppt sich jedoch als Betäubung und Selbsttäuschung, zumal ihm das unbedingte Verlangen des Künstlers, sich auszudrücken, abgeht.

Ausgestoßen aus der Wirklichkeit und verhindert in seiner Ich-Werdung, wird ihm das Theater zu einer bloß eingebildeten Ersatzwelt, in der er sich immer mehr verliert. Welt- und Ichverlust beschließen eine negative Entwicklung. »Anton Reiser« ist ein Anti-Bildungsroman. Nicht die entwickelte Persönlichkeit steht am Ende, sondern das beschädigte Ich. Der Roman dokumentiert anschaulich die gewachsene Empfindlichkeit der Epoche für das Individuum und dessen Sehnsucht nach Selbstwerdung und zugleich die niederdrückenden Verhältnisse, die das Ich zur Flucht in die Phantasie bewegen. Beispielhaft portraitiert Moritz den deutschen Bürger im Zeitalter der Revolution. Auf die Herausforderungen der Zeit antwortet er nicht mit politischem Handeln, sondern mit Verinnerlichung und Resignation.

Titelseite zum Roman »Anton Reiser«, zweiter Teil, 1786, von Karl Philipp Moritz

Anton Reiser.
Ein
psychologischer Roman.
Herausgegeben
von
Karl Philipp Moritz.
Zweiter Theil.
Berlin, 1786.
bei Friedrich Maurer.

1788
Hölderlin zusammen mit Hegel und Schelling im Tübinger Stift

1792
Ausbruch der Revolutionskriege; Hinrichtung Ludwigs XVI.

1799–1815
Napoleon Bonaparte

1806
Der Rheinbund. Ende des »Heiligen Römischen Reiches«

1806/07
Doppelschlacht bei Jena und Auerstedt

1806/13
Kontinentalsperre

1807
Friede von Tilsit; Beginn der Preußischen Reformen (Stein, Hardenberg); Georg Wilhelm Friedrich Hegel: »Phänomenologie des Geistes«

1808
Fürstentag in Erfurt

1810–12
Bildungsreformen. Gründung der Universität Berlin

1812
Russischer Feldzug Napoleons; Koenig/Bauers Schnelldruckpresse

1815
Schlacht bei Waterloo; Abdankung Napoleons; Wiener Kongreßakte; Heilige Alianz

1820
Wiener Schlußakte; Juli-Revolution in Frankreich; Unruhen in Deutschland

Humanität und Vollendung

Im Jahr 1786 trat Goethe von Weimar aus seine erste italienische Reise an. Mit der Übersiedlung in die Residenzstadt des Herzogtums Sachsen-Weimar und der Einstellung in herzogliche Dienste hatte die klassische Wende eingesetzt. Ihre soziale Basis bildete die Verbindung des Bildungsbürgertums mit dem Adel bei gleichzeitiger Distanzierung vom sozialrevolutionären Engagement des Sturm und Drangs.

Auf der Reise begann Goethe, seine beiden noch in Prosa geschriebenen Dramen »Iphigenie« und »Tasso« in Blankverse umzuschreiben, in den fünfhebigen reimlosen Jambus, den bereits Lessing anstelle des schwerfälligen sechshebigen Alexandriners für das Drama verwendet hatte. Klassisches ist ein formbewußtes Gestalten. Nur in der dichterisch vollendeten Gestalt kann sich der vorbildliche, allgemeingültige Gehalt abbilden. Die erlesene Form ist Ausdruck des edlen Menschen.

In antiken Skulpturen, insbesondere auf Sizilien, begegnete Goethe die »edle Einfalt und stille Größe« des Menschen, wie sie bereits der Italienreisende Johann Joachim Winckelmann (1717–68) in seinen »Gedanken über die Nachahmung der griechischen

Goethe in der Campagna di Roma, Gemälde von Johann Heinrich Wilhelm Tischbein

Werke« (1755) gepriesen hatte. In der vollendeten plastischen Gestaltung prägte sich für Goethe das ideale Menschenmaß schlechthin aus, die Harmonie von Körper und Geist, Sinnlichkeit und Sittlichkeit, Eidos (Aussehen, Gestalt) und Ethos.

Lithographie von A. Werl. Nach seiner Umsiedlung nach Weimar bezog Goethe das idyllische Gartenhaus in der Ilmenau.

Klassische Dichtung strebt auf dem Höhepunkt bürgerlichen Selbstbewußtseins nach der Darstellung der vollendeten diesseitigen Persönlichkeit. Während Goethe die vollkommene Ausbildung des Menschen, die Entfaltung seiner geistigen und seelischen Anlagen in der Kunst für realisierbar hielt, verstand sie Schiller als Ideal, das nur als Abglanz des Vollkommenen zu gestalten war. Allerdings schlägt sich auch in den reifen Werken Goethes tragisches Bewußtsein nieder, der Konflikt zwischen Vollendung und Wirklichkeit. Für beide Repräsentanten der klassischen deutschen Literatur aber war das Streben nach Humanität, nach dem Guten, Wahren und Schönen das höchste Ziel menschlichen Lebens, gegenwärtig selbst noch im tragischen Scheitern. Klassische Literatur ist geprägt vom Glauben an die Utopie erfüllter und vollkommener Menschlichkeit, an den reinen, idealischen Menschen, den jeder in sich trägt, an die geprägte Form, die lebend sich entwickelt, ein Glaube, der die unerfüllte und unvollkommene Wirklichkeit relativiert. Der Künstler, ausgestattet mit der Gabe, sich allgemein mitteilen zu können, schafft als Genie nach Gesetzen, die die Natur ihm verliehen hat. Seine Werke gestalten beispielhaft die Maßstäbe der Kunst. In vollendeter Form soll sich die Vollendung des Menschen formen. Für den Philosophen und Sprachforscher Wilhelm von Humboldt (1767–1835) geht es bei aller Erziehung um die Formung des Lebens zu einem Kunstwerk.

Juno Ludovisi. »Zu meiner Erquickung habe ich gestern einen Ausguß des kolossalen Junokopfes, wovon das Original in der Villa Ludovisi steht, in den Saal gestellt. Es war dieses meine erste Liebschaft in Rom, und nun besitz' ich sie. Keine Worte geben eine Ahnung davon. Es ist wie Gesang Homers.« (Goethe, »Italienische Reise«)

Friedrich Schiller, Gemälde von L. Simanowitz, 1793

Die Versöhnung von Natur und Vernunft – Schillers Programm klassischer Dichtung

Friedrich Schiller (1759–1805) ist der philosophische Kopf der klassischen Phase der deutschen Literatur. In einer Reihe von Briefen »Über die ästhetische Erziehung des Menschen« (1795) erörtert er das Wesen des Schönen, der ursprünglichen Harmonie von Vernunft und Natur. Das Eindringen rationaler Wissenschaft hat die Harmonie zerstört und den Menschen von der Natur entfremdet. Aufgabe der Kunst ist es, die verlorengegangene Einheit spielerisch wiederherzustellen. Der »Mensch spielt nur, wo er in voller Bedeutung Mensch ist, und er ist nur da ganz Mensch, wo er spielt«. Kunst gestaltet den schönen Schein nicht als gelebte Wirklichkeit, sondern als erhoffte Möglichkeit, als Anschauung des Ideals.

In seinem literaturtheoretischen Essay »Über naive und sentimentalische Dichtung« (1795/96) setzt Schiller seine Erörterungen des Verhältnisses von Ideal und Wirklichkeit fort. Der geschichtliche Mensch ist aus dem naiven Zusammenhang der Dinge herausgetreten, aus dem Dasein der Natur, in dem alles nach ewig gleichbleibenden Gesetzen in unverrückbarer Harmonie existiert. Arkadien, das idyllische Land im heiteren Frieden der Natur ist versunken. Der Dichter aber vermag den Menschen nach Elysium zu führen, wo er einen Abglanz der ursprünglichen Harmonie erleben kann.

Gestaltet naive Dichtung die Idylle als Einklang von Ideal und Wirklichkeit, so betont sentimentalische Dichtung den verlorengegangenen Einklang, indem sie in der Elegie die Trauer und in der Satire die Entrüstung angesichts des erlittenen Verlusts zum Ausdruck bringt. Sah Schiller in Goethe den Prototyp des naiven Dichters, der das Ideal in sinnlicher

Realisierung als wirklich vorstellt, so verstand er sich selbst als Dichter des Sentimentalischen, der die letztliche Unversöhnlichkeit von Sinnlichkeit und Idealität hervorhebt.

Bedeutungsvolles Bild – abgebildete Bedeutung: Aussageweisen klassischer Lyrik

Die klassische Lyrik strebt nicht nach liedhafter Unmittelbarkeit, sondern nach gedanklicher Vertiefung. Ob die bildhafte Erfahrung des Besonderen durchsichtig wird für das Allgemeine oder das Allgemeine seinen Ausdruck im Entwurf eines besonderen Bildes findet, in jedem Fall wird das lyrische Gedicht zum Gleichnis für das Allgemeingültige.

In dem 1813 entstandenen Gedicht »Gefunden« nimmt Goethe noch einmal das Motiv des Heiderösleins auf. Aus der Blume im Wald, absichtslos und mehr zufällig entdeckt, entwickelt sich ein Sinnbild der ein Leben lang Geliebten und der zärtlich gepflegten Liebe selbst. Gewinnt bei Goethe das geschaute Einzelbild durch die Darstellung an Bedeutung, so geht Schiller in seinem 1800 gedruckten Gedicht »Nänie« von der Bedeutung aus, die er in einem Beispiel abbildet. »Auch das Schöne muß sterben!« leitet als allgemeiner Satz die Verse ein, der im folgenden durch Anspielungen auf die griechische Mythologie ins Bild gesetzt wird. Formal beschreiben beide Gedichte die Spannweite klassischer Lyrik. Erinnert Goethes Gedicht mit seinem zweihebigen

Nänie

Auch das Schöne muß sterben! Das Menschen und Götter bezwinget,
Nicht die eherne Brust rührt es des stygischen Zeus.
Einmal nur erweichte die Liebe den Schattenbeherrscher,
Und an der Schwelle noch, streng, rief er zurück sein Geschenk.
Nicht stillt Aphrodite dem schönen Knaben die Wunde,
Die in den zierlichen Leib grausam der Eber geritzt.
Nicht errettet den göttlichen Held die unsterbliche Mutter,
Wann er, am skäischen Tor fallend, sein Schicksal erfüllt.
Aber sie steigt aus dem Meer mit allen Töchtern des Nereus,
Und die Klage hebt an um den verherrlichten Sohn.
Siehe, da weinen die Götter, es weinen die Göttinnen alle,
Daß das Schöne vergeht, daß das Vollkommene stirbt.
Auch ein Klaglied zu sein im Mund der Geliebten, ist herrlich,
Denn das Gemeine geht klanglos zum Orkus hinab.

Friedrich Schiller

Vers und seinen kreuzgereimten Vierzeilern noch an das Lied, so verwendet Schiller die antike Versform des Distichons, bestehend aus einem Hexameter und einem ebenfalls sechshebigen Pentameter.

Christiane Vulpius (1765–1816), die Frau Goethes, Zeichnung von Horst Janssen (1983)

Klassische Versmaße spielen auch in Goethes Lyrik eine bedeutende Rolle. Die zwischen 1788 und 1790 nach der Rückkehr Goethes aus Italien entstandenen »Römischen Elegien« sind im Stil der römischen Liebesdichtung (Properz, Ovid) in Distichen geschrieben. Zentrales Thema ist die Vergegenwärtigung und sinnliche Aneignung der Antike aus der Sicht gesteigerter erotischer Sensibilität. »Ich denk' und vergleiche, / Sehe mit fühlendem Aug', fühle mit sehender Hand.« Die Liebe erweckt die Vergangenheit zu sinnlicher Gegenwart, in der Geliebten erwacht der antike Geist zu neuem Leben. Befreiend erlebt das lyrische Ich aus dem grauen Norden den heiteren, farbigen Zauber des Südens. Roma und Amor, das eine ergibt rückwärts gelesen das andere, die Begeisterung für die Antike und die Seligkeit der Liebe sind im Grunde eins. Die 1790 entstandenen »Venetianischen Epigramme« schlagen kritische Töne an. Kritik erfahren im einzelnen Kirche, Gesellschaft, die Französische Revolution und die deutsche Literatur.

Schillers klassische Lyrik war im wesentlichen um 1800 abgeschlossen. Gedichte wie »Das Ideal und das Leben« (1795) und »Das Lied von der Glocke« (1799) sind geprägt von der gedanklichen Darstellung und Durchdringung des menschlichen Daseins, der beispielhaften Schilderung der einzelnen Lebensstufen, aber auch von der Sehnsucht nach Befreiung aus den Fesseln des Alltags. Die reine, von allem Bedrükkenden befreite, unvergängliche Gestalt jedoch ist nicht von dieser Welt. Im Gedicht »Der Spaziergang« erlebt ein nur vorgestelltes Ich die Entwicklung des Menschen zu immer höheren, kultivierteren Lebensformen, bis die Revolution das Errungene zerstört und das Rohe und Unkultivierte wieder hervorbrechen. Versöhnlich ist der Schluß mit seinem Glauben an den wiederkehrenden Frieden der Natur, in den auch die aufgeregte Zeit letztlich wieder einmünden wird. »Und die Sonne Homers, siehe! sie lächelt auch uns!«

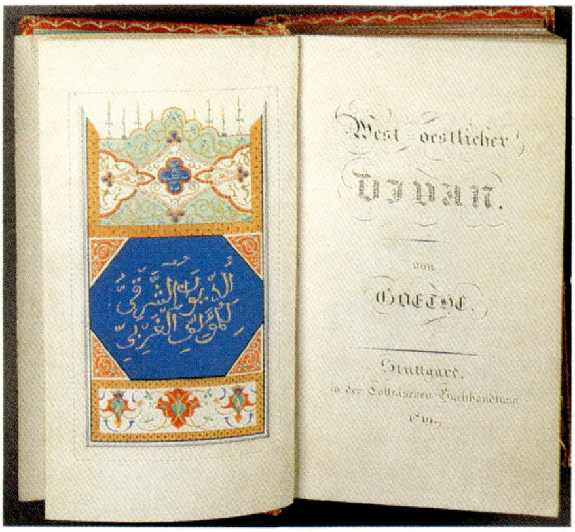

Prachtausgabe von Goethes »West-östlichem Divan«, 1819

Der lehrhafte und reflektierende Ton, charakteristisch für die Lyrik Schillers, gewinnt auch in Goethes Alterslyrik breiteren Raum. Angeregt von der Liedersammlung (Divan) des persischen Dichters Hafis wandte sich Goethe in seinem »West-östlichen Divan« (1819) der orientalisierenden Dichtung zu. Im Mittelpunkt steht das Thema innerer Verjüngung, die östliche Verheißung eines Neuanfangs im Zeichen der aufgehenden Sonne. »Selige Sehnsucht«, das bekannteste Gedicht des Zyklus, beschwört das ewige »Stirb und Werde«, die freiwillige Selbstaufgabe als Bedingung der Wiedergeburt. Nur indem der Mensch Altes und Überlebtes abstreift, erneuert er sich zu einem verjüngten Leben.

Zeichnung von G. A. Stödel, 1904

Das »Ur-Ei« der Dichtung – Die Ballade in der Klassik

Für Goethe ist die Ballade das »Ur-Ei« der Dichtung schlechthin, da sich in ihr das Lyrische mit dem Epischen und Dramatischen mischt. Die Ballade gestaltet in einer einzigen beispielhaften Situation grundlegende Gehalte menschlichen Daseins. Im »Zauberlehrling« (1797) entfesselt der Unerfahrene in einer phantastischen Szene Gewalten, die seiner Kontrolle entgleiten

1792 war Goethe mit einem Heer unter Führung des Herzogs Karl August nach Valmy aufgebrochen, um die revolutionären Umtriebe zu beenden. »Doch wie sollte man sich erholen, da uns die ungeheuern Bewegungen innerhalb Frankreichs jeden Tag beängstigten und bedrohten. Im vorigen Jahre hatten wir den Tod des Königs und der Königin bedauert, in diesem das gleiche Schicksal der Prinzeß Elisabeth. Robespierres Greueltaten hatten die Welt erschreckt, und der Sinn für Freude war so verloren, daß niemand über dessen Untergang zu jauchzen sich getraute; am wenigsten, da die äußern Kriegstaten der im Innersten aufgeregten Nation unaufhaltsam vorwärts drängten, rings umher die Welt erschütterten und alles Bestehende mit Umschwung, wo nicht mit Untergang bedrohten.«
J. W. v. Goethe, »Autobiographische Schriften«

und die allein der erfahrene Meister in ihre Schranken zu weisen vermag. Der Mensch ist nur dort Herr, wo er die dunklen, zerstörerischen Mächte in sich selbst und in der Geschichte zu zügeln versteht. Deutlich ist die kritische Anspielung auf die als Katastrophe erlebte Französische Revolution. Die ebenfalls im sogenannten Balladenjahr 1797 entstandene »Braut von Korinth« konfrontiert die christliche Leibfeindlichkeit mit heidnischer Lebens- und Liebeslust. Am Schluß steht der Aufbruch der um ihr Liebesglück betrogenen Wiedergängerin mit ihrem Bräutigam zu den alten Göttern. Einmal mehr erscheint die Antike in ihrer Harmonie von Körper und Geist als eine der glücklichsten Phasen in der Geschichte der Menschheit. Goethes ganz dem Diesseits zugewandte Haltung schlägt sich anschaulich in der späten Ballade »Der Totentanz« (1813) nieder. Der Raub des Totenhemdes droht dem Türmer hoch über dem Kirchhof teuer zu stehen zu kommen, als sich das bestohlene Gerippe aufmacht, sich sein Hemd zurückzuholen. Doch noch einmal wird das Schlimmste abgewendet. Wahrhaft glücklich ist der Mensch nur dann, wenn er den Tod als ebenso ungewisse wie schicksalhafte Zukunft aus der Gegenwart seines Lebens ausblendet.

Schillers Ideenballaden kreisen um Gefährdung und Triumph der Humanität. Im »Ring des Polykrates« (1797) erscheinen der Reichtum und das übermäßige Glück als Gefährdung des Menschen. Wo ihm alles zufliegt, muß notwendig seine sittliche Anstrengung erlahmen. »Die Kraniche des Ibykus« (1797) handeln von einer Mordtat und ihrer unerbittlichen, wunderbaren Aufklärung. Die brutale Mißachtung der Unverletzlichkeit des Menschen ruft die Gerechtigkeit wach, die als lebendige Idee in der Geschichte die beschädigte Humanität rächt und wiederherstellt. Vom Glauben an die letztlich triumphierende Humanität ist »Die Bürgschaft« (1799) getragen. Der verurteilte gescheiterte Tyrannenmörder läßt den Freund als Bürgen zurück, um notwendige Familienangelegenheiten zu regeln. Seine Rückkehr zu vereinbarter Frist beeindruckt den Tyrannen derart, daß er darum bittet, in den Freundesbund humaner Menschen aufgenommen zu werden. Nicht revolutionäre Gewalt, sondern die Idee und die Praxis edler Menschlichkeit begründen die humane Gemeinschaft.

Schillers »Bürgschaft«, Stich nach H. Ramberg, 1825

Das Reich des Ideals und die reale Welt – Goethes »Iphigenie« und »Tasso«

Als programmatisch für die deutsche Klassik und ihr Humanitätsideal gilt Goethes Drama »Iphigenie«, entstanden 1779 in einer Prosafassung, 1786 auf der italienischen Reise in fünfhebige Blankverse umgeschrieben. Im Mittelpunkt steht die Griechin Iphigenie, die der Artemis geopfert werden sollte, von der Göttin aber zu den Taurern entführt wurde, wo sie sich als Priesterin für die Verbreitung der Humanität unter den Barbaren einsetzt. Als ihr Bruder Orest eintrifft, wird ihre Sehnsucht nach der griechischen Heimat übermächtig. Trotzdem widersteht sie allen Fluchtplänen und bittet Thoas, den König der Taurer, sie mit ihrem Bruder und dessen Freund Pylades ziehen zu lassen. Iphigenies unbedingte Wahrheitsliebe hat Erfolg und bestätigt ihr fruchtbares Eintreten für das Ideal der Humanität.

Goethes Drama mit seiner eleganten Verssprache, seiner strikten Bindung an die drei Einheiten und seiner symmetrischen Personalstruktur (Pylades, der Vertraute Orests – Orest – Iphigenie – Thoas – Arkas, Vertrauter des Königs) ist ein vor allem ästhetischer Entwurf des klassischen Menschenbildes. In der vollendeten Form spiegelt sich die Vollendung des Menschen. Klassische Dichtung formuliert vorbildliches Verhalten als prinzipiell realisierbare menschliche Möglichkeit.

Aufführung von Goethes »Iphigenie« (1779) mit Goethe in der Rolle des Orest. Gemälde von G. M. Kraus

Zwischen 1788 und 1789, ebenfalls noch in Italien, arbeitete Goethe auch seine Dich-

> Laß den Anfang mit
> dem Ende
> Sich in eins zusammenziehn!
> Schneller als die
> Gegenstände
> Selber dich vorüberfliehn.
> Denke, daß die
> Gunst der Musen
> Unvergängliches verheißt,
> Den Gehalt in deinem Busen
> Und die Form in deinem Geist.
>
> *J. W. v. Goethe, »Dauer im Wechsel« (letzte Strophe)*

tertragödie »Torquato Tasso« in Blankverse um. Das Epos »Das befreite Jerusalem« (1575), das der berühmte italienische Renaissancedichter seinem Mäzen, dem Herzog von Ferrara, überreicht, beschwört ein goldenes Zeitalter des Einklangs von Natur und Leben, Geist und Tat. Zusehends aber gerät die dichterisch beschworene Harmonie in Widerspruch zum praktischen Leben. Tasso muß erfahren, daß seine Vision an der Wirklichkeit scheitert. Im Bewußtsein der unüberbrückbaren Kluft zwischen Wort und Tat, Kunst und Leben gerät er in eine persönliche Krise, da in der Wirklichkeit kein Platz für den Dichter ist.

Goethes Drama ist die Tragödie des Künstlers, der an seinem eigenen idealen Anspruch in der realen Welt zugrunde zu gehen droht. Deutlich wird die problematische Situation des Schriftstellers, dessen Streben nach freier, kreativer Entfaltung durch die gesellschaftlichen Bedingungen ständig eingeschränkt wird. Erfüllte sich in der »Iphigenie« vor mythologischem Hintergrund das Ideal reiner Menschlichkeit, so scheitert im »Tasso« der ideale Entwurf an der geschichtlichen Welt. Die Grenze der Humanität verläuft dort, wo sie einzutreten versucht in Gesellschaft und Geschichte.

»Da kommt das Schicksal – roh und kalt«: Zur Problematik des Schönen in Schillers Dramen

Schillers Domäne ist das Geschichtsdrama. Seine bedeutendste Leistung als Dramatiker bildet die »Wallenstein«-Tragödie (1798/99) mit den Teilen »Wallensteins Lager«, »Die Piccolomini« und »Wallensteins Tod«. Spiegelt sich im ersten Teil die Macht Wallensteins in seinem Heer, eine Macht, die selbst den Kaiser in den Schatten zu stellen beginnt, so gewinnen im zweiten Teil der geschichtliche Handlungsrahmen und die Machtkonstellationen Konturen. Deutlich wird, wie der mächtige einzelne eingebunden ist in ein Geflecht von Erwartungen und Bedingungen, die zunächst von ihm selbst geschaffen, sein eigenes Handeln schließlich bestimmen. Wallensteins Plan, durch

Annäherung an die Schweden, einen Frieden zu erzwingen, leitet seinen Untergang ein. Wo er noch frei entscheiden zu können glaubt, haben ihn die Folgen seines Planens längst eingeholt, zumal er zaudernd und zögernd sich alle Türen offenzuhalten versucht.

Max, der jugendliche Freund Wallensteins, Sohn des kaisertreuen Octavio Piccolomini, zerrissen zwischen Legalität und Freundschaft, Pflicht und Neigung, sucht den Tod in der Schlacht. Die erhabene Tat dokumentiert den unbedingten Willen zur sittlichen Reinheit und persönlichen Freiheit. Fassungslos steht Thekla, die Tochter Wallensteins, am Grab ihres Geliebten.

– Da kommt das Schicksal – roh und kalt
Faßt es des Freundes zärtliche Gestalt
Und wirft ihn unter den Hufschlag seiner Pferde –
– Das ist das Los des Schönen auf der Erde!

Friedrich Schiller, Monolog Theklas im 4. Aufzug, 12. Auftritt von »Wallensteins Tod«

Das Schöne, die vollkommene Harmonie von Pflicht und Neigung hat keinen Platz in der geschichtlichen Welt, in der der einzelne seine Freiheit nur retten kann, wenn er sich aus ihr verabschiedet. In tragischem Irrtum bleibt Wallenstein selbst befangen. Bis zum Schluß glaubt er, die Geschicke nach eigenem Willen lenken zu können, so lange, bis ihn das Schicksal einholt und er den Tod durch die Hand eines Mörders findet. Geschichte ist kein Raum der Selbstverwirklichung, sondern Schauplatz der Kapitulation und der Tragödie des Individuums.

Szenenbild zu Schillers »Wallensteins Lager«, kolorierter Kupferstich von C. Müller

Die tragische Verflechtung des einzelnen mit der Geschichte bestimmt ebenfalls Schillers »Maria Stuart« (1800). Im Machtkampf der Königinnen trägt Elisabeth den politischen Sieg davon, indem sie ihre Rivalin Maria nach einer gescheiterten Aussprache hinrichten läßt. Moralische Siegerin aber ist am Ende Maria, die das über sie verhängte Schicksal annimmt, das Unausweichliche in freier Willensentscheidung bejaht und so die Freiheit der »schönen Seele« zurückgewinnt. Elisabeth aber zahlt für ihren Triumph mit dem Preis persönlicher Isolation und der Einsamkeit.

»Maria Stuart« ist klassisch streng komponiert. Die Akte 1 und 5, Exposition und Finale, stehen im Zeichen Marias, 2 und 4, aufsteigende und abfallende Handlung, stellen Elisabeth in den Mittelpunkt. Dazwischen liegt im 3. Akt, genau im Zentrum, das Gespräch der Königinnen, die sogenannte Peripetie, der Scheitelpunkt der dramatischen Handlung, auf dem der Umschlag in die Katastrophe erfolgt.

Wilhelm Tell, Gemälde von Ferdinand Hodler

»Wilhelm Tell« (1804), Schillers letztes vollendetes Drama, behandelt das Streben der Bewohner von Schwyz, Uri und Unterwalden nach Freiheit von der Unterdrückung und Ausbeutung unter dem habsburgischen Reichsvogt. Die Naturidylle, mit der das Stück einsetzt, wird schon bald darauf durch die brutale geschichtliche Wirklichkeit zerstört. Entschlossen ist man bereit, die Tyrannenherrschaft zu brechen (»Wir wollen sein ein einzig Volk von Brüdern.«). Die Entscheidung führt der Einzelgänger Tell herbei. Nachdem ihn Geßler gezwungen hat, einen Apfel vom Kopf seines Sohnes zu schießen, erschießt er den Vogt aus dem Hinterhalt und gibt so das Signal zur Vertreibung der Unterdrücker. Am Ende ist die Idylle des Anfangs wiederhergestellt.

Schillers »Volksstück« ist getragen vom Konflikt zwischen politischer Macht und ursprünglicher Natur, den die Natur für sich entscheidet, weil alle Macht, die dem Menschen Gewalt antut, widernatürlich ist. Siegreich ist in einer optimistischen Wendung weniger die revolutionäre Tat als die natürliche Ordnung. In seinem letzten Drama setzt Schiller das Schöne als unveräußerliches Naturrecht wieder ein. Die Aufhebung des Tragischen geht einher mit ungeschichtlicher Legendenbildung, wie sie in der sagenhaften Gestalt Tells vor allem ihren Ausdruck findet.

Goethes »Faust« – Das Spektrum menschlicher Existenz

Anknüpfend an die »Historia von D. Johann Fausten« (1587), entwarf Goethe die ersten Szenen bereits zwischen 1773 und 1775. 1808 war der Tragödie erster Teil abgeschlossen. In einem vorausgeschickten Dialog zwischen dem Herrn und Mephistopheles erscheint Faust als der beispielhafte Vertreter der Menschheit, der verdient, erlöst zu werden, solange er strebt.

Die eigentliche Faust-Handlung zerfällt in zwei Teile. Am Anfang steht die Tragödie des Erkennenden, der jedoch trotz »heißen Bemühns« und der Zuflucht zur Magie nicht herauszufinden vermag, »was die Welt im Innersten zusammenhält«. Bei seinem Osterspaziergang entdeckt er in sich neben seinem Erkenntnisdrang den bisher vernachlässigten Lebenshunger.

Von Mephisto verjüngt, beginnt er, das Diesseits in vollen Zügen zu genießen. Dem Teufel aber, so die Bedingung des Pakts, wird er nur dann verfallen, wenn er sein Streben aufgibt und im Augenblick des Genießens verharrt. Zwischen dem Trinkgelage in Auerbachs Keller und den grob sinnlichen Ausschweifungen in der Walpurgisnacht liegt die Gretchen-Handlung, in der Faust Schuld auf sich lädt und so auch als Liebender tragisch scheitert. Fragwürdig erscheint gerade hier das ich-bezogene faustische Streben.

»Der Tragödie zweiter Teil«, 1832 im Todesjahr Goethes abgeschlossen, war wohl kaum für die Bühne gedacht. An die Stelle der Darstellung eines Lebenslaufs tritt die symbolische Gestaltung von Ideen. Zwar ist Faust zwischen Streben und Schuld weiterhin präsent, mehr und mehr aber erscheint er als personales Medium für ein gedankliches, philosophisches Programm. Zentral sind die einzelnen Entwicklungsstufen der Verwirklichung, der Verwandlung und der Steigerung.

Im Finale wird Fausts Seele über immer höher führende Stufen in den Himmel entrückt. Trotz Verwicklung in Irrtum und Schuld hat er den Pakt mit Mephistopheles zu seinem eigenen Heil entschieden. »Wer immer strebend sich bemüht, / Den können wir erlösen.« Die Vollendung des Menschen ist auch in Goethes Alterswerk weniger als erreichtes Ziel denn als immerwährender Weg zu ihm gestaltet.

Habe nun, ach! Philosophie,
Juristerei und Medizin,
Und leider auch Theologie
Durchaus studiert, mit heißem Bemühn.
Da steh' ich nun, ich armer Tor,
Und bin so klug als wie zuvor!
Heiße Magister, heiße Doktor gar,
Und ziehe schon an die zehen Jahr'
Herauf, herab und quer und krumm
Meine Schüler an der Nase herum –
Und sehe, daß wir nichts wissen können!
Das will mir schier das Herz verbrennen.

Anfang des berühmten Faust-Monologs

Faust und Gretchen, Gemälde von G. H. Naeke

Daß ich Dir's mit einem Worte sage: mich selbst, ganz wie ich da bin, auszubilden, das war dunkel von Jugend auf mein Wunsch und meine Absicht. Noch hege ich eben diese Gesinnungen, nur daß mir die Mittel, die mir es möglich machen werden, etwas deutlicher sind. Ich habe mehr Welt gesehen, als Du glaubst, und sie besser benutzt, als Du denkst. Schenke deswegen dem, was ich sage, einige Aufmerksamkeit, wenn es gleich nicht ganz nach Deinem Sinne sein sollte.

Wilhelm Meister in einem Brief an einen Freund in J. W. v. Goethes »Wilhelm Meisters Lehrjahre«

Epische Modelle – Der Erzähler Goethe

Goethes dichterisches Werk umfaßt in allen Schaffensphasen Lyrik, Epik und Dramatik, die drei »Naturformen« der Dichtung, wie er es selbst einmal formulierte. Nach dem »Werther« und den »Unterhaltungen deutscher Ausgewanderten« (1795), einem Novellenzyklus in der Nachfolge von Boccaccios »Decamerone« (um 1350), wandte er sich dem Bildungs- und Entwicklungsroman zu.

Zwischen 1795 und 1796 erschienen »Wilhelm Meisters Lehrjahre«. Dem Helden geht es darum, »mich selbst, ganz wie ich da bin, auszubilden«. Aus wohlhabendem bürgerlichen Hause stammend, empfindet er die Welt des Geldes und der Geschäfte als einengend und versucht, in der theatralischen Kunst seine Persönlichkeit zu entfalten. Nach dem Tod des Vaters finanziell unabhängig, widmet er sich verstärkt seiner Selbstverwirklichung. Zur Kultur des Bürgertums und zur Kunst treten als weitere Bildungsmächte der Adel, der Pietismus sowie die Aufklärung und das Freimaurertum (Turmgesellschaft). Doch der Bildungsprozeß muß so lange unvollendet bleiben, wie Wilhelm zu sehr sein Selbstwertgefühl betont und dabei den Gemeinsinn vernachlässigt. Erst in der Gesellschaft scheint eine Selbstverwirklichung möglich.

Folgen die »Lehrjahre« geradlinig dem Lebenslauf des Helden, so gbt Goethe in den 1821/29 (Umarbeitung) erschienenen »Wilhelm Meisters Wanderjahren« das lineare Erzählprinzip auf. Das handlungsarme Geschehen zerfällt in eine Fülle von kleinen Erzählformen, die Gehalte und Ziele der persönlichen Bildung reflektieren. Im Vordergrund steht die Einsicht des gereiften Helden in die Notwendigkeit, sich »als ein nützliches, als ein nötiges Glied der Gesellschaft« auszubilden. Wilhelm Meister hat erfahren, daß der Mensch in seinem Denken und Handeln begrenzt ist, und bekennt sich zur Entsagung, zur Integration des Ichs in die Gesellschaft.

Tragisch endet die Entwicklung in Goethes 1809 erschienenem Roman »Die Wahlverwandtschaften«.

Anknüpfend an eine zeitgenössische Veröffentlichung aus der Chemie, nach der Elemente einmal eingegangene Verbindungen wieder auflösen, um Verbindungen mit anderen Elementen einzugehen, stellt der Roman vier Personen in einer Art Experiment in einen Zusammenhang von Reiz und Reaktion. Den Eheleuten Charlotte und Eduard stehen Ottilie, die Nichte Charlottes, und der Hauptmann, ein Freund Eduards, gegenüber. Schon bald entwickeln sich emotionale Beziehungen zwischen Eduard und Ottilie auf der einen und Charlotte und dem Hauptmann auf der anderen Seite. In einer von Eduard mit Charlotte verbrachten Liebesnacht kommt es zu einem doppelten, wenn auch nur vorgestellten Ehebruch. Charlotte glaubt, den Hauptmann, Eduard, Ottilie in den Armen zu halten. Tatsächlich ähnelt das Kind dieser Nacht sowohl Ottilie als auch dem Hauptmann.

Während aber Charlotte und der Hauptmann allen Versuchungen widerstehen, kann Eduard der magischen Anziehungskraft Ottilies nicht Herr werden. Nach einer Reihe tragischer Verwicklungen sterben Ottilie und Eduard und werden nebeneinander in der Kapelle beigesetzt, wo sie einem gemeinsamen Erwachen entgegenschlafen sollen. Erfüllung wird in eine vage Zukunft verlegt. Die schicksalhaft empfundene Liebe gerät in Konflikt mit der Ordnung der Ehe und zerstört die gesellschaftlichen Bindungen. Der zurückbleibende Eindruck ist zwiespältig. Ein vollkommener Einklang von bedingslosem Gefühl und gesellschaftlicher Bedingung scheint nicht möglich. Die Ordnung kann nur dann aufrecht erhalten werden, wenn man wie Charlotte und der Hauptmann in sittlicher Freiheit entsagt.

Goethe in seinem Arbeitszimmer, Gemälde von J. Schmeller, 1831

Geniale Gegenstimmen: Jean Paul, Hölderlin, Kleist

Der vergleichsweise homogene Eindruck klassischer Literatur, solange man sich auf die engere Weimarer Klassik beschränkt, täuscht. Das Ideal der Humanität, der Glaube an die Utopie vollendeter Menschlichkeit gelten im strengen Sinn nur für das Denken und Dichten Goethes und Schillers. Zu ihren Stimmen bildeten sich früh Gegenstimmen, die weniger das Idealische und Utopische als das Tragische menschlicher Existenz betonten. Bezieht man die Werke Jean Pauls (1763–1825), Friedrich Hölderlins (1770–1843) und Heinrich von Kleists (1777–1811) in die sogenannte klassische Phase der deutschen Literatur mit ein, so ergibt sich ein durchaus differenziertes, spannungsreiches literarisches Profil, das die oft einseitigen Darstellungen korrigiert und vertieft. Die Beschwörung idealer Humanität war nur eine Antwort auf das revolutionäre Zeitalter, die andere war ein tief verunsichertes, von Geschichtspessimismus geprägtes Bewußtsein.

Und als ich aufblickte zur unermeßlichen Welt nach dem göttlichen Auge, starrte sie mich mit einer leeren bodenlosen Augenhöhle an, und die Ewigkeit lag auf dem Chaos und zernagte es und wiederkäuete sich.

Aus der berühmten Rede des toten Christus vom Weltgebäude herab, daß kein Gott sei, in Jean Pauls »Siebenkäs«

In seinem Roman »Siebenkäs« (1796/97) erzählt Jean Paul (eigentlich Johann Paul Friedrich Richter) die Geschichte der allmählichen Entfremdung der Eheleute, verbunden mit den Leiden an den Konventionen und der Pedanterie bürgerlicher Wirklichkeit, die den einzelnen immer wieder in seinem eigenen Innern Zuflucht suchen läßt. Charakteristisch ist die Spannung zwischen empfindsamer, nach innen gewandter Schwärmerei und satirischer Entlarvung der äußeren Welt.

Jean Paul, Gemälde von H. Pfenniger, 1797

Jean Pauls zwischen 1800 und 1803 erschienener Roman »Titan« zeigt die Zwiespältigkeit idealer Erziehungskonzepte. In dem Maß wie Albano auf dem Weg zur harmonischen Persönlichkeit voranschreitet, werden seine menschlichen Konturen undeutlicher. Markanter scheint eine Gestalt wie Roquairol, der, zerissen und amoralisch, die Fragwürdigkeit eines Lebens offenbart, das sich allein dem schönen Schein der Kunst verschrieben hat. Nach einer Aufführung erschießt er sich auf offener Bühne. »Titan sollte heißen Anti-Titan«, schreibt Jean Paul in einem Brief, »jeder Himmelstürmer findet seine Hölle.« Im komischen Anhang zum »Titan« erscheint der Mensch in der Erzählung »Des Luftschiffers Gianozzo Seebuch« einsam und verloren zwischen Himmel und Erde.

Ganz allein wie das letzte Leben flog ich über die breite Begräbnisstätte der schlafenden Länder, durch das lange Totenhaus der Erde.
Jean Paul, »Titan«

Jean Pauls fragmentarischer Roman »Flegeljahre« (1804/05) ist zunächst als Erziehungsroman angelegt, aber schon bald drängt sich die Kontrastierung der unterschiedlichen Brüder Walt und Vult in den Vordergrund. Sieht der eine die Welt mit den Augen poetischer Phantasie, so der andere aus der Sicht des Satirikers. Beide sind auf ihre idealistische bzw. realistische Haltung festgelegt. Eine Veränderung oder gar eine Entwicklung scheint ausgeschlossen. Bei seinem Abschied hinterläßt Vult seinem idealistisch eingestellten Bruder einen Brief: »Gehabe dich wohl, du bist nicht zu ändern, ich nicht zu bessern.« Jean Pauls Romane stellen das klassische Menschenbild, die angebliche idealische Bestimmung des Menschen in Frage. Der Bildungsoptimismus droht immer wieder an den Bedingungen einer Welt zunichte zu werden, der sowohl die Perspektive als auch der höhere Sinn abgeht.

Friedrich Hölderlins Oden in antiken Versmaßen, gedankliche Gedichte in hohem, feierlichem Stil, und seine in Distichen geschriebenen Elegien, beide zwischen 1797 und 1806 entstanden, gehören zu den bedeutendsten lyrischen Leistungen der deutschen Literatur. Ausdrücklich nennt Hölderlin seine Oden »tragisch«, geprägt von dem ursprünglichen Verlust des Einklangs von Natur und Leben, der selbstverständlichen Harmonie des Göttlichen mit dem Menschlichen. Die antiken Formen sind Ausdruck der Sehnsucht nach der idealisierten altgriechischen Zeit. Aber das Ziel des ersehnten Einklangs mit der Natur und den Göttern bleibt unbestimmt und unfaßbar. Beherrschend ist das Bewußtsein des unwiederbringlichen Verlusts.

Friedrich Hölderlin, Gouache von K. Hiemer, 1792

Immer wieder findet sich das lyrische Ich allein mit seiner Sehnsucht, unzugänglich sind ihm die Lichtreiche der Erfüllung. »Seit der gewurzelte / Allent-

> Die Mauern stehn
> Sprachlos und kalt, im Winde
> Klirren die Fahnen.
> *Friedrich Hölderlin, »Die Hälfte des Lebens«*

> Aber Freund! Wir kommen zu spät.
> Zwar leben die Götter,
> Aber über dem Haupt droben in anderer Welt.
> Endlos wirken sie da und scheinen wenig zu achten,
> Ob wir leben ...
> *Friedrich Hölderlin, »Brot und Wein«*

zweiende Haß Götter und Menschen trennt« (»Der Abschied«), sind Frieden und Liebe geschwunden, und der Dichter ist erfüllt von tiefer Trauer. Die »leidenden Menschen« fallen »Jahr lang ins Ungewisse hinab« (»Hyperions Schicksalslied«). Am Ende stehen die Leere und die Kälte, die Hoffnung, die vergebens auf Antwort wartet. In der großen Elegie »Brot und Wein« »rauschen die Waffen nicht mehr / In Olympia«, und »schweigen auch sie die alten heilgen Theater«. Ins Leere gehen die Fragen nach den Tempeln, nach den Gesängen und den Göttern. Nur noch ein »Traum von ihnen ist ... das Leben«. Unerfüllt und zerissen ist die Zeit, fern von den Göttern, ein Leben unerfüllter, unerfüllbarer Sehnsüchte.

Heinrich von Kleist, die dritte gewichtige Gegenstimme zur Weimarer Klassik, ist Dramatiker und Erzähler von hohem Rang. Mit dem »Zerbrochenen Krug« (1808) schrieb er eine der wenigen bedeutenden Komödien der deutschen Literatur. Das einaktige Stück, das mit dem Erwachen des an Kopf und Bein verletzten Dorfrichters Adam einsetzt und mit seiner Flucht endet, zeigt das Recht in der bürgerlichen Gesellschaft in einem bedenklichen Zustand. Der Richter, der sein eigenes Vergehen verhandelt, denn er hat den Krug zerbrochen, als er einem Mädchen nachstellte, versucht vor den Augen des Gerichtsrats, den Prozeß zu verschleppen, Tatbestände zu verdunkeln, Zwang auf Zeugen auszuüben und den Unschuldigen schuldig zu sprechen, während das betroffene Mädchen aus Scham zunächst schweigt. Nur die Gegenwart des Gerichtsrats verhindert eine menschliche und gesellschaftliche Katastrophe, den Triumph des Unrechts über das Recht. Deutlich aber wird die Gefährdung der Gesellschaft durch Autoritäts- und Machtmißbrauch. Komik und Tragik liegen dicht beieinander.

Im gleichen Jahr wie die Komödie erschien Kleists Trauerspiel »Penthesilea«. Die Amazonenkönigin und Achill begegnen sich vor Troja und fassen eine leidenschaftliche Liebe zueinander. Unfähig aber, sich unter den gegebenen Umständen dem anderen mitzuteilen,

Heinrich von Kleist. Miniatur von P. Friedel, 1801

kommt es zu Mißverständnissen und tragischen Verwicklungen. Leidenschaft schlägt um in Aggression. In einem mörderischen Zweikampf finden beide den Tod. Der Ausbruch des zerstörerischen Affekts, die kompromißlose Leidenschaft stellen das edle Maß des Menschen und die Möglichkeit seiner Humanisierung in Frage. Kleists Trauerspiel widerlegt die humane Utopie der Weimarer Klassik, indem er an die Stelle Iphigenies Penthesilea, an die Stelle des idealisierten Kunstgeschöpfs den Menschen aus Fleisch und Blut setzt.

Die Entdeckung des leidenschaftlich bewegten Menschen und die Gewißheit eines im Kern gebrechlichen Weltzustands ließen Kleist zum Begründer der modernen deutschen Novelle werden. »Michael Kohlhaas« leitet den ersten, 1810 erschienenen Band der Erzählungen ein. Es ist die tragische Geschichte eines Pferdehändlers, dem offenbares Unrecht zugefügt wird, und der, sein Recht verfolgend, sich selbst in äußerstes Unrecht verstrickt. Das entfesselte Subjekt schickt sich an, die Welt aus beleidigtem Rechtsgefühl in ein Chaos zu stürzen. Zum Schluß wird zwar der Rechtszustand wiederhergestellt, zurück aber bleibt das Gefühl einer erregenden Verunsicherung. Kleist gestaltet die Novelle musterhaft als Darstellung eines Prozesses, der zwar vom Menschen ausgelöst, seiner Kontrolle aber entgleitet und sich verselbständigt. Der Wendepunkt, typisch für die Handlungsführung der Novelle, ist dort verwirklicht, wo die scheinbar gefestigte Ordnung in die um sich greifende Unordnung umschlägt, die den wahren Weltzustand entlarvt.

Dem Menschen kann »um der gebrechlichen Einrichtung der Welt willen« verziehen werden, der Glaube an die Vollendung des Menschen und die Vervollkommnung seiner Verhältnisse ist aber ein frommer Wunsch. Neben Jean Paul und Hölderlin ist es insbesondere Kleist, der die dunkle Seite der Literatur der klassischen Phase repräsentiert und Anstoß gibt zu einer Revision des allzu engen Klassik-Begriffs.

Anekdote
Bach, als seine Frau starb, sollte zum Begräbnis Anstalten machen. Der arme Mann war aber gewohnt, alles durch seine Frau besorgen zu lassen; dergestalt, daß da ein alter Bedienter kam, und ihm für Trauerflor, den er einkaufen wollte, Geld abforderte, er unter stillen Tränen, den Kopf auf einen Tisch gestützt, antwortete: »sagts meiner Frau.« –

Heinrich von Kleist ist einer der bedeutendsten Autoren der Anekdote, der knappen pointierten Darstellung spontaner Einfälle

Der Richter oder der zerbrochene Krug, Stich von J. J. Le Veau. Dieser Stich gab den Anstoß zu einem literarischen Wettstreit, den Kleist mit seiner Komödie für sich entschied.

1804
Ludwig van Beethoven: Symphonie Nr. 3 »Eroica«

1807
Edikt zur Bauernbefreiung in Preußen

1810
Heinrich von Kleist und Adam Müller geben die »Berliner Abendblätter« heraus.

1817
Wartburgfest (Deutsche Burschenschaft)

1819
Ermordung Kotzebues; Karlsbacher Beschlüsse (Demagogenverfolgung)

1817
Walter Scotts »Ivanhoe« erscheint auf deutsch.

1821–29
Griechischer Befreiungskampf

1832
Hambacher Fest (Massenkundgebung gegen die Reaktion)

1837
Die Göttinger Sieben (u.a. Entlassung der Brüder Grimm aus ihren Professorenämtern)

1841
Leopold Ranke wird Historiograph des preußischen Staats

Flucht in die Unendlichkeit

Die zumeist in den siebziger Jahren des 18. Jahrhunderts geborenen Romantiker erlebten die 1789 einsetzende Französische Revolution bereits in jungen Jahren als Aufbruch und Sackgasse, als liberale Verheißung und, angesichts des blutigen Terrors, als Enttäuschung. Desillusioniert von der zunächst begrüßten geschichtlichen Umwälzung, die in die Militärdiktatur Napoleons mündete, wandten sie sich ab von der realen politischen Szene. Vollendung konnte für sie im Unterschied zum klassischen Idealismus nicht länger in der endlichen Wirklichkeit erreicht werden, sondern allein in einer poetisch geahnten und gestalteten unendlichen Welt, in der die realgeschichtlichen Bedingungen ihre Gültigkeit verloren und die Enge der Verhältnisse in der Weite der Phantasie überwunden war. Die Sehnsucht öffnete die eingeschränkten und einschränkenden Gesellschafts- und Geschichtsräume. In der Perspektive der Träume und Ahnungen gewann das Reich des Uneingeschränkten, Unbedingten Gestalt.

Nicht das, was ist, sondern das, was wird, nicht der graue Alltag, sondern das bunte Reich der Phantasie erschienen den Romantikern darstellenswert. Daher spielten Liebe und Tod, Überschreitung und Auflösung der engen persönlichen Grenzen eine zentrale Rolle. Zugleich hatten das Chaos der Revolution, die Entfesselung politischer Gewalt den Romantikern die Augen für die Nachtseiten der Natur, für das Grauen vor dem mensch-

Kreidefelsen auf Rügen, Gemälde von Caspar David Friedrich, um 1818. Der Blick des Betrachters geht hinaus in die Unendlichkeit des Meeres, über dem die Morgenröte eines neuen Tages liegt.

lich Abgründigen geöffnet. Phantasie und Phantastik, Hoffnung auf Entrückung ins Unendliche und Angst vor der Verstrickung im Endlichen prägten das romantische Bewußtsein.

»Progressive Universalpoesie« – Das frühromantische Literaturkonzept

Die romantische Bewegung entfaltete sich in drei Phasen. Die philosophisch bestimmte Frühromantik setzte 1797 mit Wilhelm Heinrich Wackenroders (1773–98) »Herzensergießungen eines kunstliebenden Klosterbruders« in Berlin ein und fand in Jena mit der Programmzeitschrift »Athenäum« ihren Höhepunkt. Friedrich Schlegel formulierte im 116. Athenäumsfragment den zentralen Begriff von der »progressiven Universalpoesie«, die sowohl das Wirkliche wie das Mögliche, das Diesseitige wie das Jenseitige, die Phantasie wie das Phantastische umfassen und verändernd in alle Lebensbereiche eindringen sollte. Ziel war eine poetische Umgestaltung des Daseins aus der Sicht schöpferischer Phantasie. Mit August Wilhelm Schlegels Berliner »Vorlesungen über schöne Literatur und Kunst« (1802–04) klang die erste Phase aus.

Die mittlere oder auch Heidelberger Romantik genannte Phase reichte bis 1815. Vorherrschend wurde die Dichtung selbst. Besonderes Interesse galt der sogenannten volkstümlichen Dichtung, dem Volkslied und dem Märchen. Clemens Brentano und Achim von Arnim gaben zwischen 1806 und 1808 »Des Knaben Wunderhorn«, eine Sammlung volkstümlicher Lyrik heraus. Zwischen 1812 und 1819 erschienen die »Kinder- und Hausmärchen« der Brüder Grimm.

Die Spätromantik reichte bis 1830 und darüber hinaus. In dieser Phase traten verstärkt religiöse Bewegungen hervor. Daneben nahmen die Tendenzen zu, das Gefährdete und Abgründige menschlicher Existenz darzustellen.

Titelseite der wichtigsten Programmzeitschrift der Romantik (»Athenaeum«)

Autoren der Frühromantik (1797–1804)
Wilhelm Heinrich Wackenroder (1773–98)
Friedrich Schlegel (1772–1829)
August Wilhelm Schlegel (1767–1845)
Ludwig Tieck (1773–1853)
Novalis (d. i. Friedrich von Hardenberg, 1772–1801)
Friedrich Schleiermacher (1768–1834)

Titelentwurf von Clemens Brentano für den 1808 erschienenen zweiten Band von »Des Knaben Wunderhorn«

Sprich aus der Ferne!

Sprich aus der Ferne
Heimliche Welt,
Die sich so gerne
Zu mir gesellt.
Wenn das Abendrot
niedergesunken,
Keine freudige Far-
be mehr spricht,
Und die Kränze still
leuchtender Fun-
ken
Die Nacht um die
schattige Stirne
flicht:
Wehet der Sterne
Heiliger Sinn
Leis durch die Ferne
Bis zu mir hin.
Clemens Brentano

»Triffst du nur das Zauberwort« – Lyrik als magische Gebärde

In den Gedichten von Novalis, Brentano und Eichendorff erreichte die romantische Lyrik ihren charakteristischen Ausdruck und ihren Höhepunkt. Endliches begann durchsichtig zu werden für Unendliches. Auf den frühen Tod seiner Geliebten Sophie antwortet Novalis mit den sechs 1800 gedruckten »Hymnen an die Nacht«. Die Nacht ist Liebes- und Todesnacht zugleich, in der, sie durchschreitend, der Mensch seine Erlösung und seine Wiedergeburt in einer raum- und zeitlosen Existenz erfährt. Wie Christus so ist auch Sophie den Liebestod gestorben, der für die noch im Raum und in der Zeit Hinterbliebenen künftige Verheißung bedeutet. Das Erlebnis der Liebe und des Todes löst die Begrenztheit des Lebens auf und läßt die Ewigkeit ahnen. Endliche und unendliche Wirklichkeit durchdringen sich auch in den »Geistlichen Liedern« (1801). Am »Tisch der Sehnsucht« wird der Mensch der versöhnenden Liebe teilhaftig.

Die Lyrik Clemens Brentanos übersteigt in kühnen Metaphern immer wieder die Wirklichkeit und verfremdet und öffnet sie zugleich für die Botschaften aus einer Welt jenseits des beengten und bedrükkenden Alltags. Beschwört er in »Sprich aus der Ferne« die unendliche heimliche Welt der Sterne, verschmelzen im »Abendständchen« Akustisches und Visuelles in entgrenzenden Synästhesien (Verschmelzung von Sinneseindrücken) und löst sich die Welt im »Wiegenlied« in eine allumfassende, tönende atmosphärische Stimmung auf, so artikuliert sich im »Frühlingsschrei eines Knechtes aus der Tiefe« die Sehnsucht des Menschen nach der verlorenen Heimat jenseits der Zeit. In dem Gedicht »Nachklänge

Beethovenscher Musik« gestaltet Brentano die innige Verflechtung von Musik und Dichtung in der Romantik. Die Musik hebt den Menschen weit über alle Grenzen hinaus. »Und nun klingen all die hellen / Sternensphären meiner Seele.«

Ähnlich wie Brentano fügt der spätromantische Lyriker Joseph von Eichendorff, dem ganzheitlichen Denken der Romantik verbunden, seine Gedichte in Erzählungen und Romane ein. Seine insbesondere vom Volkslied inspirierten Gedichte umkreisen wenige Motive. Das einsam wandelnde lyrische Ich genießt die blitzende Morgenfrische wie die verheißungsvolle Nacht, es durchstreift die Felder, Täler und Wälder mit dem Blick auf die unablässig dahinfließenden Ströme und die aufragenden Höhen und fühlt sich immer wieder ergriffen von der Sehnsucht und dem Fernweh im Schmerz über sein Begrenztsein in der bürgerlichern Existenz. Die Natur richtet seinen Blick auf und offenbart ihm die Nähe des Schöpfers. Die Gegenwart ist durchdrungen von der Ahnung einer höheren Welt, zu der ihm die Sehnsucht den Weg weist. In dem berühmten Gedicht »Mondnacht« entfaltet die Seele ihre Flügel, »als flöge sie nach Haus«. In der Möglichkeitsform erscheint die Wirklichkeit nur noch als Ort des Aufbruchs. Volkstümlich geworden sind Gedichte wie »Abschied« (»O Täler weit, o Höhen«), »Heimweh« (»Wer in die Fremde will wandern«), »Sehnsucht« (»Es schienen so golden die Sterne«), »Das zerbrochene Ringlein« (»In einem kühlen Grunde«), »Der Einsiedler« (»Komm Trost der Welt, du stille Nacht«).

Titelseite von Robert Schumanns Vertonung des Eichendorff-Gedichts »Mondnacht«, Zeugnis inniger Verbindung von Dichtung und Musik in der Romantik

Volksmärchen / Kunstmärchen

Der poetische Charakter des Märchens, seine Weigerung, verwirklichte Wirklichkeit einfach hinzunehmen, mußte vor allem die Romantiker faszinieren, die in der volkstümlichen Überlieferung die ursprüngliche Poesie der Gattung wiederentdeckten. Zwischen 1812 und 1819 gaben Jakob und Wilhelm Grimm die zumeist auf mündliche Überlieferung

Die Brüder Grimm, Gemälde von Elisabeth Jerichan, 1855

Illustration von Otto Ubelohde (1907) zu dem Grimmschen Märchen »Rapunzel«

zurückgehenden »Kinder- und Hausmärchen« heraus. Mit ihnen war der Typus des Volksmärchens geschaffen, wenn insbesondere auch Wilhelm Grimm in die überkommenen Texte stilistisch und strukturell erheblich eingriff. Durch Kontamination (Verknüpfung) mehrerer Versionen, Umstrukturierung der Handlung und einheitliche Stilisierung entstand ein charakteristischer Märchentyp. Als volkstümlich können angesprochen werden die einfachen Strukturen, der leicht verständliche, bildhaft anschauliche Ausdruck, die Perspektive der Zukurzgekommenen und Glücklosen und schließlich die Glücksfiktion selbst. Prägend wirkt im sogenannten Volksmärchen vor allem die weiterhin spürbare Herkunft aus den untersten sozialen Schichten. Volksmärchen in diesem Sinn sind individuell bearbeitete kleine Erzählungen mit überkommenen Inhalten, Motiven und Sinnbildern, die in einfacher Sprache und nicht komplexer Struktur die soziale Wirklichkeit des Mangels durch die wunderbare, von der Kraft des Wünschens vorangetriebene Fiktion der Glückserfüllung poetisch ausgleichen.

Autoren der mittleren Romantik (1805–1815)
Achim von Arnim (1781–1831)
Clemens Brentano (1778–1842)
Johann Joseph Görres (1776–1831)
Joseph Görres (1776–1859)
Jakob Grimm (1785–1863)
Wilhelm Grimm (1786–1859)
Zacharias Werner (1768–1823)

Mit den Volksmärchen teilen die Kunstmärchen Brentanos (»Gockel, Hinkel, Gackeleia«, 1838), Tiecks (»Die Elfen«, 1811), Hoffmanns (»Der Goldene Topf«, 1813/14, »Nußknacker und Mausekönig«, 1816) und Hauffs (»Die Geschichte von Kalif Storch«, 1825, »Der Zwerg Nase«, 1827) als bewußte individuelle Schöpfungen die Fiktion des Wunderbaren, die aber, von der Wirklichkeit oft relativiert und durchkreuzt, die unerfüllte Alltagswelt entgrenzt und dabei ein grundsätzlich skeptisches Ver-

Clemens Brentano, Gemälde von Emilie Linder, 1835

hältnis zur Wirklichkeit zu erkennen gibt. Der literarische Individualstil des Autors formt die Sprache. Komplexität zeichnet in der Regel die Strukturen aus. Die soziale Orientierung an den untersten Schichten ist eher untypisch. Statt dessen geht es um umfassende existentielle und gesellschaftlich-geschichtliche Problemstellungen. Erfüllung findet in betont imaginären Räumen statt, während die Wirklichkeit ein Ort fortgesetzten Scheiterns ist. Als beispielhaft kann das frühromantische Märchen »Hyazinth und Rosenblütchen« (1797) von Novalis gelten. Nur jenseits seines sich in Düfte und Klänge auflösenden Alltags kann Hyazinth zu sich selbst finden, indem er träumend in der liebenden Vereinigung mit Rosenblütchen die höchste Stufe seiner Selbsterfüllung erlebt.

Joseph von Eichendorff, Kolorierte Radierung von Eduard Eichens, entstanden um 1840

Grenzgänge zwischen Märchen und Novelle

Der Tendenz der Romantiker, Gattungen zu mischen, kam die Novelle mit ihren unerhörten Begebenheiten und überraschenden Wendungen entgegen. Beliebt war vor allem die Verschmelzung der Novelle mit dem Märchen. Wo sich novellistischer und märchenhafter Stil verbinden, entsteht eine Spannung zwischen Wirklichkeit und Möglichkeit, zwischen der Gewißheit des verlorenen Paradieses und der Sehnsucht nach seiner Wiedererlangung. Ein klassisches Beispiel stellt Friedrich de la Motte Fouqués »Undine« (1811) dar. In der Märchenwelt einer naiven Harmonie von Natur und Mensch erfüllt sich zunächst die Liebe Undines und des Ritters. Der Einzug des Paars in die Reichsstadt bedeutet die Wende vom Wunderbaren zum Wirklichen, vom Märchen zur Novelle. Am Ende ist das Glück des Einklangs von Natur und Mensch zerstört.

Romantisierende Illustration zu Friedrich de la Motte Fouqués »Undine« von Julius Höppner, Ende des 19. Jahrhunderts

Es mögen nun wohl schon viele hundert Jahre her sein, da gab es einmal einen alten guten Fischer, der saß eines schönen Abends vor der Tür und flickte seine Netze. Er wohnte aber in einer überaus anmutigen Gegend. Der grüne Boden, worauf seine Hütte gebaut war, streckte sich weit in einen großen Landsee hinaus, und es schien ebensowohl, die Erdzunge habe sich aus Liebe zu der bläulich klaren, wunderhellen Flut in diese hineingedrängt, als auch, das Wasser habe mit verliebten Armen nach der schönen Aue gegriffen, nach ihren hochschwankenden Gräsern und Blumen und nach dem erquicklichen Schatten ihrer Bäume. Eins ging bei dem andern zu Gaste, und eben deshalb war jegliches so schön.

Die Einleitung zu Friedrich de la Motte Fouqués »Undine« ist charakteristisch für die romantische Sehnsucht nach Harmonie von Mensch und Natur

Achim von Arnim, Gemälde von P. E. Ströhling

Endet in der »Undine« das Wunderbare im Wirklichen, so nimmt in Adalbert von Chamissos (1781–1838) »Peter Schlemihl« (1814) das Wunderbare seinen Ausgang von einer menschlich ungenügenden Wirklichkeit. Am Anfang stehen die reiche, aber korrupte bürgerliche Welt und der Kniefall des armen Schlukkers vor dem Reichtum. Mit den Siebenmeilenstiefeln indes distanziert er sich schließlich von der materiell beherrschten Wirklichkeit und kommt in dem Maße, wie er diese hinter sich läßt, dem Wunderbaren näher.

Überhaupt zeigt eine Reihe romantischer Novellen die Tendenz, nach der Erfahrung verengter Wirklichkeit die gesellschaftlich-geschichtliche Realität ins Weite und Utopische zu öffnen. Dies gilt neben Achim von Arnims »Isabella von Ägypten« (1812), wo die Zigeunerprinzessin mit ihrem Volk der materiell verblendeten Geschichtswelt den Rücken kehrt, ebenso wie für Joseph von Eichendorffs »Aus dem Leben eines Taugenichts« (1826), wo sich nach Begegnungen mit dem Spießigen und vordergründig Sinnlichen eine wunderbare Welt der Erfüllung öffnet. Novelle und Märchen gehen in der Romantik mannigfache Verbindungen ein, in denen die Begrenztheiten des Alltags im Ausblick auf ein unbegrenztes Dasein jeweils aufgehoben erscheinen.

»Aus dem Leben eines Taugenichts«, Federlithographie von A. Schroedter, 1842

Das Wunderbare und das Grauen – Der Erzähler E. T. A. Hoffmann.
E. T. A. Hoffmann ist der bedeutendste Erzähler der Romantik. Seine Erzählungen gestalten den unauflösbaren Widerspruch von Alltag und Poesie, von der erfahrenen realen Bedingtheit und dem in der Phantasie geschauten Unbedingten. Medium eines Daseins jenseits des Alltäglichen ist für Hoffmann das Kunstmärchen. Sowohl im »Goldenen Topf« (1814) als auch im »Klein Zaches« (1819) gehen die von der Poesie erfüllten und geleiteten Figuren schließlich in ein wunderbares Märchenreich jenseits des Alltags ein. »Ist denn überhaupt des Anselmus Seligkeit etwas anderes als das Leben in der Poesie«, heißt es am Ende des »Goldenen Topfs«, »der sich der heilige Einklang aller Wesen als tiefstes Geheimnis der Natur offenbaret?«

Die meisten Novellen Hoffmanns erfassen den Menschen im Einflußbereich dunkler Mächte. Insbesondere in den »Nachtstücken« treten die Menschen getrieben von Verletzungsängsten und dämonischen Verführungsgewalten auf. Nathanael in »Der Sandmann« (1816) erfährt an einem traumatischen Wendepunkt seines Lebens die Besessenheit des Menschen vom technischen Allmachtsstreben. Der Versuch des Geschöpfs, sich an die Stelle des Schöpfers zu setzen, bringt nur Stückwerk hervor und reißt die Opfer in den Abgrund. »Das Majorat« (1817) zeigt den Menschen im Bann politisch materieller Verblendungen. Die starre Bindung an Besitz und Macht beschwört einen phantastisch inszenierten Untergang der Verblendeten herauf. Die zerstörerische Herrschaft des Produkts über seinen Produzenten steht im Mittelpunkt der Novelle »Das Fräulein von Scuderi« (1819). Unter einem bösen inneren Zwang muß der Goldschmied Cardillac seine Werkstücke stets wieder an sich zurückbringen, indem er die Käufer ermordet. In der späten Novelle »Des Vetters Eckfenster« (1822) öffnet sich die eigentliche Wirklichkeit nicht den Sehenden, sondern dem Blinden, »der mit

Illustration zu Hoffmanns »Klein Zaches« von F. Hechelmann, 1978

Vielleicht gelingt es mir, manche Gestalt wie ein guter Portraitmaler so aufzufassen, daß du es ähnlich findest, ohne das Original zu kennen, ja daß es dir ist, als hättest du die Person recht oft schon mit leibhaftigen Augen gesehen. Vielleicht wirst du, o mein Leser! dann glauben, daß nichts wunderlicher und toller sei als das wirkliche Leben, und daß dieses der Dichter doch nur wie in eines matt geschliffnen Spiegels Widerschein auffassen könne.

E. T. A. Hoffmann, »Der Sandmann«

E. T. A. Hoffmann (links) und der Schauspieler Ludwig Devrient in der Berliner Weinstube von Lutter & Wegener, Gemälde von C. Themann

emporgerichtetem Haupt in die weite Ferne zu schauen scheint ... Sein inneres Auge strebt schon das ewige Licht zu erblicken, das ihm in dem Jenseits voll Trost, Hoffnung und Seligkeit leuchtet.«

»Wir leben in einem kolossalen Roman« – Der romantische Roman als Lebensentwurf

Im Zentrum der romantischen Literatur steht der von Goethes »Wilhelm Meister« inspirierte Roman als Ausdruck des charakteristischen Lebensgefühls der Epoche. Ziel ist die Darstellung der Bildung eines Menschen, der liebend und in Auseinandersetzung mit der Welt reif wird für ein erfülltes Leben in der Gemeinschaft. Der romantische Roman gestaltet über die Alltagswelt hinausgehobene Leitbilder, in denen die ideale Existenz in Ahnungen und poetischen Entwürfen Konturen gewinnt, ohne allerdings in der geschichtlichen Gegenwart wirklich Fuß zu fassen. Modell einer solchen Romankonzeption ist Wilhelm Heinrich Wackenroders 1797 entstandenes Werk »Herzensergießungen eines kunstliebenden Klosterbruders«. Der Tonkünstler Josef Berglinger ist ergriffen von der Sehnsucht nach einem Leben mit der Kunst, die ihm Weg und Ziel zugleich ist. Aber seine Hoffnungen auf den Erfolg seiner Musik werden enttäuscht. In seinem frühen Tod spiegelt sich die Unvereinbarkeit von Kunst und Leben.

Der Künstler steht auch im Mittelpunkt von Ludwig Tiecks »Franz Sternbalds Wanderungen« (1798). Der aus der Nürnberger Werkstatt Albrecht Dürers stammende Maler lernt auf seinen Reisen die niederländische und venezianische Malerei kennen. Begeistert von allem Neuen, findet er nicht zu seiner eigenen Kunst. In der Phantasie aber erschließt sich ihm eine Welt, die nur dem wahren Künstler offensteht, sich aber der Konkretisierung beharrlich widersetzt.

Autoren der Spätromantik (1816–1830)
Joseph von Eichendorff (1788–1857)
E. T. A. Hoffmann (1776–1822)
Friedrich de la Motte Fouqué (1777–1843)
Adalbert von Chamisso (1781–1838)
Bettina von Arnim (1785–1859)
Luise Hensel (1798–1876)
Ludwig Uhland (1787–1862)
Justinus Kerner (1786–1862)
Gustav Schwab (1792–1850)
Wilhelm Hauff (1802–1827)

»Heinrich von Ofterdingen« (1799) von Novalis, der bedeutendste Roman der Romantik, ist Fragment geblieben. Heinrich wird im ersten, »Erwartung« genannten Teil allein durch die Kunst und die Liebe gebildet. In der Liebe zwischen ihm und Mathilde beginnt sich die reine Selbsterfüllung in der unbegrenzten Zuwendung zum andern zu verwirklichen. Klingsohrs Märchen beschließt den ersten Teil. Der zweite, »Erfüllung« genannte Teil, ist nicht mehr ausgeführt worden. Hier sollte das Märchen Wirklichkeit werden und die Alltagswelt sich auflösen. Aber die Überführung ins Wunderbare, für das bei Novalis das Symbol der »blauen Blume« steht, mußte Fragment bleiben, weil das Märchen nur geahnt, niemals aber in den engen Grenzen des Alltags verwirklicht werden kann. In diesem Sinne führt auch Eichendorff seinen Helden, den Grafen Friedrich, in »Ahnung und Gegenwart« (1811) nach einer ausgedehnten Phase des Schweifens zur Einsicht ins Ungenügen der Welt. Am Ende zieht sich Friedrich, allen weiteren Versuchen, sein Glück in der Welt zu finden, entsagend, in die Stille eines Klosters zurück.

Novalis, Gemälde von F. Gareis, 1799

In den Ernst August Friedrich Klingemann (1777–1831) zugeschriebenen, anonym erschienenen »Nachtwachen. Von Bonaventura« (1804) erscheint die Sinnlosigkeit des Lebens unaufhebbar. Der Nachtwächter, Jakob Böhme-Leser, Puppenspieler und Tollhäusler in einer Person, kommentiert bei seinen nächtlichen Rundgängen die verworrenen Verhältnisse in einer deutschen Residenz. Verbunden sind die locker gereihten Episoden durch die trostlose Perspektive des Kommentators, dem die Öde der Welt fortgesetzt begegnet, ohne daß sich Ausblicke auf das Unbedingte und Unendliche öffnen. Der Roman ist Zeugnis der schwarzen Romantik, die das Ungenügen an der endlichen Welt durch den konsequenten Verzicht auf poetische Entgrenzung bis zum Grauen vor der absoluten Leere steigert.

Clemens Brentanos Roman »Godwi« (1801) ist ein ins Unendliche fortgesetztes Spiel, in dem lineare Handlungsabläufe regelmäßig durchbrochen, eine Fülle von Lebenslinien verwirrend miteinander verknüpft und Perspektiven ständig verschoben werden. Ergebnis ist eine fortschreitende Auflösung von Wirklichkeit, eine Aufhebung von Zeit. Gegen die reale Begrenzung setzt der Roman die Entgrenzung eines von Liebe, Natur und Kunst erfüllten Daseins.

E. T. A.Hoffmann, »Die Elixiere des Teufels«. »Da erhob sich plötzlich ein nackter Mensch bis an die Hüften aus der Tiefe empor und starrte mich gespenstisch an mit des Wahnsinns grinsendem, entsetzlichem Gelächter.« Zeichnung von T. Hosemann, 1844

Der Kapellmeister Johannes Kreisler, Aquarell Hoffmanns, 1815. Die Romanfigur trägt viele Züge von Hoffmann selbst.

In dieser Tradition steht auch Hoffmanns phantastischer Roman »Die Elixiere des Teufels« (1815). Angeregt durch Lewis' »The Monk« (1796), stellt Hoffmann einen unter einer teuflischen Droge mordenden und vergewaltigenden Mönch in den Mittelpunkt der Handlung. Ein entfesselter Trieb bricht sich Bahn, alle moralischen Barrieren niederreißend und sich ins Anarchische und Perverse verstrickend. Gestalt gewinnen die Nachtseiten der Natur und des Menschen. Die romantische Bewegung öffnete den Blick nicht nur in die Weite einer möglichen Erlösung, sondern auch in die Tiefe abgründiger Verstrickungen. In der fiktiven Doppelbiographie »Die Lebensansichten des Katers Murr nebst fragmentarischer Biographie des Kapellmeisters Johannes Kreisler« (1819/21) stehen sich Künstler- und Philistertum kontrastreich gegenüber. Schroff wechseln die spießigen Lebensansichten des Katers mit den Episoden aus dem Leben des in einer höheren Welt lebenden genialen Musikers, wobei der Kater seine Ansichten auf der Rückseite eines Manuskripts festhält, auf dem die Biographie Kreislers niedergeschrieben ist. Kreisler ist der Prototyp des romantischen Künstlers, im hohen Maße kreativ und liebesfähig, markant profiliert durch den grotesken Kontrast mit der im Kater verkörperten banausischen Alltagsmentalität.

»Selbständige Weiblichkeit« – Dichtende Frauen in der Romantik

Der romantische Glaube an die ursprüngliche Polarität des Weiblichen und Männlichen und an die in der Frau verkörperte Einheit von Natur und Liebe wies der Frau in der Kunst einen gleichberechtigten Platz neben dem Mann zu. Die Romantik entdeckte und würdigte erstmals die weibliche Kreativität. Eine bedeutende Stellung in der Frühromantik nimmt Karoline Schlegel (1763–1809) ein. Sie hatte wesentlichen Anteil an den Shakespeare-Übersetzungen ihres Mannes August Wilhelm. Wichtig für die theoretischen Vorstellungen des Jenaer Kreises sind vor allem ihre geistreichen Briefe aus der Frühromantik. Ihre wichtigste Leistung ist aber wohl das Kunstgespräch »Die Gemälde« (1799) anläßlich eines Besuchs der Dresdener Kunstgalerien. In der Gesprächsrolle der Louise bekennt sie sich zur Einheit von Produktion und Rezeption, indem das Kunstwerk durch die Mitteilung der Eindrücke seiner Betrachter stetig wächst und an Bedeutung zunimmt. Ähnlich hatte bereits Novalis den Leser als erweiterten Autor gewürdigt.

Bettina von Arnim, Radierung von L. E. Grimm, 1809

Die literarisch begabteste unter den dichtenden Frauen der Romantik ist zweifellos Bettina von Arnim, die Schwester Clemens Brentanos (1785–1859). In dem zum größten Teil fingierten Briefroman »Goethes Briefwechsel mit einem Kinde« (1835) entwirft sie in frei schwebender poetischer Phantasie ein subjektives Goethebild, in das der romantische Glaube an die unendliche Schöpferkraft des Künstlers eingegangen ist. »Dies Buch gehört dem König« (1843) enthält ein erfundenes Gespräch mit Goethes Mutter, in dem die Dichterin für die Freiheit gegen spießige Moral und für die geistige und politische Emanzipation der Frau eintritt. Gerichtet ist das Buch an Friedrich Wilhelm IV., dem die Dichterin in schwärmerischer Fehleinschätzung die Fähigkeit zutraute, ein von allen Privilegien freies Zeitalter des allgemeinen Glücks zu begründen.

Eine oft unterschätzte Dichterin ist die mit Brentano befreundete Luise Hensel (1798–1876). In ihrer geistlichen Lyrik gestaltet sie die Erfüllung des menschlichen Glückstrebens in der unbedingten Zuneigung zu einem Gott der Liebe. Die romantische Sehnsucht nach dem Unendlichen und Unbegrenzten konkretisiert sich in einer allumfassenden christlichen Liebesreligion, wie sie in der Spätromantik mehr und mehr in den Mittelpunkt trat und die freigeistigen Vorstellungen der Romantiker abzulösen begann. Berühmt geworden ist vor allem ihr Abendgebet »Müde bin ich, geh' zur Ruh'«.

Der versteht in Lust die Tränen
Und der Liebe ewig Sehnen
Eins in Zwei zu sein,
Eins im Andern sich zu finden,
Daß der Zweiheit Grenzen schwinden
Und des Daseins Pein.

Von Karoline von Günderode (1780–1806) stammen melancholische Gedichte um das Wesen romantischer Liebesauffassung.

1818–83
Karl Marx

1830
Juli-Revolution in Frankreich

1834
Deutscher Zollverein

1835
Erste deutsche Eisenbahn Nürnberg-Fürth

1840–61
Friedrich Wilhelm IV., König von Preußen, »Romantiker auf dem Thron«, der ab 1841/42 die Vollendung des Kölner Doms fördert

1844
Weberaufstand in Schlesien

1848
Januar: Kommunistisches Manifest;
Februar: Revolution in Frankreich, die auf die Märzrevolutionen in Preußen, Österreich, Baden und anderen deutschen Ländern ausstrahlt;
Mai: Nationalversammlung in der Frankfurter Paulskirche

1849
Paulskirchenverfassung; Friedrich Wilhelm IV. lehnt die ihm angebotene Kaiserkrone ab, militärische Niederwerfung von Aufständen

1850
Aufoktroyierte Verfassung in Preußen, Dreiklassenwahlrecht

Entsagung und Empörung

Die Wiener Schlußakte von 1820 setzte allen liberalen und nationalen Bewegungen ein Ende und schloß jede Form echter demokratischer Repräsentanz aus. Mit polizeistaatlichen Mitteln wurde das monarchische Prinzip, die Vereinigung der Staatsmacht im Staatsoberhaupt, durchgesetzt. Die Restauration, die Wiedereinsetzung des absolutistischen Adels in seine vorrevolutionären Machtpositionen, lösten tiefe Resignation, aber auch kritisches Aufbegehren aus.

Biedermeier und Junges Deutschland, Bezeichnungen für polare geistige Haltungen der Zeit, sind im Grunde nur die beiden Seiten einer Medaille. Je nach Temperament reagierte man auf die enttäuschten politischen Hoffnungen mit dem Rückzug in die Innerlichkeit oder mit kritischen individuellen Attacken auf die Reaktion. Verweist der Begriff Biedermeier auf einen bestimmten Stil der Inneneinrichtung, so kam die Bezeichnung Junges Deutschland (zuerst in Ludwig Wienbargs »Ästhetische Feldzüge«, 1834) auf nach dem 1835 erlassenen Verbot angeblich staatsgefährdender Schriften jungdeutscher Autoren wie Ludwig Börne, Karl Gutzkow, Heinrich Heine u. a.

Die literarischen Aussageweisen der Zeit sind geprägt von der Ambivalenz des Lebensgefühls. Lyrik wird zum Ausdruck bejahter subjektiver Isolation, aber auch leidenschaftlichen Aufbegehrens gegen die Unterdrückung des Individuums. Drama und Novelle gestalten ein bis zum Zerreißen angespanntes Konflikt- und Krisenbewußtsein, und im Roman, im Essay und im Brief versuchen sich die Autoren des eigenen Standorts in einer Zeit zu vergewissern, über der die Stickluft der Restauration liegt.

Problematisches Handeln und scheiternde Helden – Das Drama der Restaurationszeit

Das Drama der Restaurationszeit problematisiert menschliches Handeln und läßt den Helden regelmäßig scheitern. Gelegentlich artikuliert sich von

Caspar David Friedrich, *Das Eismeer (Die gescheiterte Hoffnung)*, 1823/24. Ein gekentertes Schiff unter aufgetürmten Eismassen signalisiert das Ende der von den fortschrittlichen Kräften vorangetriebenen Befreiungsbewegung. Der Geschichtsfluß kommt zum Erliegen, die Welt erstarrt unter dem Eiseshauch der Restauration.

der Resignation getragene Kritik an der allgemeinen gesellschaftlichen und geschichtlichen Stagnation. Franz Grillparzer (1791–1872) gestaltet im Niedergang des böhmischen Königs Ottokar in seinem Geschichtsdrama »König Ottokars Glück und Ende« (1825) das Schicksal des von der Hybris verblendeten Machtmenschen. Deutlich spiegelt sich in seinem Verhalten das menschlich und politisch rücksichtslose Handeln des Revolutionskaisers Napoleon. Im Scheitern Ottokars scheint das Scheitern des Franzosen vorweggenommen.

Intimer ist Grillparzers lyrisches Drama »Des Meeres und der Liebe Wellen« (1831). Hero, zur Priesterin bestimmt, gerät in einen unlösbaren Konflikt zwischen ihrem Amt und ihrer Liebe zu Leander. Im Angesicht ihres toten Geliebten erhebt sie Anklage gegen die Götter und die Menschen. Eine Zeit, die den einzelnen durch institutionelle Zwänge um seine tiefste Erfüllung bringt und ihn zum Opfer macht, beschwört persönliche Katastrophen herauf. Kaum ein anderes Stück spiegelt so nachhaltig restauratives Bewußtsein wie Grillparzers »Der Traum ein Leben« (1834). Der Traum von Abenteuern, Ruhm und Macht endet, in die Tat umgesetzt, konsequent in einem Desaster. Ein bescheidenes Glück findet der Mensch allein in der selbstgewählten, idyllischen Beschränkung.

Hortense. ... Bedenke, was würde die Welt, wären alle wie du!
Napoleon. Nun, die würde nicht so übel.
Hortense. Ewiger Krieg und Lärm würde aus ihr –
Napoleon. Hortense –
Hortense. Verzeihe Kaiser – Bin ich zu frei, ist deine Güte schuld. – Aber wie viele Kürassiere, Dragoner, Batterien, Grenadiere, Voltigeurs ziehen wohl schon auf allen Straßen? – O gesteh' es nur – ich kenne dich – dir donnern bereits tausend Kanonen im Haupte – Schone, schone die Jugend Frankreichs, schone die Mütter, welche mit zerrißnen Herzen ihre Söhne in den Tod senden!
Napoleon. Die Truppen, welche jetzt marschieren, sind Veteranen aus Spanien und Rußland, haben schwerlich noch Mütter, und hätten sie deren, welche Französin wäre so schlecht, ihren Sohn nicht gern dem Vaterlande auf dem Felde der Ehre zu opfern? Wo stirbt er besser?
Hortense. Feld der Ehre – sage oft: Feld der – (*Sie stockt.*)
Napoleon. Sprich.
Hortense. – der Eitelkeit.

Christian Dietrich Grabbe, »Napoleon« III, 3

Christian Dietrich Grabbe. Figurine von Ottomar Starke zu »Scherz, Satire, Ironie und tiefere Bedeutung«, 1937

Die großen Gestalten in Christian Dietrich Grabbes (1801–36) Geschichtsdramen sind weniger heroische Täter als Opfer beschränkter Verhältnisse und des eigenen Machtwahns. Im »Hannibal« (1835) scheitert der karthagische Feldherr an dem bornierten Krämergeist seiner Heimat, während Napoleon in »Napoleon oder die hundert Tage« (1831) einzig getrieben erscheint von seinem zerstörerischen Machtwillen. Die Bedingungen und Ziele verändernden politischen Handelns werden in einer Geschichtsphase ohne Perspektive und Zukunft desillusioniert. Bereits 1827 hatte Grabbe mit seinem satirischen Lustspiel »Scherz, Satire, Ironie und tiefere Bedeutung« zynisch mit seiner in der Mittelmäßigkeit und Korruption verkommenen Zeit abgerechnet.

Der zweifellos bedeutendste Dramatiker der Restaurationsphase ist Georg Büchner (1813–37). In seinem Revolutionsdrama »Dantons Tod« (1835) handelt nicht der Held, sondern der blinde Fatalismus der Geschichte. Weder der liberale, lebens- und genußfrohe Danton noch der radikale Fanatiker Robespierre haben eine Antwort auf die Nöte des Volkes. Die Revolutionsmaschinerie, die sie selbst in Gang gesetzt haben, überrollt am Ende beide. »Die Welt ist das Chaos«, resigniert

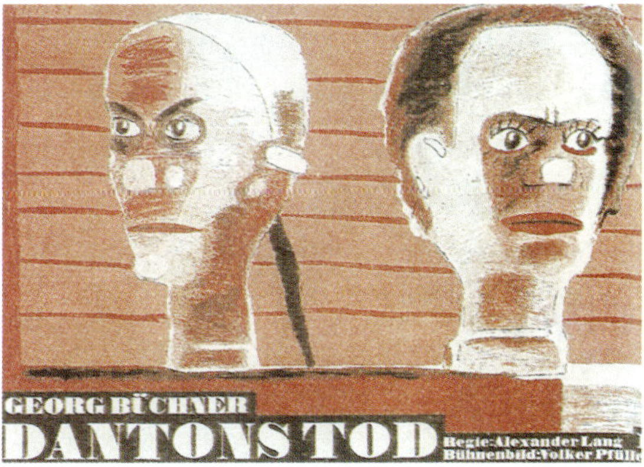

Danton und Robespierre, Plakat von Volker Pfüller, 1981

Danton vor seinem Tod, »das Nichts ist der zu gebärende Weltgott.«

Tiefste Resignation und Melancholie beherrschen auch Büchners einziges Lustspiel »Leonce und Lena« (1838). Zukunft scheint offenbar nur noch möglich als ironischer, sich selbst parodierender Entwurf. Real ist allein die Satire der spießigen Kleinstaaterei und der sterilen Adelsgesellschaft. Kurz vor seinem Tod, zwischen 1836 und 1837, entstand Büchners Fragment gebliebener »Woyzeck«, ein Stationendrama mit szenisch gereihten Episoden, in denen der Mensch ausschließlich als Verlierer und Opfer Gestalt gewinnt, geschunden, ausgebeutet und um sein Lebensglück betrogen. Woyzeck, der seine treulose Geliebte ersticht und sich damit selbst des Zentrums seines Lebens beraubt, ist der Antiheld schlechthin, der isolierte, von Gott und der Welt verlassene Mensch auf dem Weg in die Katastrophe. Büchners »Woyzeck« ist der radikale Gegenentwurf zur idealistischen Utopie vom Menschen. Im Märchen der Großmutter ist die Rede von einem elternlosen, armen Kind, das von seinem enttäuschenden Gang zum Himmel auf die Erde zurückkehrt. »Und wie's wieder auf die Erde wollt, war die Erde ein umgestürzter Hafen (Schüssel) und es war ganz allein und da hat sich's hingesetzt und geweint, und da sitzt es noch und ist ganz allein.«

Die Auffassung, die Büchner Lenz in seiner gleichnamigen Novelle (1835) in den Mund legt, weist bereits auf den Realismus voraus:
»Der liebe Gott hat die Welt wohl gemacht, wie sie sein soll, und wir können wohl nicht was Besseres klecksen; unser einziges Bestreben soll sein, ihm ein wenig nachzuschaffen. Ich verlange in allem – Leben, Möglichkeit des Daseins, und dann ist's gut; wir haben dann nicht zu fragen, ob es schön, ob es häßlich ist.«

Georg Büchner, Pastell, anonym o. J.

Das lyrische Ich zwischen Revolution und Resignation

Die Geschichtsphase der Restauration brachte eine Reihe bedeutender lyrischer Leistungen hervor. Das Gedicht profilierte sich zum Entwurf subjektiver Selbstbehauptung, indem sich das Ich seiner uneinnehmbaren Innerlichkeit und Erlebensfähigkeit vergewisserte oder sich in unmittelbarer Auseinandersetzung mit den repressiven äußeren Kräften zu behaupten suchte.

Eduard Mörike mit Familie und Schwester Klara, Fotografie um 1860

Eduard Mörike (1804–75) wendet sich ab von einer enttäuschenden Zeit – »Laß, o Welt, o laß mich sein!« –, um ungestört mit seinem Selbst in all seinen Höhen und Tiefen umgehen zu können (»Gedichte«, 1838). Wie das echte Kunstwerk, so trägt auch das Ich seinen Wert tief in sich selbst. »Was aber schön ist, selig scheint es in ihm selbst« (»Auf eine Lampe«). Zwischen Träumen und Wachen ist der Dichter selbstgenügsam eingesponnen im Rhythmus von Nacht und Tag, Sommer und Winter (»An einem Wintermorgen vor Sonnenaufgang«).

Der deutsch-ungarische Lyriker Nikolaus Lenau (1802–50) spiegelt seine eigene innere Zerissenheit in leidenschaftlich bewegten Naturbildern, deren idyllischer Schein unter dem Andrang persönlichen Leidens zerreißt (»Schilflieder«, »Gedichte«, 1832). Erst in seinen späten Gedichten findet er zum Einklang im Frieden der Natur. Aufgehoben und getröstet fühlt er sich im zyklischen Wechsel von Werden und Vergehen (»Waldlieder«, 1843/44).

In der Verschmelzung mit ihrem natürlichen Daseinsraum erlebt Annette von Droste-Hülshoff (1797–1848) die persönliche Befreiung vom gesellschaftlichen Druck (»Gedichte«, 1844). Als Geschöpf unter anderen Geschöpfen entwächst sie den Einengungen und Beschneidungen und entfaltet sich harmonisch mit dem wahrhaft Lebendigen: »Süßer Taumel im Gras« (»Im Grase«, 1844).

In der Zeit vor 1848, in der Phase des sogenannten Vormärz, entwickelte sich in Deutschland erstmals eine selbständige politische Lyrik. Ihr zentrales Anliegen ist Kritik an den antidemokratischen, reaktionären Kräften des absolutistischen Staatsapparats. Den Anfang macht Heinrich Hoffmann von Fallersleben (1798– 1874), der Dichter des »Deutschlandlieds«, mit seinen »Unpolitischen Liedern« (1840f.). Ihm folgen Georg Herwegh (1817– 75), »Gedichte eines Lebendigen«, 1841–43) und Ferdinand Freiligrath (1801–76) mit »Ein Glaubensbekenntnis« (1844). In oft leidenschaftlichem Pathos wird die Freiheit als unveräußerliches Menschenrecht eingefordert und werden die Fürsten als unerträgliche Behinderungen einer notwendigen demokratischen Entwicklung an den Pranger gestellt.

In Heinrich Heines (1797–1856) lyrischem Werk vereinigen sich alle wesentlichen Tendenzen der Restaurationslyrik. Knüpft er mit seinem »Buch der Lieder« (1827) noch an die romantische Liedtradition an, die er allerdings bereits ironisiert, so wendet er sich in den »Neuen Gedichten« (1844) verstärkt dem Zeitgedicht zu, in dem er aktuelle politisch-soziale Probleme verarbeitet. Sein berühmtestes Zeitgedicht, das »Lied von den Schlesischen Webern«, entstand 1847 als Reaktion auf den Weberaufstand in Schlesien.

Von vornherein aber schwingen in Heines sogenannter politischer Lyrik auch skeptische Töne mit, die den verändernden Einfluß des Gedichts auf die Praxis in Frage stellen. Heines bleibende

Wer hat die schönsten Schäfchen?
Die hat der goldne Mond,
Der hinter unsern Bäumen
Am Himmel droben wohnt.

Er kommt am späten Abend,
Wann alles schlafen will,
Hervor aus seinem Hause
Zum Himmel leis' und still.

Dann weidet er die Schäfchen
Auf seiner blauen Flur;
Denn all die weißen Sterne
Sind seine Schäfchen nur.

Heinrich August Hoffmann von Fallersleben ist einer der bedeutendsten Autoren von Kinderliedern.

Loreley (»Ich weiß nicht was soll es bedeuten«), Heines bekanntes Gedicht aus dem »Buch der Lieder« in seiner Handschrift

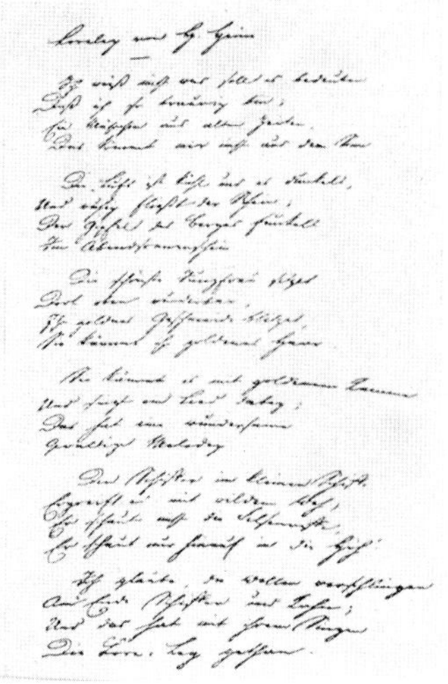

Karl Wilhelm Hübner, *Die schlesischen Weber*, 1844

lyrische Leistung ist weniger das politische Gedicht als die Lyrik, in der er sich mit seiner eigenen existentiellen Situation auseinandersetzt. Einen Höhepunkt stellt der 1851 erschienene »Romanzero« dar. Insbesondere der Zyklus »Lazarus« enthält Heines intimste Auseinandersetzungen mit den Hoffnungen und Sehnsüchten des Menschen und seinen Leiden an der eigenen Gebrechlichkeit und der Unvollkommenheit der Welt, Auseinandersetzungen, in denen sich die Untröstlichkeit einer ganzen um ihr Lebensglück betrogenen Generation spiegelt.

Heinrich Heine in der »Matratzengruft«, Kupferstich von J. François, 1852

»Goldne Wünsche! Seifenblasen!
Sie zerrinnen wie mein Leben –
Ach, ich liege jetzt am Boden,
kann mich nimmer mehr erheben.«

Leben über dem Abgrund –
Das Lebensgefühl im Spiegel der Novelle

Im Zentrum der restaurativen Novelle steht der entsagende, in Krisen verwickelte und scheiternde Mensch. Spürbar werden hinter dem bürgerlich Geordneten und Idyllischen stets das Chaos und das Grauen, die Spannungen zwischen kurzfristig erlebter Idylle und dem drohenden Inferno. Charakteristisch ist Jeremias Gotthelfs (d. i. Albert Bitzius, 1797–1854) »Schwarze Spinne« (1842). Eingeschlossen in einem schwarzen Fensterpfosten, lauert die Spinne, das zerstörerisch Böse schlechthin, unmittelbar unter der Oberfläche des öffentlichen Lebens. Zweimal bricht sie durch menschliches Verschulden hervor und richtet unvorstellbares Leid an. Nur äußerste sittliche Anstrengungen sind imstande, das triebhaft Verderbliche wieder zurückzudrängen. In einer Zeit gescheiterter revolutionärer Anstrengungen und der Unterdrückung freiheitlicher Entwicklungen ist die Sensibilität für das Abgründige des Daseins gestiegen.

In Annette von Droste-Hülshoffs ebenfalls im Jahr 1842 erschienenen »Judenbuche« zerbricht Friedrich Mergel an den Verhältnissen seiner Heimat, die ihm jegliche Chance, zu sich selbst zu finden, verwehrt. Nach einem Leben der Demütigungen und der Ausgrenzung erhängt sich das »arm verkümmert Sein« und wird noch im Tod durch ein Grab auf dem Schindanger geächtet.

Tragisch ist die Grundstimmung in Eduard Mörikes »Mozart auf der Reise nach Prag« (1855). Auf dem Weg zur Uraufführung seines »Don Giovanni« geht dem jungen Komponisten die Flüchtigkeit des Lebens auf. Für einen seligen Augenblick glaubt er, im Schloßgarten, wo er eine Orange pflückt, im Paradies zu sein. Doch die Früchte sind gezählt. Sein Handeln ruft die Mißbilligung des Gärtners hervor. Es gibt keine Paradiese. Überall ist das Leben begrenzt und eingeschränkt. Dem Künstler, der sich im schöpferischen Akt verausgabt und verströmt, ist ein nahes Ende bestimmt.

Das ausweglose Scheitern eines Lebensentwurfs als Ausdruck des Leidens an einer perspektivelosen Zeit schildert Georg Büchner in seiner 1839 postum erschienenen Novelle »Lenz«. Gemeint ist der bekannte Sturm- und Drang- Dramatiker. Es ist die Fallstudie eines todkranken Menschen in hoffnungslos stagnierender Zeit. Die Novelle gestaltet keine Entwicklungen des Helden, sondern seine Verwicklungen in ein tragisch unaufhebbares Schicksal.

Der fruchtbarste Novellist der Zeit ist der österreichische Erzähler Adalbert Stifter (1805–68). In

Die Stadt Göttingen, berühmt durch ihre Würste und Universität, gehört dem Könige von Hannover und enthält 999 Feuerstellen, diverse Kirchen, eine Entbindungsanstalt, eine Sternwarte, einen Karzer, eine Bibliothek und einen Ratskeller, wo das Bier sehr gut ist. ...

Die Stadt selbst ist schön und gefällt einem am besten, wenn man sie mit dem Rücken ansieht. Sie muß schon sehr lange stehen; denn ich erinnere mich, als ich vor fünf Jahren dort immatrikuliert und bald daraus konsiliiert (verwiesen) wurde, hatte sie schon dasselbe graue, altkluge Aussehen.

Einleitung zu Heines »Die Harzreise«, ein Beispiel für die beliebte Reiseliteratur der Zeit

Die ungarische Puszta, Ölgemälde von Adalbert Stifter, 1841. Die Puszta ist Schauplatz von Stifters Novelle »Brigitta«.

seiner ersten Erzählsammlung »Studien« (1844–50) ragt insbesondere die bereits 1843 erstmals erschienene Novelle »Brigitta« hervor. Es ist die Geschichte einer durch die Untreue des Mannes zerstörten Ehe- und Familiengemeinschaft. Erst nachdem der Mann für seine leidenschaftlichen Verfehlungen gebüßt hat und ihm die innere Schönheit seiner Frau aufgeht, kommt es zu einer Versöhnung der Eheleute. Dauerhaftes Lebensglück stellt sich nur dort ein, wo der einzelne entsagt und sich zu den inneren, leidenschaftslosen Werten bekennt.

Aus Stifters zweiter großer Erzählsammlung »Bunte Steine« (1853) ist vor allem die Erzählung »Bergkristall« (1845) bekannt geworden. Auf dem Rückweg vom Besuch ihrer Großeltern am Heiligabend verirren sich die Kinder nach einem gewaltigen Schneefall in der Gletscher- und Eiswüste. Beispielhaft gewinnt im Rahmen der Novelle die Situation des Menschen Gestalt, sein ohnmächtiges Ausgeliefertsein an die anonyme, sich seiner Kontrolle entziehenden Gewalt. Alles Dasein ist in letzter Konsequenz ein Dasein zum Ende. Die Grenzerfahrung bleibt auch nach der wunderbaren Errettung der Kinder bedrückend gegenwärtig.

Unheimliche Begegnungen – Balladische Psychogramme

In einer Phase existentieller Verunsicherungen und persönlicher Verletzungsängste entstehen beachtliche phantastische Balladen. Phantastik wird zum Medium seelischer Krisen zwischen Aggression und Angst. Richten sich in Heinrich Heines »Belsatzar« (1822) die phantastischen Kräfte noch gegen den hybriden Herrscher, in dem sich historisch verfremdet der absolutistische Potentat spiegelt, so ist Eduard Mörikes Ballade »Die Geister am Mummelsee« (1828) erfüllt von verführerischer Todessehnsucht, von dem Wunsch, angesichts einer menschlich zutiefst ungenügenden Zeit in immerwährendes Vergessen zu versinken.

In Nikolaus Lenaus Ballade »Der traurige Mönch« (1836) begegnet ein Reiter auf der Suche nach Schutz in einem zerfallenen Turm einem gespenstischen Mönch. Der traurige Wiedergänger aus einem Land, in dem alle Hoffnung zur Illusion geworden ist, wird dem Reiter zum phantastisch erregenden Sinnbild universaler Trauer und eines hoffnungslosen Todes.

Das Kind, das in Annette von Droste-Hülshoffs »Der Knabe im Moor« (1841) durch das als unheimlich erlebte, trügerisch grundlose Moor stürzt, verkörpert in restaurativer Zeit die Situation des Menschen, dem eine persönliche Entwicklung versagt ist. Seine Jugend ist ohne Perspektiven. Konfrontiert mit einer seiner Kontrolle entzogenen, von gespenstischem Eigenleben erfüllten Außenwelt, wird ihm das Haus zum Fluchtort. Dem »Fräulein von Rodenschild« (1841) begegnet in einer weiteren Ballade der Droste in der Osternacht die eigene Doppelgängerin. In der Schönheit und Anmut ihrer Be-

O schaurig ist's
übers Moor zu
gehn,
Wenn es wimmelt
vom Heiderauche,
Sich wie Phantome
die Dünste drehn
Und die Ranke hä-
kelt am Strauche,
Unter jedem Tritte
ein Quellchen
springt,
Wenn aus der Spalte
es zischt und
singt,
O schaurig ist's
über Moor zu
gehn,
Wenn das Röhricht
knistert im
Hauche!

Annette von Droste-Hülshoff, »Der Knabe im Moor«, erste Strophe

Annette von Droste-Hülshoff, Gemälde von J. J. Sprick, 1838

Aus Hermann von Pückler-Muskau: Landschaftsgärtnerei (1832/33). Der Park ist der vollkommene Ausdruck eines idyllischen, die Zeit ausschließenden Raumgefühls. In der Restaurationszeit entstanden eine Reihe bedeutender englischer Parkanlagen.

wegungen liegt das geheime individuelle Bekenntnis zum ganzen Menschen, zur Harmonie von Körper und Seele. Doch unter gesellschaftlichem Druck sieht sich das Fräulein gezwungen, die schöne Doppelgängerin zu verdrängen. Nach der Handreichung löst sich die Erscheinung auf. Zurück aber bleibt die gelähmte rechte Hand, Signal der empfindlich beschnittenen Handlungsfreiheit.

Zeit und Raum – Die neuen sinnlichen Qualitäten der Prosa

Als Antwort auf die zunehmende Verengung und Erstarrung der Lebensverhältnisse entwickelte sich in der Restaurationszeit eine Reiseliteratur, die den konkreten Aufbruch aus der Philisterwelt als kritischen Anstoß erfährt. Am Anfang steht Heinrich Heines 1826 erschienene »Harzreise« (s.S. 117), in der er im Rahmen einer Wanderung, die ihn von Göttingen bis auf den Brocken füht, die unverstellte, nicht entfremdete Natur mit dem verspießerten Restaurationsbürgertum und dem sterilen Rationalismus des Wissenschaftsbetriebs konfrontiert. In den »Nordsee-Reisebildern« (1827) übt Heine angesichts der gigantischen, sich frei entfaltenden Natur Kritik am herrschenden Adel. Die italienischen »Reisebilder« (1830/31) erörtern die Möglichkeiten geistiger und politischer Emanzipation in einem Land, das einst die Wiege der Renaissance war.

Ähnlich wie Heine verknüpft auch Hermann von Pückler-Muskau (1785–1871) in seinen »Briefen eines Verstorbenen« (1830/31) Raumschilderung und Zeitkritik indem er in den demokratischen Tendenzen in England die reaktionären politischen Verhältnisse in Deutschland kritisch spiegelt. Durch die Konfrontation mit den realen Bedingungen in konkreten Geschichts- und Gesellschaftsräumen gewinnt die Prosa eine neue sinnliche Qualität.

Karl Immermann (1796–1840) entwirft in seinem »Münchhausen« (1838/39) das Modell eines Zeitromans, der im erzählten Nacheinander keine Entwicklung mehr gestaltet, sondern im Nebeneinander von Episoden und Einzelszenen ein komplexes kritisches Bild der eigenen Epoche zeichnet, indem er deren Beschränktheit und innere Hohlheit satirisch hervorhebt. Das umfangreiche Oberhof-Kapitel stellt gegen die sozialen Mißstände der Restaurationsphase die Utopie einer intakten bäuerlichen Welt, in deren Spiegel die Realität aber um so defizitärer erscheint.

Adalbert Stifter blendet in seinem Roman »Der Nachsommer« (1857) die gesellschaftlich-geschichtliche Wirklichkeit nahezu völlig aus. In ländlicher Umgebung entsteht in intensiver, poetischer Raumschilderung die ungetrübte Idylle eines harmonischen Zusammenlebens jenseits von Konflikt- und Krisenerfahrungen. Das Rosenhaus des Freiherrn von Risach, der sich von allen Geschäften zurückgezogen hat, wird zum zentralen Sinnbild eines ästhetischen Lebensentwurfs, in den sich auch der Ich-Erzähler Heinrich Drendorf schließlich fügt und wo er sein Glück findet. Nicht in der Auseinandersetzung mit der Welt, sondern sich von ihr distanzierend erfährt der Mensch seine innere Bildung. Die Zeit scheint entwertet in dem poetisch suggerierten Raum menschlicher Selbsterfüllung. Für Stifter selbst bedeutete der Roman Abrechnung mit der eigenen Epoche. »Ich habe eine große einfache sittliche Kraft der elenden Verkommenheit gegenüber stellen wollen.«

Titelblatt zur Erstausgabe von Stifters »Nachsommer« von Stifters Freund P. J. N. Geiger. Die Szene zeigt den Freiherr von Risach bei der Pflege seiner Rosen.

1839
Erfindung der Fotografie

Seit 1850
Durchbruch der Industriellen Revolution

1862
Otto von Bismarck preußischer Ministerpräsident

1863
Gründung des »Allgemeinen deutschen Arbeitervereins« (Ferdinand Lasalle)

1864
Krieg Österreichs und Preußens gegen Dänemark

1865
Ende des Bürgerkriegs in den USA, Abschaffung der Sklaverei

1866
Deutsch-österreichischer Krieg, Schlacht bei Königgrätz

1870/71
Deutsch-französischer Krieg

18. Januar 1871
Wilhelm I. in Versailles zum deutschen Kaiser ausgerufen

Aus der Enge in die Tiefe

Die Ablehnung der Kaiserkrone von Volkes Gnaden durch den preußischen König besiegelte 1848 das Scheitern der demokratischen Bestrebungen der deutschen Nationalversammlung in der Frankfurter Paulskirche. Anders aber als die restaurative Politik des Wiener Kongresses löste die neuerliche Enttäuschung der liberalen Hoffnungen weder einen verstärkten Rückzug in die Innerlichkeit noch gesteigerte kritische Aktivitäten aus. Vielmehr begann man, nüchtern und illusionslos die eigenen Lebensmöglichkeiten in dem ausschließlich diesseitig erlebten Raum, der dem einzelnen geblieben war, auszuloten.

Realistische Literatur verwirklicht sich vor allem im Regionalen, in intimen menschlichen Beziehungen und überschaubaren sozialen Bezügen. Die Enge der vorgefundenen Lebensverhältnisse fordert zu vertiefenden Sinnstiftungen und zur Verantwortung vor den Menschen und den Dingen heraus. Das Besondere wird durchsichtig für das Allgemeine.

Poetischer Realismus wie ihn Otto Ludwig (1813–65) definiert, verwirklicht sich vor allem als Symbolkunst. Der Realist schafft eine Welt »zwischen der objektiven Wahrheit in den Dingen und dem Gesetze, das unser Geist hineinzulegen gezwungen ist ... Eine Welt, in der die Mannigfaltigkeit der Dinge nicht verschwindet, aber durch Harmonie und Kontrast

Eiche, Aquarell von Gottfried Keller, um 1840. Die Darstellungsweise des poetischen Realismus hebt das Einzelne, Bedeutungsvolle hervor und erschließt es einem symbolischen Verstehen. Die Eiche erscheint als Sinnbild unverwüstlicher Lebenskraft.

für unseren Geist in Einheit gebracht ist, nur von dem, was dem Falle gleichgültig ist, gereinigt.« In der sinnbildlich künstlerischen Gestaltung hebt der Mensch sein einseitiges Bestimmtsein durch die Dinge und Verhältnisse auf. Die subjektive Selbstbehauptung gegenüber den objektiven äußeren Zwängen begründet die seelische Einstellung des Humors, die souveräne Haltung des Menschen dem Unausweichlichen gegenüber, dem er sich stellt, ohne vor ihm zu kapitulieren.

Selbst noch dort, wo der einzelne wie in der Novelle ausweglos verwickelt erscheint, sind seine Beschädigungen und sein Untergang nicht die Folgen einer undurchschaubaren Fatalität, sondern die Konsequenz aus dem menschlichen Handeln, dessen negative Auswirkungen der Mensch selbst bzw. die Gesellschaft zu verantworten haben. Insbesondere im Epischen, im subjektiv vermittelnden und relativierenden Erzählen objektiver Welt gewann der poetische Realismus überdauernde Gestalt. Aber auch in der Lyrik vermochte sich das Verlangen nach Selbstbehauptung überzeugend zu artikulieren, während das Drama mit seiner objektivierenden Darstellungsweise im ganzen zurücktrat.

1873
Kulturkampfgesetze in Deutschland; Wirtschaftskrise (»Gründerkrach«)

1875
Gründung der SPD in Gotha

1876
Erste Bayreuther Festspiele

1878
Sozialistengesetz

1888–1918
Kaiser Wilhelm II.

1890
Entlassung Bismarcks

Sinnlichkeit und Sinn – Die Lyrik Storms und Meyers

Theodor Storm, Radierung von Horst Janssen, 1977

Das gelungene realistische Gedicht ist eine in sich geschlossene Symbolkomposition, die die sinnliche Erscheinung für den in ihr verborgenen wesenhaften Sinn transparent werden läßt. Das lyrische Ich in Theodor Storms (1817–88) großen Gedichten formuliert Kernerfahrungen des Daseins, die tief empfundene Harmonie mit den Lebenskräften, das Einssein des Menschen mit allem

Storms langjähriges Wohnhaus in Husum in der Wasserreihe 31, heute Museum und Sitz der Storm-Gesellschaft

Wachsenden und Vergehenden. »Ein rosenroter Schimmer fliegt« im Gedicht »Abseits« (1847) um die »alten Gräbermale« der Heide, Verweis auf das immer wieder aufblühende, den Tod überwindende Leben. Es ist die oft karge Natur am »grauen Strand, am grauen Meer«, die wie in Storms Huldigungsgedicht an seine Heimatstadt Husum sich dem ihr Zuneigenden offenbart (»Die Stadt«, 1851), eine Natur, die in dem Maße schön wird, wie der einzelne sein Herz an sie hängt, sie trotz ihrer Rauheit und Dürftigkeit von innen heraus bejaht, weil auch in ihr der Puls des unverwüstlichen Lebens schlägt. Im »Meeresstrand« (1854) vernimmt das Ich die Stimmen der unaufhörlich schaffenden Natur, die aus der Tiefe des Meers zu ihm dringen.

»Ich höre des gärenden Schlammes
Geheimnisvollen Ton,
Einsames Vogelrufen –
So war es immer schon.

Noch einmal schauert leise,
Und schweiget dann der Wind;
Vernehmlich werden die Stimmen,
Die über der Tiefe sind.«

Der junge Conrad Ferdinand Meyer, Zeichnung von Paul Deschwanden, 1842

Wachsen die lyrischen Sinnbilder Storms wie selbstverständlich, ohne spürbares künstlerisches Modellieren aus dem sinnlich Erfahrenen heraus, so erscheinen die Gedichte Conrad Ferdinand Meyers (1825–98) als symbolisch sorgfältig komponierte Kunstgebilde. Der Brunnen mit seinen übereinanderliegenden Marmorschalen in dem berühmten Gedicht »Der römische

Brunnen« (1882) wird zum Sinnbild des Nehmens und Gebens, des ewigen Gesetzes allen kreatürlichen und geistigen Daseins. Nur der lebt wirklich, der fähig ist zu empfangen und das Empfangene willig weiterreicht. Das Gedicht »Auf dem Canal Grande« (1889) begreift die Leidenschaft des Lebens als Gondelfahrt in der glühenden Abendsonne, die die vorüberziehenden Lebensgondeln für einen erfüllten Augenblick in purpurrotes Licht taucht, bis das Lebendige im nahen Schatten jenseits der Paläste erlischt.

»Eine kleine, kurze Strecke
Treibt das Leben leidenschaftlich
Und erlischt im Schatten drüben
Als ein unverständlich Murmeln.«

Als Schiffsfahrt erscheint das Leben auch in dem Gedicht »Zwei Segel« (1870), doch liegt der Akzent hier weniger auf dem flüchtigen Aufglühen und dem baldigen Erlöschen, sondern auf dem gemeinsamen Erleben der Liebenden. Die tiefblaue Bucht, in der sich zwei Segel schwellen, ist Sinnbild des Schutzraums, den der eine dem andern errichtet, wo beide Segel im gleichen Rhythmus sich bewegen, immer bedacht auf die tief empfundene Harmonie von Ich und Du.

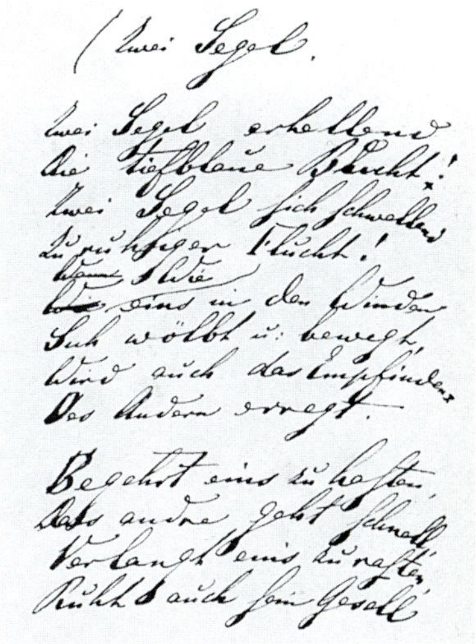
Zwei Segel.

Zwei Segel erhellend
Die tiefblaue Bucht!
Zwei Segel sich schwellend
Zu ruhiger Flucht!

Wie eins in den Winden
Sich wölbt u. bewegt
Wird auch das Empfinden
Des Andern erregt.

Begehrt eins zu hasten
Das andre geht schnell
Verlangt eins zu rasten
Ruht auch sein Gesell

»Zwei Segel« in der Handschrift Conrad Ferdinand Meyers, um 1875

Bei Storm wie bei Meyer weist alle Erscheinung in die Tiefe, offenbaren sich im Sinnlichen und im scheinbar Getrennten der Sinn und der geheime Zusammenhang des Lebens. Das Gedicht des poetischen Realismus versöhnt den Menschen mit seiner Welt, indem es ihm seine Heimat in Zeit und Raum anweist und ihn an den Botschaften des Lebens und des Sterbens teilhaben läßt. Nur wer dem Traum der Ewigkeit entsagt, vermag den Sinn und die Schönheit seiner räumlich-zeitlichen Existenz zu entdecken.

Von den Verwicklungen des Menschen – Die realistische Novelle

Die Novelle des poetischen Realismus zeigt nicht die Entwicklung des einzelnen, sondern seine Verwicklungen, sie schildert den Menschen nicht als Täter, sondern als einen, mit dem und an dem etwas geschieht. Ihre Sympathie gehört den Opfern, die sich in die gesellschaftlichen und geschichtlichen Verhältnisse verstricken und überwiegend scheitern oder um ihr Lebensglück gebracht werden. Die Novelle ist die tragische Erzählvariante des poetischen Realismus, in der der einzelne sein Bestimmtsein durch innere wie äußere Zwänge erleidet, die so lange Humanität verhindern und zerstören, wie sie fraglos hingenommen werden.

In Theodor Storms erster, 1849 entstandenen Novelle »Immensee« stößt der Wunsch nach persönlicher Erfüllung in der Liebe mit dem nüchternen bürgerlichen Erwerbsalltag zusammen und trennt die, die sich innerlich zueinander hingezogen fühlen. Selbst die Liebe als intimste Regung des Menschen scheint illusionslos eingebunden in gesellschaftliche Zwänge. Nur dort, wo sich der einzelne wie in der Novelle »Pole Poppenspäler« (1874) den praktischen Forderungen des Lebens unterwirft und dem künstlerischen Spiel um seiner selbst willen entsagt, kann sich ein befristetes Glück einstellen. Der alte Puppenspieler aber, dem die bürgerlich nüchterne Welt längst fremd geworden ist, wird mit seiner Lieblingspuppe zu Grabe getragen.

Heliogravüre von Franz Hanfstängl (1887) zu Storms »Immensee«. Elisabeth bleibt in ihrer unerfüllten Ehe zurück, während Reinhard für immer aus ihrem Leben tritt.

Storms bedeutende Altersnovelle »Der Schimmelreiter« (1888) stellt in Gestalt des Deichgrafen Hauke Haien den bürgerlichen Machtmenschen der Gründerzeit in den Mittelpunkt, der sich zum Füh-

Szenenfoto aus der »Schimmelreiter«-Verfilmung von 1933/34 (Regie: C. Oertel und H. Deppe) mit Matthias Wiemann in der Rolle des Hauke Haien

rer berufen glaubt. Sein kompromißloses Geltungsstreben verdrängt jedes Gemeinschaftsgefühl. Im gespenstischen Wiedergänger gewinnt das Schreckbild einer heillosen Ich-Besessenheit Konturen. Der neue Deich ist nicht für die Menschen, sondern für den persönlichen Ruhm erbaut. »Der Schimmelreiter« bildet den folgerichtigen Abschluß eines Novellenwerks, das den Menschen im Sog der von ihm selbst heraufbeschworenen Mächte zeigt, die ihn am Ende in den Abgrund reißen.

Ich kann nur einzelnes sagen, nur was geschehen, nicht wie es geschehen ist; ich weiß nicht, wie es zu Ende ging und ob es eine Tat war oder nur ein Ereignis, wodurch das Ende herbeigeführt wurde.

Der Eingang von Theodor Storms Novelle »Auf dem Staatshof« (1859) umreißt programmatisch das Wesen der realistischen Novelle.

Neben Storm machten die beiden Schweizer Erzähler Gottfried Keller (1819–90) und Conrad Ferdinand Meyer die Novelle zur führenden literarischen Aussageform des poetischen Realismus. Kellers bekannteste Novellen sind in der Sammlung »Die Leute von Seldwyla« enthalten, erschienen 1856 und 1873/74 in zwei Teilen.

»Romeo und Julia auf dem Dorfe« erzählt in Anlehnung an die berühmte Shakespeare-Tragödie von der Liebe der Kinder, die an der Verblendung der Väter scheitert. Mit tödlicher Folgerichtigkeit mündet die wechselseitige,

Gottfried Keller. Gemälde von Karl Stauffer, Bern 1877

Novellisten und Novellen des poetischen Realismus:
Marie von Ebner-Eschenbach (1830–1916): »Krambambuli«
Paul Heyse (1830–1914): »L'Arrabiata« (1855). Von Heyse stammt der Begriff des »Falken«, ein bedeutsames Requisit, das jede Novelle enthalten müsse.
Leopold von Sacher-Masoch (1836–95): »Venus im Pelz« (1870)
Emil Franzos (1848–1904): »Tragische Novellen« (1866)

Romane des poetischen Realismus:
Wilhelm Raabe: »Die Chronik der Sperlingsgasse« (1857)
»Der Schüdderump« (1870)
»Die Akten des Vogelsangs« (1896)
Conrad Ferdinand Meyer: »Georg Jenatsch« (1880)
Theodor Fontane: »L'Adultera« (1880)
»Schach von Wuthenow« (1882)
»Die Poggenpuhls« (1896)
Marie von Ebner-Eschenbach: »Das Gemeindekind« (1887)

widerrechtliche Aneignung eines Ackerstücks in einen zermürbenden Rechtsstreit, der in blindem Haß das Glück Vrenchens und Salis zerstört. Zum Schluß treiben die unglücklich Liebenden steuerlos auf einem Schiff flußabwärts. Ihr Ziel ist nicht die persönliche Erfüllung in der Liebe, sondern Untergang und Tod. Deutlich wird die Tragik der bürgerlichen Gesellschaft, die ihre Kinder zu unschuldigen Opfern macht, wehrlos und ohne Chance, sich gegen den Widersinn einer lieblosen Welt aufzubäumen.

Der Schneider Wenzel Strapinski in der Novelle »Kleider machen Leute« steigert sich im geborgten Schein seines vornehmen Mantels in eine romantische Existenz hinein, in der ihm Ansehen und Liebe, die er bisher entbehrt hatte, selbstverständlich zuwachsen. Doch das, was der einzelne sein möchte, erfüllt sich nur zum Schein, der schließlich in einer Enttarnungsszene aufgehoben wird. Nettchen, Tochter aus reichem Bürgerhaus, nimmt sich des armen Schneiders an und macht aus ihm einen wohlhabenden Tuchherrn. Überlebensfähig ist nicht der romantische Träumer jenseits eines zweckbestimmten Lebens, sondern der bürgerlich angepaßte Geschäftsmann. Verwirklichung gibt es in der am materiellen Gewinn orientierten Gesellschaft nur um den Preis der freien, phantasievollen Daseinsgestaltung. Auch die Novelle »Kleider machen Leute« endet tragisch, indem der Spießer über den zweckfreien, poetischen Lebensentwurf triumphiert.

Bereits in Conrad Ferdinand Meyers erster Novelle »Das Amulett« (1873) prägen sich die für ihn charakteristischen Aussageweisen und Aussageinhalte aus. Der Rahmenerzähler, ein überzeugter Calvinist, rückt trotz der schrecklichen, im Binnenteil erzählten Ereignisse nicht von seiner starren dogmatischen Haltung ab. Weder die blutige Bartholomäusnacht des Jahres 1572, in der die französischen Hugenotten niedergemetzelt wurden, noch der katholische Hetzpriester und vor allem der Katholik, der ihm durch ein Amulett das Leben rettete, können ihn von seinen fanatischen Einstellungen heilen und in ihm die Einsicht in die Notwendigkeit mitfühlender und verstehender Menschlichkeit fördern. In der Wahl des verblendeten Ich-Erzählers schlägt sich die Kritik an der Selbstherrlichkeit des Menschen nieder.

»Es gibt Augenblicke, da mir gleichermaßen graut vor dem, was die Menschen sind, und vor dem, was sie sich zu sein einbilden!« Dieser Ausspruch Thomas Beckets in der 1879 erschienenen Novelle »Der Heilige« umreißt Meyers novellistisches Programm. Becket, Kanzler des englischen Königs und später Erzbischof von Canterbury, ist erfüllt vom Geist versöhnlicher Humanität, bis seine Tochter, vom König verführt, durch das Verschulden des Verführers den Tod findet. Als Erzbischof beginnt Becket einen beispiellosen Rachefeldzug gegen den König, der ihn schließlich am Altar ermorden läßt. Dem Andrang brutaler Wirklichkeit vermochte das Streben nach Humanität nicht standzuhalten. Meyers Novelle erzählt von der Ohnmacht der Versöhnlichkeit und des guten Willens in einer Welt, in der die zerstörerischen Kräfte stets triumphieren und alles sittliche Bemühen am Ende durchkreuzen.

In diesem Sinne steht auch das Finale der Novelle »Gustav Adolfs Page« (1885) im Zeichen der Vergeblichkeit. Mit dem nebeneinander aufgebahrten schwedischen König Gustav Adolf und seinem Pagen, der in Wirklichkeit eine junge Frau war, werden der reine Glaube und die Liebe, die die als Page verkleidete Frau dem König nicht einmal gestehen durfte, zu Grabe getragen. In der brutalen Geschichtswelt hat die Humanität keinen Platz. Engstirnigkeit, Egoismus, Gewalt und Macht machen alle Aufbrüche zu einer menschlichen Welt zunichte und stellen die Fähigkeit des Menschen zu sittlicher Größe grundsätzlich in Frage.

Epitaph für den im Alter von 18 Jahren 1632 in der Schlacht von Lützen gefallenen Pagen Gustav Adolfs, August von Leubelfing, in der Wenzelskirche in Naumburg an der Saale. In Meyers Novelle »Gustav Adolfs Page« verbirgt sich hinter dem als Mann verkleideten Pagen das Mädchen Gustel Leubelfing.

Es sitzt ein Vogel
auf dem Leim,
Er flattert sehr und
kann nicht heim.
Ein schwarzer Kater
schleicht herzu,
Die Krallen scharf,
die Augen gluh.
Am Baum hinauf
und immer höher
Kommt er dem ar-
men Vogel näher.
Der Vogel denkt:
Weil das so ist
Und weil mich doch
der Kater frißt
So will ich keine
Zeit verlieren,
Will noch ein wenig
quinquilieren
Und lustig pfeifen
wie zuvor.
Der Vogel, scheint
mir, hat Humor.

Wilhelm Busch, »Kritik des Herzens«, 1874

Modelle der Selbstbewahrung – Der realistische Roman und der Humor

Neben der Novelle gehört der Roman zu den bedeutenden Erzählleistungen des poetischen Realismus. Doch nicht der krisenhaft verwickelte und letztlich scheiternde Mensch bildet hier den Kern, sondern der Mensch, der sich trotz widriger Lebensumstände zumindest subjektiv behauptet. Zwar ist es ihm nicht gegeben, die Verhältnisse zu ändern, ändern aber kann er sein eigenes Verhalten zu ihnen, indem er sich innerlich freisetzt von dem Bedrängenden und Bedrückenden. Der realistische Roman ist getragen von der versöhnlichen Haltung des Humors. Dies vor allem unterscheidet ihn von der tragischen Unversöhnlichkeit der Novelle.

Ein Vergleich der beiden vorliegenden Fassungen von Gottfried Kellers Roman »Der grüne Heinrich« offenbart besonders anschaulich die Tendenzen zur Versöhnlichkeit und zu humanem Ausgleich. Endet die erste, 1854/55 erschienene Fassung mit dem Tod Heinrichs, nachdem er erkannt hat, daß seine Begabung nicht ausreicht, um ein großer Maler zu werden, und er durch sein zielloses Vagabundieren und seine Geldforderungen am Tod seiner Mutter schuldig geworden ist, so findet Heinrich in der 1879/80 vorgelegten zweiten Fassung nach seinem Scheitern als Maler in einer gesellschaftlich nützlichen Tätigkeit eine begrenzte persönliche Erfüllung. »Der grüne Heinrich« ist kein Bildungsroman im Sinne einer stetigen Entwicklung, sondern der Versuch, dem Menschen nach Desillusionierungen und Ent-

Der poetische Realismus mit seiner erklärten Neigung, Sinn zu stiften, entwickelte ein besonderes Verhältnis zum Aphorismus, der prägnanten Formulierung von Lebensweisheit. Einen Höhepunkt stellen die Aphorismen von Marie von Ebner-Eschenbach dar:
»Was uns an der sichtbaren Schönheit entzückt, ist ewig nur die unsichtbare.«
»Die größte Nachsicht mit einem Menschen entspringt aus der Verzweiflung an ihm.«
»Eine gescheite Frau hat Millionen geborener Feinde: – alle Männer.«
»Soweit die Erde Himmel sein kann, soweit ist sie es in einer glücklichen Ehe.«
»Der Weltmann kennt gewöhnlich die Menschen, aber nicht den Menschen. Beim Dichter ist's umgekehrt.«

»Heitere Resignation – es gibt nichts Schöneres«

täuschungen einen Platz im bürgerlichen Leben zu sichern, wo das problematische Verhältnis zwischen Wirklichkeit und Einbildung zugunsten der ersten aufgehoben scheint und der einzelne eine Chance erhält, sich selbst zu bewahren. Der Wechsel der zweiten Fassung in die Ich-Erzählung unterstreicht das Bemühen, eine, wenn auch eng umrissene, persönliche Identität aufzubauen.

Wilhelm Raabe (1831–1910) und Theodor Fontane (1819–98) haben ihren literarischen Ruhm vor allem mit ihren Romanen begründet. Raabe verwirklicht im »Hungerpastor« (1863/64) das Muster des klassischen Bildungsromans, indem er in zwei unterschiedlichen Lebensläufen den Hunger des Menschen nach Selbstbehauptung in der Welt kontrastiert. Strebt Moses Freudenstein nach Wissen, um Macht zu erlangen und um sein gesellschaftliches Geltungsbedürfnis zu befriedigen, so ist es Jakob Nikolaus Unwirsch allein um die Wahrheit und die Liebe zu tun. Hat der andere glänzende Erfolge, so muß sich Unwirsch nach seinem Studium der Theologie mit schlecht bezahlten Stellen zufrieden geben, bis er nach bitteren Enttäuschungen in einer einsamen »Hungerpfarre« an der Ostsee Zuflucht findet. Unwirsch kehrt der vom Eigennutz regierten Gesellschaft den Rücken, die er ohnehin nicht zu ändern vermag, weil er nur so sein nach Wahrheit und Liebe verlangendes Ich behaupten kann. »Die harte kalte Welt«, heißt es im Roman, »hat uns auf den innersten Punkt unseres Daseins zurückgedrängt!«

Wilhelm Raabe in seinem Arbeitszimmer, Gemälde von Hanns Fechner, 1893

Einer der bedeutendsten Romane des poetischen Realismus ist Raabes 1891 erschienener »Stopfkuchen«. Im Mittelpunkt steht der beleibte Heinrich Schaumann, wegen seiner Eßlust »Stopfkuchen« genannt. Der bürgerlich erfolglose, passiv erscheinende Außenseiter heiratet die Tochter des Bauern auf der »Roten Schanze« und bringt den heruntergewirtschafteten Hof wieder in Ordnung. Von seinem abseits des Städtchens, etwas höher gelegenen Wohnsitz aus beobachtet Schaumann, der dominierende Erzähler des Binnenteils, das bürgerliche Leben und entlarvt es mit seinen Vorurteilen, seinem spießigen Besitzstreben, seiner rastlosen, veräußerlichten Tüchtigkeit und seinen kleinen und großen Unmenschlichkeiten. Den Höhepunkt der humoristisch vorgenommenen Demaskierungen bilden die Identifizierung des wahren Täters und die Aufdekkung der Hintergründe eines Mords, den eine voreingenommene Justiz dem verwahrlosten, schlecht angesehenen Schwiegervater Schaumanns zur Last legen wollte. Zu sich selbst finden kann der Mensch nur abseits des bornierten bürgerlichen Daseins in seiner selbstgeschaffenen Welt, von der aus er jedoch wachsam den Blick auf diejenigen richten sollte, die in ihrer blinden Geschäftigkeit den Sinn des Lebens aus den Augen verloren haben. »Sieh nach den Sternen! Gib acht auf die Gassen!« Humor bedeutet für Raabe die Distanzierung für die im Äußerlichen verlorene Welt und die Treue zu sich selbst.

Verbinden sich in Raabes »Stopfkuchen« Entwicklungs- und Zeitroman, indem die Reifung des Hauptcharakters die Kritik an den gesellschaftlichen Verhältnissen erst ermöglicht, so sind Theodor Fontanes erfolgreichste Romane ausschließlich nach dem Muster des Zeitromans angelegt, der nicht persönliche Entwicklungen

Theodor Fontane, Lithographie von Hans Fechner

herausstellt, sondern gesellschaftliche Zustände. Dies gilt in besonderer Weise für »Effi Briest« (1894/95), einen Roman um eine scheiternde Ehe und eine unglückliche Frau. Effi, als noch mädchenhafte Frau mit dem über 20 Jahre älteren Karrierebeamten Instetten verheiratet und Mutter einer Tochter, bleibt in ihrer Ehe unerfüllt und läßt sich aus Langeweile in ein Verhältnis mit dem Bezirkskommandanten Crampas hineintreiben. Nachdem Instetten nach Jahren die Liebesbriefe entdeckt hat, tötet er den einstigen Liebhaber im Duell und läßt sich von seiner Frau scheiden. Nicht aus Überzeugung, sondern weil es der gesellschaftliche Ehrenkodex von ihm zu fordern scheint, handelt er und zerstört damit auch sein eigenes Glück. Die todkranke Effi findet schließlich Zuflucht bei ihren Eltern, wo sie, innerlich versöhnt mit Instetten und dem Geschehenen, stirbt. Fontane zeichnet die Menschen als Opfer einer Zeit, die jeden starren Normen und Konventionen unterwirft und um sein Glück bringt. Was bleibt, ist allein das Verständnis der Opfer füreinander, für ihr scheinbar unausweichlich zwanghaftes Handeln. Zwischen den Zeilen aber steht die Frage nach dem Sinn einer gesellschaftlichen Ordnung, die den einzelnen unglücklich macht und zerstört.

In seinem späten Roman »Der Stechlin« (1897) hat Fontane die Frage nach einer Versöhnung von Individuum und Gesellschaft wohl am entschiedensten gestellt. Möglichkeiten und Perspektiven werden in Gesprächen erörtert, die die Zeit- und Gesellschaftszustände reflektieren und kommentieren. Die Handlung tritt folgerichtig zurück, da das, was geschehen sollte, noch nicht geschieht. Das Wort muß die Tat ersetzen, die Rede das Mögliche vorwegnehmen und entwerfen, das, was die Wirklichkeit noch verweigert. Dabei kommt der Figur des Pastors Lorenzen besondere Bedeutung zu, der für einen christlichen Sozialismus eintritt, da dieser am ehesten geeignet sei, das soziale Individuum hervorzubringen. Die Titelfigur Dubslav von Stechlin ist der Adlige,

Theodor Fontane ist der bedeutendste Balladendichter des poetischen Realismus. In der Ballade »Die Brück' am Tay« verarbeitet er ein Eisenbahnunglück in Schottland vom 28. Dezember 1879. Die Hexen aus william Shakespeares »Macbeth« treten als dämonische Zerstörerinnen auf.

»Wann treffen wir drei wieder zusamm?«
»Um die siebente Stund, am Brükkendamm.«
»Am Mittelpfeiler.«
»Ich lösche die Flamm.«
»Ich mit.«
»Ich komme vom Norden her.«
»Und ich vom Süden.«
»Und ich vom Meer.«
»Hei, das gibt einen Ringelreihn,
Und die Brücke muß in den Grund hinein.«
»Und der Zug, der in die Brücke tritt
Um die siebente Stund?«
»Ei, der muß mit.«
»Muß mit.«
»Tand, Tand
Ist das Gebilde von Menschenhand!«

Wilhelm Busch (1832–1908) ist einer der bedeutendsten Humoristen des poetischen Realismus. Seine grotesk-komischen Bildergeschichten, insbesondere sein »Max und Moritz« von 1865, machten ihn berühmt. Die Abbildung aus dem dritten Streich (Schneider Böck) zeigt die nicht auszurottende, in den Heranwachsenden noch unverstellte Bosheit der Menschen. Die Karikatur löst das negativ Beklemmende komisch auf und rückt es auf Distanz.

wie er sein sollte: offen für neue Entwicklungen und erklärter Gegner fixierter Standpunkte, immer wieder unterstrichen durch seinen Lieblingssatz »Wenn ich das Gegenteil gesagt hätte, wäre es ebenso richtig.« Das niemals versiegende Gespräch bildet die wirkungsvollste Möglichkeit, das Verwirklichte und Erstarrte in Frage zu stellen und den individuellen Anspruch auf Entwicklung zu reklamieren.

Das Individuum als Werkzeug – Der Dramatiker Friedrich Hebbel

Friedrich Hebbel (1813–63), der einzige realistische Dramatiker von Rang, begreift das Individuum in tragischem Widerspruch zum allgemeinen Weltwillen, dem es sich bis zur Selbstaufgabe unterzuordnen hat. Ohne religiösen Trost ist der einzelne bestimmt von den kollektiven Kräften weltgeschichtlicher und naturgesetzlicher Entwicklungen. Die für den Realismus typische Spannung zwischen Ich und Welt entscheidet der Dramatiker gegen die individuelle Existenz.

Mit »Maria Magdalene« (1844) erneuert Hebbel das bürgerliche Trauerspiel. Doch geht es ihm nicht länger um die Emanzipation des Bürgertums, sondern um dessen Kritik. Klara, die Tochter des Tischlermeisters Anton, wird in der Nachfolge der biblischen Maria Magdalena zum Opfer bürgerlicher Engstirnigkeit und moralischer Erstarrung. Um ihrem in beschränkten Vorstellungen lebenden Vater die angebliche Schande zu ersparen, ein uneheliches Kind zur Welt zu bringen, tötet sie sich selbst. Tragik erwächst aus dem Zusammenprall starrer, lebensfeindlicher Normen und dem Naturgesetz uneingeschränkter Lebensentfaltung. Im Lebensopfer Klaras erreicht die Kritik an der erstickenden Enge bürgerlicher Verhältnisse und Vorstellungen ihren tragischen Höhepunkt.

An die Stelle der Natur als übergeordneter kollektiver Macht tritt in Hebbels Geschichtsdrama »Agnes Bernauer« (1852) das absolute Recht des Staates. Die Baderstochter Agnes Bernauer, die den Sohn des Bayernherzogs heiratet, gefährdet die dynastische Ordnung. In einer Staatsaktion hinter dem Rücken des Ehemanns wird sie gefangengenommen und in der Donau ertränkt. Damit ist die Ordnung der Welt, so wie sie im Staat notwendige Gestalt angenommen hat, wiederhergestellt, und die Hingerichtete kann als »reinstes Opfer« verehrt werden. In tragischem Widerspruch stehen auch hier Welt und Ich, dadurch aber, daß eine menschliche Institution dem einzelnen fraglos übergeordnet wird, erscheint die tragische Konstellation selbst fragwürdig. Deutlich werden bereits die totalitären Züge des deutschen Nationalismus, der in der Reichsgründung von 1870/71 gipfelte.

Friedrich Hebbel im 45. Lebensjahr. Fotografie aus dem Jahr 1858

1881
Beginn der Sozialgesetzgebung in Deutschland

1884–1906
Dreyfus-Affäre in Frankreich; Emile Zola reagiert mit seinem berühmten Brief »J'accuse«.

1895
Erste öffentliche Filmvorführung

1897
Kiautschou deutsche Kolonie

1898
Gründung des deutschen Flottenvereins

1898/1911
Flottengesetze

1900
Sigmund Freud begründet mit der Traumdeutung die Psychoanalyse; Max Planck findet das Strahlengesetz.

1905
Albert Einstein veröffentlicht seine spezielle Relativitätstheorie.

1905/11
Marokkokrisen

12. Januar 1912
Reichstagswahlen; SPD stärkste Fraktion

Bedingungsloser Fortschritt und der bedingte Mensch

Die naturalistische Literatur reagierte auf den rasanten industriellen Fortschritt und die kapitalistische Konjunktur nach der Reichsgründung. In einer sich verselbständigenden Produktionswelt lenkte sie die Aufmerksamkeit auf den Menschen, auf seine Ohnmacht, seine wachsende Entfremdung, auf seine Ausgrenzung und das soziale Elend. Ausländische Vorbilder waren der Franzose Emile Zola, der mit seinem *roman expérimental* ein exaktes Zeit-Gesamtbild zu entwerfen suchte, der Russe Fjodor Dostojewskij mit seiner kompromißlosen Darstellung der menschlichen Misere und der gesellschaftskritische norwegische Dramatiker Henrik Ibsen.

Verlogen erschien die protzige Dekorationskunst der Gründerzeit, unzeitgemäß die symbolische Sinnstiftung der Realisten (Heinrich und Julius Hart, »Kritische Waffengänge«, 1882–84). Unverstellt von ästhetischen und religiösen Tröstungen und Verklärungen, richtet die naturalistische Literatur den Blick auf das menschliche Drama in einer Zeit, in der der industriell-kapitalistische Fortschritt die Humanität verdrängte und den einzelnen zur bloßen Funktion verkümmern ließ. Ihr erklärtes Ziel war eine objektive Bestandsaufnahme sozialer Wirklichkeit, wobei sie nicht vor den häßlichen und trostlosen Aspekten des Lebens zurückscheute. In einer Phase anonymer Undurchdringlichkeit der Gesellschaft und kollektiver Zwänge versuchte sie durch ungeschminkte Darstellung des individuellen Schicksals Aufklärung über die *conditio humana* in der Industriegesellschaft zu vermitteln.

Im stillen Gäßchen. »Mutta, jieb doch die zwee Blumentöppe raus, Lieschen sitzt so jerne ins Jrüne!« Der Berliner Zeichner Heinrich Zille (1858–1929) fängt in seinen Zeichnungen das verbreitete menschliche Elend in den Großstädten während der Zeit hektischer Industrialisierung ein.

Betont das naturalistische Gedicht

vor allem den ursprünglichen, mit seiner sinnlichen Natur im Einklang lebenden Menschen, so stehen im Mittelpunkt der meisten naturalistischen Romane und Dramen die Verkümmerung und Beschädigungen seiner sinnlichen Natur unter dem Druck entfremdeter Verhältnisse, die das Produkt über den Produzenten, das Tote über das Lebendige stellen.

»Moderne Dichtercharaktere« – Ansätze zu einer radikal »natürlichen« Lyrik

Es ist verräterisch für die Qualität naturalistischer Lyrik, daß weniger die eher konventionellen Gedichte in der 1884 erschienenen Anthologie »Moderne Dichtercharaktere« beachtenswert sind als die beiden programmatischen Vorreden. Unter dem Titel »Unser Credo« protestiert Hermann Conradi (1862–90) »gegen die verblaßten, farblosen, alltäglichen Schablonennaturen«. Die moderne Lyrik »will mit der Wucht, mit der Kraft, mit der Eigenheit und Ursprünglichkeit ihrer Persönlichkeiten eintreten und wirken; sie will sich geben, wie sie leben will ... Sie will die Zeit der großen Seelen und Gefühle wieder begründen.« Karl Henckell (1864–1929) bestimmt die »neue Lyrik« als »Abbild alles Leidens, Sehnens, Strebens und Kämpfens unserer Epoche«, sie ist ihm »prophetischer Gesang und ein jauchzender Morgenweckruf der siegenden und befreienden Zukunft«. Das Gedicht mit seiner betont subjektiven Haltung soll den von den äußeren Zwängen befreiten Menschen entwerfen und gestalten, wie er fühlen und leben sollte. In den Gedichten selbst jedoch scheitert die Verwirklichung der neuen Ideen an der Wahl weitgehend traditioneller Kunstmittel.

Arno Holz (1863–1929), Beiträger der »Sammlung«, hat später diesen Mangel erkannt und seinen dort eingebrachten lyrischen Zyklus »Phantasus« mehrfach überarbeitet. Die in zwei Heften 1898/99 erschienene Neufassung verzichtet zugunsten eines natürlichen Sprechtons auf die traditionellen Mittel von Strophe, Versmaß und Reim. Tragendes Prinzip und Signal des

Der Raum der naturalistischen Literatur ist die Großstadt. Vor allem in den Metropolen München und Berlin bildeten sich einflußreiche literarische Gruppen. Führender Kopf der Münchner Gruppe war Michael Georg Conrad (seit 1882). Hauptorgan war »Die Gesellschaft« (seit 1885). In Berlin bildeten sich zwei Gruppen. Dem Kreis um Heinrich und Julius Hart gehörten u. a. Arno Holz und Gerhart Hauptmann an (»Monatshefte für Literatur«, »Kritik und Theater«, 1885). Die Mitglieder der zweiten Gruppe nannten sich »Jüngstes Deutschland«. Sie gründeten den literarisch fortschrittlichen Verein »Durch«.

Portraitkopf von Arno Holz, nach dem Leben gezeichnet von Erich Büttner

pulsierenden Lebens ist allein der Rhythmus. Besondere Bedeutung kommt der Zeile als letzter, organisierender Einheit des Gedichts zu.

In sinnenhaft anschaulicher Sprache beschwört Holz ein ersehntes fernes Land, wo Kindheit, Liebe und Natur idyllisch vereint sind. Im lyrischen Ich prägt sich die gesamte räumlich-zeitliche Stammesentwicklung aus. Seine empfundene Teilhabe am Ganzen ermöglicht ihm eine unbegrenzte, unaufhörliche Verwandlung. Phantasus ist der Name für die freie, sich im Prozeß der natürlichen Entwicklung entfaltende Kreatur. In anonymer Zeit formuliert das Gedicht die elementare Selbstvergewisserung des Ichs.

Sieben Billionen Jahre vor meiner Geburt
war ich
eine Schwertlilie.

Meine suchenden Wurzeln
saugten
sich
um einen Stern

Aus seinen sich wölbenden Wassern,
traumblau
in
neue,
kreisende Weltenringe,
wuchs
stieg, stieß,
zerströmte, versprühte sich – meine
dunkle Riesenblüte!

Das Gedicht von Arno Holz aus dem »Phantasus« zeigt eine auffällige Betonung der Zeile. Von Holz' Gedichten ging ein starker Einfluß auf die modernen lyrischen Zeilenkompositionen aus.

Gerhart Hauptmann, Radierung von Max Liebermann, 1906

»Allens ist hier morsch! ... Allens schwankt!« – Das menschliche Drama im Bühnenwerk Hauptmanns

Der bedeutendste Autor der naturalistischen Phase ist der Dramatiker Gerhart Hauptmann (1862–1946). Die Erstaufführung seines sozialen Dramas »Vor Sonnenaufgang« am 20. Oktober 1889 an der Freien Bühne in Berlin leitete recht eigentlich die Epoche

Karikatur von Ernst Retemeyer, »Kladderadatsch« 1890. An der Uraufführung von Hauptmanns »Vor Sonnenaufgang« (1889) schieden sich die Geister. In einem Spottbild erscheint die Freie Bühne als Theaterdestille.

ein. In den ausführlichen szenischen Bemerkungen gewinnt der räumliche Geschehenshintergrund Konturen, in den die handelnden Personen unauflöslich verstrickt sind. Die schlesischen Kohlereviere als beherrschendes Milieu berauben den geschundenen und ausgebeuteten Arbeiter seiner menschlichen Würde. Sexualität und Alkohol werden zu Drogen in einer ausweglosen Lebenssituation. Das naturalistische Milieudrama führt den Menschen gleichermaßen als Opfer seiner Verhältnisse wie seiner Triebe vor. Das Stück stieß auf eine zwiespältige Kritik. Sahen die einen in dem modernen Drama ein »intellektuelles Bordell«, so begrüßten es die anderen als einen notwendigen theatralischen Neuanfang. Mit dem Drama hatte Hauptmann die adäquate literarische Ausdrucksform für das tragische Lebensgefühl einer Epoche gefunden, die den einzelnen zunehmend in der Masse zu ersticken drohte.

Plakat zu Hauptmanns »Die Weber« von Emil Orlik, 1897

Aufführungsverbote gingen der Premiere von Hauptmanns zweitem sozialen Drama »Die Weber« voraus, das seine erste öffentliche Aufführung am 25. September 1894 am Deutschen Theater in Berlin erlebte. Aus Protest gegen »die Kunst aus dem Rinnstein« kündigte daraufhin Kaiser Wilhelm II. sein Logenabonnement. Dramatisiert wird der Aufstand der schlesischen Weber vom 4. bis 6. Juni 1844. Die dialektgefärbte Fassung vermittelt ein eindringliches Bild des Bewußtseins der unterdrückten Weber, die als Kollektiv an die Stelle des individuellen Dramenhelden treten. Doch der revolutionäre Aufbruch scheitert katastrophal. Ohne klare Ziele und schlagkräftige Organisationsformen werden die Aufständischen vom Militär blutig niedergeschlagen. Ein Schuß tötet im Finale den alten Hilse, der am Aufstand gar nicht teilgenommen hatte. Unüberhörbar ist die Kritik an einer ausbeuterischen, soziales Elend schaffenden Gesellschaft. Unübersehbar ist

Neben Gerhart Hauptmann konnten sich andere Dramatiker kaum profilieren. Zu nennen wäre im Vorfeld des Naturalismus Ludwig Anzengruber (1839–89) mit seinen gesellschaftskritischen Dramen im stilisierten Dialekt (»Die Kreuzlschreiber«, 1872; »Der G'wissenswurm«, 1874). Einen großen Erfolg feierte Max Halbe (1865–1944) mit seinem Bühnenstück »Jugend« (1893), in dem er den Konflikt zwischen Trieb und Moral, Natur und Zwang dramatisiert.

aber auch die Ohnmacht des gehetzten und leidenden Menschen vor der überlegenen Gewalt der Herrschenden, die die Aktiven wie den Passiven trifft. Gerade die tragische Aussichtslosigkeit der Opfer klagt die Täter an. Das menschliche Drama auf der Bühne ist ein erschütterndes Abbild der sozialen Misere mit dem Ziel, den in der industriell-kapitalistischen Welt verlorengegangenen Menschen wiederzuentdecken.

Mutter Wolffen (Lucie Höflich) und der Amtsvorsteher Wehrhahn (Albert Steinrück) in der Schlußszene einer Aufführung von Hauptmanns »Biberpelz« an der Tribüne in Berlin, 1925

Der korrupte Zustand der Gesellschaft ist das Thema von Hauptmanns 1893 uraufgeführter Diebskomödie »Der Biberpelz«. Zentrale Gestalt ist die gewitzte und energische Waschfrau Mutter Wolffen, die, vor kleineren und größeren Diebstählen nicht zurückschreckend, ins Bürgertum aufzusteigen versucht. Das für die Komödie erwartete Happy-End, die Wiederherstellung der moralischen und rechtlichen Ordnung, findet jedoch nicht statt. Mutter Wolffen bleibt im Besitz der ergaunerten Güter, unterstützt von dem aufgeblasenen, inkompetenten Amtsvorsteher, der im Fall des bestohlenen Dr. Fleischer Jagd auf Demokraten macht und in der Diebin und Gaunerin »eine ehrliche Haut« sieht. Gerade die Verweigerung des die Ordnung wiederherstellenden Komödienschlusses verweist auf die verworrenen rechtlichen und moralischen Zustände. Dem satirischen Gelächter preisgegeben wird nicht die Rechtsbrecherin, sondern die mit Blindheit geschlagene Gesellschaft, die das Unrecht herausfordert, weil sie unfähig ist, es zu ahnden.

Das soziale Drama Hauptmanns reicht über die engeren Epochengrenzen hinaus. Am 13. Januar 1911 wurde die Berliner Tragikomödie »Die Ratten« im Lessingtheater in Berlin uraufgeführt. Einheitlicher Schauplatz ist eine Mietskaserne. In dem fensterlosen Dachgeschoßraum hat der Theaterdirektor Hassenreuter seinen Fundus untergebracht. Auf dem Boden darüber soll es von Ratten wimmeln. Im zweiten Stock wohnt in einer kleinbürgerlichen Idylle der

Maurerpolier John mit seiner Frau. Doch der gepflegte Eindruck trügt. Die kinderlose Frau John gibt das Kind eines polnischen Dienstmädchens als ihr eigenes aus. Als die wahre Mutter das Kind zurückfordert, tötet der kriminelle Bruder Frau Johns das Dienstmädchen. Frau John, in ihren mütterlichen Gefühlen tief getroffen, nimmt sich das Leben. Hassenreuter, der bisher anachronistisch das hohle idealistische Pathos der Weimarer Schule vertreten hatte, kommentiert »Die Tragik ist nicht an Stände gebunden« und hebt damit in einer Art Selbstentlarvung das Versagen des klassizistischen Theaters vor der sozialen Wirklichkeit hervor. Tragisch ist der fortschreitende gesellschaftliche Verrottungsprozeß, für den die Ratten als Leitsymbol stehen. Grotesk-komisch sind die zum Scheitern verurteilten Versuche einer abgetakelten und verstaubten Theaterkunst, das wirkliche Leben einzufangen. Wirkungslos, bloße verbale Kraftakte sind aber auch die naturalistischen Tiraden Spittas, eines Schülers Hassenreuters, der mit dessen Tochter Walburga gegen den Willen des Vaters ein Verhältnis hat. Dem Maurerpolier John legt Hauptmann das entscheidende Urteil über die dargestellte Welt und damit die Kernaussage seiner Dramatik in den Mund: »Allens ist hier morsch! Allens faulet Holz! Allens unterminiert, von Unjeziefer, von Ratten und Mäuse zerfressen! Allens schwankt! Allens kann jeden Oojenblick bis in Keller durchbrechen.« Hauptmanns Drama spiegelt die brüchige Ordnung, den fortschreitenden Verfall hinter den wilhelminischen Fassaden an der Schwelle zur unmittelbar bevorstehenden geschichtlichen Katastrophe des Ersten Weltkriegs.

Gesellschaftspessimismus ist der eine, wenn auch beherrschende Pol naturalistischer Literatur, der andere ist der Lebensoptimismus, wie er in Hermann Sudermanns (1857–1928) Novelle »Die Reise nach Tilsit« (1917) beispielhaft ausprägt ist. Der Fischer Ansas, der seine schöne Frau Indre töten will, um sich der sinnlich aufreizenden Magd Busze ganz hingeben zu können, ertrinkt, nachdem er vorher aber noch einmal von dem Liebreiz seiner Frau überwältigt worden war. Indre überlebt und bringt das Kind dieser letzten Liebesnacht zur Welt. Den Kern der Handlung bildet das Leben selbst mit seiner Schönheit, seiner Wahrhaftigkeit und seiner unverwüstlichen Zukunft.

Die Not des Daseins und der Hunger nach Leben – Naturalistisches Erzählen

Unter den naturalistischen Erzählungen, Novellen und Romanen ragt nur wenig Bemerkenswertes hervor. Ein noch immer beeindruckendes Bild der Zeit entwirft der soziale Roman »Meister Timpe« (1888) von Max Kretzer (1854–1941). In der Abfolge von drei

Titelblatt der graphisch aufwendig gestalteten Ausgabe von Kretzers Roman »Meister Timpe« (Büchergilde Gutenberg, 1927)

Generationen im Hause des Drechslermeisters Johannes Timpe werden die tiefgreifenden wirtschaftlichen und sozialen Veränderungen der Gründerzeit erkennbar. Die industrielle Massenproduktion erstickt das traditionelle Handwerk, der technische Fortschritt drängt den Menschen an den Rand. In ohnmächtiger Verzweiflung zündet der Handwerksmeister zum Schluß sein eigenes Haus an. Als man seinen Leichnam aus dem zerstörten Haus trägt, braust als Zeichen eines fragwürdigen Fortschritts die Stadtbahn über die Köpfe hinweg. »Plötzlich ertönten tausendfache Hurrarufe. Die Menge wandte die Köpfe und blickte in die Höhe. Ein dumpfes Ächzen und Stoßen wurden wahrnehmbar, heller Qualm wälzte sich über die Straße, und unter dem Zittern der Erde brauste die Stadtbahn heran, die ihren Siegeszug durch das Steinmeer von Berlin hielt.« Über Leichen bahnt sich die neue Zeit ihren Weg, ungerührt von der Not des Daseins, die sie hervorruft.

Stilistisch aufschlußreich sind die unter dem Pseudonym Bjarne P. Holmsen von Arno Holz und Johannes Schlaf (1862–1941) verfaßten novellistischen Studien »Papa Hamlet« (1889). Insbesondere die Titelerzählung mit dem abgewirtschafteten, arbeitslosen Shakespeare-Mimen Thienwiebel und seiner Familie in einer verlotterten Dachstube ist ein beispielhafter naturalistischer Entwurf menschlichen Elends. Verzweifelt bäumt sich der Lebenswille gegen ein unverstandenes, ungerechtes Geschick auf. In leidenschaftlichen Affekten äußert sich der deklassierte, tief verletzte Mensch. Nachdem er in einem Wutanfall sein eigenes Kind erwürgt hat, erfriert Thienwiebel in der Kälte der Großstadt – Verweis auf das eisige Klima unter den Menschen.

Titelblatt der Erstausgabe des »Papa Hamlet« (1889) mit dem angeblichen Portraitfoto des erfundenen norwegischen Erzählers Holmsen

Die Darstellung konzentriert sich auf die objektive Bestandsaufnahme des Elends. Es gibt weder einen kommentierenden Erzähler noch eine schlüssig entwickelte Handlung. Beherrschend sind die Reden der Personen, oft nur Wortfetzen, Ausbrüche und Floskeln, eingebunden in den banalen Alltag. Holz selbst nennt die neue, objektive Darstellungsweise »Sekundenstil«, eine Art literarischer Zeitlupe, die noch die kleinsten Bewegungen, Gesten und Geräusche einzufangen sucht.

Künstlerisch herausragend ist auch im Bereich der erzählenden Literatur Gerhart Hauptmann. Sein »Bahnwärter Thiel« (1888) gehört bis heute zu den großen deutschen Novellen. Thiel, nach dem Tod seiner ersten Frau in seiner zweiten Ehe ein Opfer dumpfer Sexualität und der eigenen Triebhaftigkeit, erlebt nur draußen in seinem Bahnwärterhäuschen die grandiose Fülle der Natur und die faszinierende Macht der Technik. Nur hier geht ihm eine Ahnung auf von der ganzen, ungeteilten Menschennatur. Nachdem sein Sohn aus erster Ehe durch die Unachtsamkeit der Stiefmutter unter einem Schnellzug ums Leben gekommen ist, tötet Thiel seine Frau und das gemeinsame Kind und endet im Wahnsinn. Verloren in der Not seines Daseins, bleibt der Hunger des Menschen nach einem erfüllten Leben tragisch ungestillt.

Gerhart Hauptmann mit seiner zweiten Frau Margarete (um 1940)

Die Tragik, der ungelöste Widerspruch von Trieb und Geist, scheint in der Rahmennovelle »Der Ketzer von Soana« (1918) überwunden. In der erotischen Liebe des schönen, geistreichen Ziegenhirten Ludovico und der schönen, seelenvollen Agata sind Körper und Seele vereint. Eros, älter und stärker als Chronos, läßt den Tod hinter sich, indem er unaufhörlich neues Leben hervorbringt. Zentrales Dingsymbol ist der steinerne Sarkophag inmitten der blühenden Landschaft, auf dem ein lebenssprühender, bacchantischer Zug abgebildet ist. Nur dort, wo sich der Mensch der archaischen Kraft des Eros hingibt, erlebt er die ungebrochene Fülle des Daseins, wird sein Hunger nach Leben jenseits der Not endlich gestillt. Der bereits in seinem sechsten Lebensjahrzehnt stehende Hauptmann überwindet die bedrückenden naturalistischen Darstellungen der menschlichen Misere in einem leidenschaftlichen Lebensentwurf im selbstgewählten Abseits der industriellen Gesellschaft.

Die schöne Agata mit Kind aus Hauptmanns »Der Ketzer von Soana«, Radierung von Hans Meid. Trägerin des Natur- und Lebensgesetzes ist die Frau: »Sie stieg aus der Tiefe der Welt empor und stieg an dem Staunenden vorbei – und sie steigt und steigt in die Ewigkeit als die, in deren gnadenlose Hände Himmel und Hölle überantwortet sind.«

1913
Erstes Ready-made von Marcel Duchamp

28. Juni 1914
Attentat von Sarajewo: Die Ermordung des österreichischen Thronfolgers löst den Ersten Weltkrieg aus.

1916
Das Cabaret Voltaire in Zürich (Hugo Ball, Tristan Tzara, Richard Huelsenbeck, Hans Arp) begründet den Dadaismus.

1917
Oktoberrevolution in Rußland

1918
Ende des Ersten Weltkriegs, Abdankung Kaiser Wilhelms II., Ausrufung der Republik

1919
Einführung des Achtstundentags in Deutschland; Gründung des Bauhauses in Weimar; Einführung des Frauenwahlrechts in Deutschland
15. Januar: Ermordung von Karl Liebknecht und Rosa Luxemburg
28. Juni: Friedensvertrag von Versailles

1923
Gründung des Instituts für Sozialforschung in Frankfurt am Main, aus dem später die »Frankfurter Schule« (Max Horkheimer, Walter Benjamin, Theodor Adorno) hervorgeht
8./9. November: Hitlerputsch in München

26. April 1925
Hindenburg wird Reichspräsident

Der Blick hinter die Oberfläche

Der Niedergang der traditionellen Gesellschaft und die rasante industrielle Entwicklung riefen um die Jahrhundertwende Verunsicherung und Existenzängste wach. Während das Alte, erstarrt zur Fassade, nur noch zum Schein fortlebte, präsentierte sich das Neue als geist- und seelenlos. Sinnverlust ging in einer zunehmend fremd werdenden Welt einher mit Desorientierung und der Sorge um die Identität des Menschen. Postnaturalistische Literatur rückte nicht länger die soziale Misere, sondern die existentielle Not in den Mittelpunkt.

Kunst schickte sich an, das Künstliche zu enttarnen, durch Ausblendung des nur Zufälligen das Notwendige wieder sichtbar zu machen und den Blick auf das Wesentliche zu lenken. Wachsende Entfremdung provozierte die künstlerischen Anstrengungen, die eigene Lebenswelt dem Menschen vertrauter zu machen, der modernen Entseelung das beseelende Kunstwerk entgegenzusetzen. Der Schein und alle Scheinsicherungen wurden desillusioniert.

Der Blick hinter die Oberfläche enthüllte aber auch die destruktiven Antriebe des Menschen und der Geschichte, das Doppelgesicht des Lebens zwischen Entstehen und Verfall, Aufbruch und Agonie. Der Literatur um die Jahrhundertwende ging es

Ernst Barlach (1870–1938), *Die lesenden Mönche*, 1932. Der Dramatiker und Bildhauer Barlach macht gerade in seinen Bildwerken das Wesentliche in der Erscheinung anschaubar. Blick und Körper der Lesenden sind auf das Buch als das gegenständliche und geistige Zentrum der Darstellung gerichtet.

um Aufdeckung und Vertiefung, um das Abgründige aller Existenz, aber auch um die selbsterlösenden Kräfte des Menschen. Ihr Spektrum umfaßt die lyrische Verinnerlichung und das Bekenntnis zum Erotischen wie die elegischen und satirischen Töne angesichts des menschlichen Verfalls und die phantastisch gesteigerten Untergangsvisionen.

Titelblatt zu einer Gedichtsammlung von George, 1900, von Melchior Lutter in der dekorativen Darstellungsweise des Jugendstils

Beseelte Sinnlichkeit – Die Lyrik um die Jahrhundertwende

Umstellt von einer fremden, den Menschen mehr und mehr aus ihrer Mitte verdrängenden Welt, sucht das lyrische Ich in den herausragenden Gedichten um die Jahrhundertwende nach seiner Identität. Im »Jahr der Seele« (1897), Stefan Georges (1868–1933) bedeutendstem Werk, spiegelt die Natur seelische Zustände. Die stilisierte Natur der Gärten und des Parks wird zum Abbild des Menschen, der sich in der einfühlsamen Formung lebendigen Wachsens wiedererkennt. Das einleitende Gedicht »Komm in den totgesagten park und schau ...« portraitiert in der bunten Vielfalt des herbstlichen Parks den seelischen Reichtum des gereiften Menschen. Außen- und Innenwelt verschmelzen im Akt der Poesie.

»Eine Ahnung des Blühens, ein Schauder des Vergessens, ein Jetzt und Hier und zugleich ein Jenseits« ist für Hugo von Hofmannsthal (1874–1929) das Gedicht. In formvollendeten Versen wie »Terzinen über die Vergänglichkeit«, »Manche freilich ...«, »Ballade des äußeren Lebens« und »Vorfrühling« (»Ausgewählte Gedichte«, 1903) verwandelt er die Dinge durch die Magie der Sprache in lebendige Verkünder ihres tieferen Sinns. Die Gegenwart erscheint als Schnittpunkt dessen,

Titelblatt-Holzschnitt von Erwin Lang, 1911. Populär wurde Hoffmannsthals allegorisches Spiel, in dem zuletzt der Glaube und die Werke über die materielle Orientierung triumphieren, durch die Freilichtaufführungen auf dem Salzburger Domplatz seit 1920.

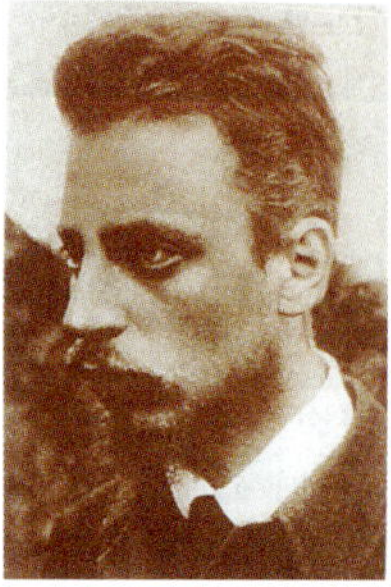

Rainer Maria Rilke, Fotografie (1900)

was war, und dessen, was sein wird. Fortgetragen von einer unendlichen Bewegung zwischen Erinnerung, Genuß und Ahnung ist das lyrische Ich selbst. Die lyrische Sprachgeste hebt das bedrückend Zuständliche auf und läßt es wieder hineingleiten in ein Werden ohne Ende.

Rainer Maria Rilkes größter, bis heute anhaltender Erfolg war sein lyrischer Prosatext »Die Weise von Liebe und Tod des Cornets Christoph Rilke«. Bereits 1904 erstmals erschienen, setzte sich das schmale Werk erst als Nr. 1 der Insel-Bücherei 1912 durch. Menschliches Leben erscheint als ein kurzer, vom leidenschaftlichen Erleben der Liebe begleiteter Ritt: »Die Turmstube ist dunkel. Aber sie leuchten sich ins Gesicht mit ihrem Lächeln. Sie tasten vor sich her wie Blinde und finden den Andern wie eine Tür. Fast wie Kinder, die sich vor der Nacht ängstigen, drängen sie sich ineinander ein. Und doch fürchten sie sich nicht. Da ist nichts, was gegen sie wäre: kein Gestern, kein Morgen, denn die Zeit ist eingestürzt. Und sie blühen aus ihren Trümmern.«

Größte Anerkennung hat der Lyriker Rainer Maria Rilke (1875–1926) gefunden. Nach dem »Buch der Bilder« (1902/06) mit dem bekannten Gedicht »Herbsttag« (»Herr: es ist Zeit«) und dem »Stunden-Buch« (1905) erreichte Rilke mit den »Neuen Gedichten« (1907/08) seine charakteristische Aussageweise. In »Dinggedichten« wie »Der Panther« und »Archaischer Torso Apollos« tritt das Wesen der Dinge hervor und führt den Betrachter in der erkennenden Begegnung zur Selbstvergewisserung, indem er die Ausstrahlung des Betrachteten als Aufforderung an sich selbst erlebt, sein eigenes Wesen zu entfalten. Die Welt der Dinge und das lyrische Ich verschmelzen vielfältig in den 1923 erschienenen »Duineser Elegien« und den »Sonetten an Orpheus«. Gegen die moderne Entfremdung stellt der Dichter die innere Anverwandlung der Welt. Das Gedicht kapituliert nicht vor dem, was ist, sondern schafft es deutend und verstehend um, bis es seinen tiefsten Sinn offenbart. Orpheus' Kunst läßt alle Dinge zu Gesang werden, denn »Gesang ist Dasein«. Das Gedicht schreibt dauerhaft fest, was in der Welt hektischer Veräußerlichung zusehends verlorengeht.

Rilkes Grab an der Kirche von Raron im Kanton Wallis, Schweiz

Urerlebnis Eros – Die dramatische und erzählende Literatur

Auf der Suche nach dem ursprünglichen, unverstellten Menschen entdeckt die dramatische wie die erzählende Literatur um die Jahrhundertwende den Eros als den geheimsten und zugleich vitalsten Antrieb des Lebens. Weitgehend verdrängt aus dem bürgerlich prüden Alltag, kehrt er in einigen bedeutenden Werken als äußerste Erfüllung, aber auch als tragische Erfahrung zurück.

Frank Wedekind (1864–1918) dramatisiert in den episodisch gereihten Szenen (Stationendrama) seiner Kindertragödie »Frühlings Erwachen« (1891, Uraufführung 1906) die Krisenerfahrungen junger Menschen, denen die Gesellschaft eine freie erotische Entfaltung versagt. Auf dem Höhepunkt der tragischen Verwicklungen zieht der geheimnisvolle »vermummte Herr«, Verkörperung des Eros selbst, Melchior Gabor, der von seiner Mutter liberal erzogen worden ist, ins Leben zurück, als er von seinem toten Freund in einer gespenstischen Szene verführt zu werden droht, diesem in den Tod zu folgen. Wedekinds Stück ist ein Bekenntnis zur ganzheitlichen, erotischen Selbstvollendung und zugleich Anklage repressiver bürgerlicher Moral.

In seinen drei Novellenbänden »Erstes Erlebnis« (1911), »Amok« (1922) und »Verwirrung der Gefühle« (1927) hat sich Stefan Zweig (1881–1942) vor allem als Autor der erotischen Novelle profiliert. Liebe wird als die ursprünglich schöpferische Kraft erlebt, die den Heranwachsenden in der Novelle »Brennendes Geheimnis«, die Liebeserlebnisse

Umschlagbild der Erstausgabe von Wedekinds »Frühlings Erwachen« (1891)

Unter Frank Wedekinds Dramen ragt seine »Lulu«-Tragödie (1895/1902) hervor, die in die Stücke »Erdgeist« und »Büchse der Pandora« aufgespalten ist. Lulu, die »Urgestalt des Weibes« entlarvt mit ihrer naiven, natürlichen Triebkraft die Unnatur der bürgerlichen Gesellschaft. Für Männer ist sie ausschließlich Objekt der Begierde. Am Schluß fällt sie dem Lustmörder Jack the Ripper zum Opfer. Wedekinds Stück ist die Tragödie der elementaren, in der Frau verkörperten unverstellten Natur, die der männlichen Gewalt erliegt. Der tragische Prozeß entfaltet sich wiederum im Stil des modernen Stationendramas, das die geschlossene Form des herkömmlichen Dramas aufhebt.

Titelzeichnung zu Schnitzlers »Traumnovelle« von Hans Meid, 1926. Die Zeichnung erfaßt die zentralen Vorgänge des Maskierens und Demaskierens.

der Mutter ahnend »verstrickt ... mit dem großen Geheimnis der Welt«.

Arthur Schnitzler (1862–1931) betont demgegenüber mehr die tragische Dimension des Eros. Sein 1920 uraufgeführtes Stück »Reigen« stellt in zehn Szenen, in denen jedoch jeweils nur ein Partner gewechselt wird, bis sich der Reigen schließt, den Sexualakt in den einzelnen gesellschaftlichen Schichten dar. Bei aller sozialen Differenz wiederholen sich die gleichen Verhaltensweisen und Rituale. Die Beschränkung des Eros auf bloße Sexualität entlarvt die Monotonie und die Banalität der Vorgänge. Fühlbar wird das Verlangen nach echter erotischer Erfüllung in der wahren Liebe. Eros ist, fern von bloßem Konsum, eine den ganzen Menschen erfassende und formende Kraft. Erst die verlogene bürgerliche Moral hat ihn zur platten Sexualität verkümmern lassen und den Menschen entstellt.

In die Nähe zur Freudschen Psychoanalyse gerät Schnitzlers »Traumnovelle« (1925/26). Die Eheleute Albertine und Fridolin erleben jeder für sich in einer Reihe abenteuerlich erregender Situationen plötzlich hervorbrechende, latente Triebwünsche. Aber erst, indem sich beide zu ihrem anarchisch Unbewußten bekennen, sind sie imstande, der latenten Bedrohung Herr zu werden und ihre Liebe tiefer zu verstehen. Der einzelne wird nur dann seiner unkontrollierten Triebwelt gegenüber souverän, wenn er sie nicht weiterhin verdrängt, sondern sie ins Bewußtsein hebt. Gerade die

Umschlagbild zu Zweigs »Erstes Erlebnis« (Frankfurt/M., 1976, Fischer), Holzschnitt von Frans Masareel, 1920

erotische Literatur der Zeit zeigt die Besinnung auf das zutiefst Menschliche, das, durch die bürgerliche Moral unterdrückt, den Menschen zu beschädigen und zu entstellen droht.

Auf der Suche nach der verlorenen Identität: Franz Kafka

Der Prager Erzähler Franz Kafka (1883–1924) stellt in seinen Erzählungen und Romanen den Menschen dar, der seine Identität verloren hat, den Verlust jedoch, indem er sich den gesellschaftlichen Bindungen sklavisch unterwirft, leugnet und verdrängt. In der Novelle »Die Verwandlung« (1912) findet sich der von seiner Familie bis zur Selbstaufgabe vereinnahmte Gregor Samsa eines Tages plötzlich als abstoßender Käfer wieder. Die Verwandlung in ein monströses Ungeziefer ist Ausdruck des durch familiäre Schuld deklassierten Selbstbilds und zugleich ein – allerdings ohnmächtiger – Protest gegen die von außen aufgezwungenen Erwartungen und Pflichten.

Franz Kafka, letztes Foto, Berlin 1923/24

Kafkas bekanntester Roman »Der Prozeß«, entstanden zwischen 1914 und 1915, setzt ein mit der Verhaftung Josef K.'s, eines erfolgreichen Bankprokuristen. Der Grund der Verhaftung bleibt jedoch ebenso im Dunkeln wie die Behörde, die die Verhaftung veranlaßt hat. K. versucht im folgenden verzweifelt, den Fall aufzuklären und die rätselhafte Schuld von sich abzuwälzen. Was immer er aber unternimmt, alles führt ihn nur noch tiefer in ein undurchdringliches Beziehungsgeflecht hinein, bis er zum Schluß abgeführt und hingerichtet wird.

Federzeichnungen Kafkas zu seinem Roman »Der Prozeß«

Licht in das mysteriöse Geschehen wirft die in den Roman eingeblendete Parabel »Vor dem Gesetz«, in der ein Mann Einlaß sucht, sich aber vom Türhüter abschrecken läßt. Am Ende, als die Tür geschlossen wird, erfährt er, daß der Eingang ausschließlich für ihn selbst bestimmt war. Wie der Mann in der Parabel starrt K. unverwandt auf die äußeren Normen und kollektiven Autoritäten und verliert sich dabei

Von Franz Kafka sehr geschätzt wurde der Schweizer Lyriker und Erzähler Robert Walser (1878–1956). Insbesondere in seiner kleinen Prosa entwirft Walser Miniaturen aus dem Alltag und macht hinter der scheinbaren Idylle das Abgründige menschlicher Existenz transparent (»Kleine Prosa«, 1917).

Franz Kafkas Gesamtwerk zeigt einen betont parabelhaften Zug. Dies gilt ebenso für seine weiteren Romane »Das Schloß« (1926) und »Amerika« (1927) wie für viele seiner Erzählungen wie »Das Urteil« (1916), »In der Strafkolonie« (1919), »Ein Landarzt« (1919) und »Ein Hungerkünstler« (1924). Eindrucksvoll prägt sich das parabelhafte Erzählen auch in einigen Kurzformen wie in der Ende 1920 entstandenen »Kleinen Fabel« aus:

»Ach«, sagte die Maus, »die Welt wird enger mit jedem Tag. Zuerst war sie so breit, daß ich Angst hatte, ich lief weiter und war glücklich, daß ich endlich rechts und links in der Ferne Mauern sah, aber diese langen Mauern eilen so schnell aufeinander zu, daß ich schon im letzten Zimmer bin, und dort im Winkel steht die Falle, in die ich laufe.« –

»Du mußt nur die Laufrichtung ändern«, sagte die Katze und fraß sie.

selbst aus den Augen. Sein peinlichst geregelter Alltag, seine ausgeklügelten Karrierepläne signalisieren ein Höchstmaß an innerer Unfreiheit und einen Mangel an individuellem Selbstbewußtsein. Kafkas Roman ist ein Gleichnis der selbstverschuldeten Unterdrückung und Auslöschung des Individuums in einer sich totalitär formierenden Gesellschaft. Der Antiheld Josef K. ruft den Leser auf, nach den Bedingungen des Scheiterns zu fragen. Undurchdringlich scheint die Welt nur so lange, wie das Ich sich selbst und seine ureigene Identität aufgibt und sich im Labyrinth anonymer Institutionen verliert.

Carl Sternheim nach der Radierung von Conrad Felixmüller

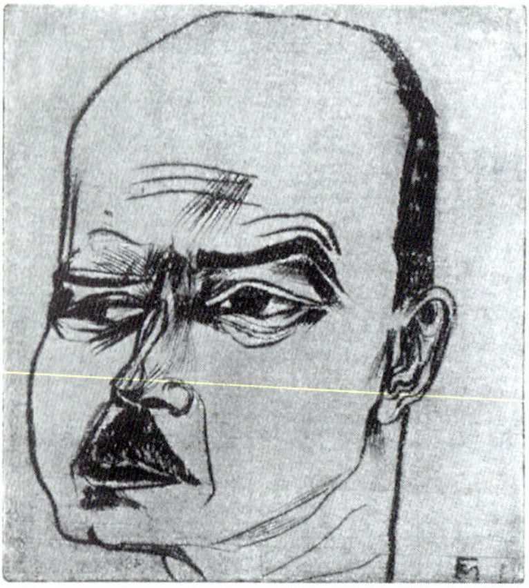

Der karikierte Bürger – Carl Sternheim und Heinrich Mann

Karikatur bringt das Wesentliche durch Überzeichnung bzw. durch Reduktion auf das Charakteristische in kritischer Absicht zum Ausdruck. Karikierender Stil prägt in besonderer Weise Carl Sternheims (1878–1942) Komödien »Aus dem bürgerlichen Heldenleben«. Im engeren Sinne gehören dazu »Die Hose« (1911), »Die Kassette« (1912), »Bürger Schippel« (1913) »Der

Snob« (1914) und »1913« (1915). Sternheims Komödie, in der die Gattung einen Höhepunkt in der deutschen Literatur erreicht, stellt den wilhelminischen Bürger in seiner materiellen Dumpfheit, seinen scheinheiligen Maskeraden, seinem brutalen Egoismus und seiner phrasenhaften Selbstinszenierung bloß. Während Theobald Maske in der »Hose« aus dem Mißgeschick seiner Frau, die bei einer Parade dieses heikle Kleidungsstück verliert, Kapital schlägt, indem er lüsterne, aber impotente Voyeure als Mieter in sein Haus lockt und selbst seine Frau trotz einer rigoros zur Schau getragenen Moral mit der Nachbarin betrügt, zeigt »Der Snob« den Sohn Christian bereits auf dem Weg zum Kapitalisten und Industriellen, der dem Adel scheinheilig schmeichelt, ihn in Wirklichkeit aber gesellschaftlich liquidiert. Im Wertschein des heruntergekommenen Idealismus inszeniert der entfesselte Spießer ungerührt seinen Aufstieg zur alleinigen Macht.

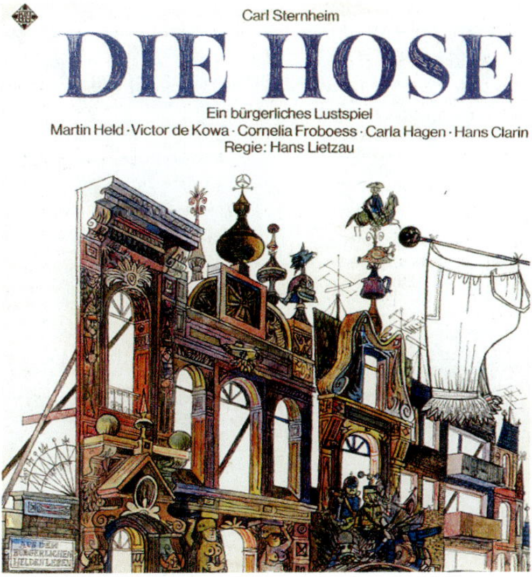

Cover-Bild der Schallplattenaufnahme von Sternheims »Die Hose«, 1967. Das heikle Requisit hängt an einer Stange vor der bunten, aus heterogenen Stil- und Schmuckelementen zusammengeklaubten, absolut leeren Fassade.

In der »Kassette« glaubt der vollmundige, ewig faselnde Oberlehrer Krull alle Fäden in der Hand zu halten, indem er die reiche Erbtante umschmeichelt, und ist zum Schluß doch der Geprellte. Mit der Kassette im Ehebett, aus dem er seine Frau vertrieben hat, wiegt sich der von Reichtum und Macht träumende Oberlehrer lediglich im Schein des Kapitals, über das die Tante längst anderweitig verfügt hat.

Sternheims Komödie enthüllt die gnadenlose kapitalistische Gesinnung als den Kern der bürgerlichen Gesellschaft. Vor der Macht des Kapitals verlieren Idealismus und Menschlichkeit ihren Wert, brauch-

Szenenfoto aus »Der blaue Engel« (1930) mit Emil Jannings und Marlene Dietrich. Die Verfilmung von Heinrich Manns »Professor Unrat« verharmlost den Schluß, indem er die Rache an der bürgerlichen Gesellschaft ausblendet.

bar bestenfalls als unerschöpfliches Reservoir für die Phrase, mit der man die materiellen Absichten und den eigenen Egoismus verschleiert. Konfrontiert mit der Unmenschlichkeit und Geistlosigkeit der modernen Industriegesellschft, verweigert Sternheims satirische Komödie konsequent jegliches Happy-End.

In der satirischen Intensität steht ihm der Erzähler Heinrich Mann (1871–1950) kaum nach. Der 1905 erschienene Roman »Professor Unrat« stellt den Gymnasialprofessor Raat in den Mittelpunkt, der seine Schüler quält und demütigt: »Da er Raat hieß, nannte die ganze Schule ihn Unrat.« Schule wird zum beispielhaften Ort, wo Macht und Gewalt wie in der zeitgenössischen Gesellschaft den Menschen entstellen. Bei dem Versuch, seine Schüler bei verbotenem, unsittlichem Tun zu ertappen, gerät der Professor in das zweifelhafte Etablissement »Zum blauen Engel« und verfällt dort der sinnlichen Faszination der Animierkünstlerin Rosa Fröhlich. Seine anarchisch hervorbrechende Sinnlichkeit kosten ihn Autorität und Amt. Nach der Heirat mit Rosa rächt er sich an der Gesellschaft, indem er in seiner Villa vor den Toren der Stadt die Bürger zu Ausschweifungen und Zügellosigkeit verführt. In dem Maße, wie der Bürger tyrannisch unterdrückt wird, wachsen seine anarchischen Begierden.

Im Roman »Der Untertan« (1914–18) setzt Mann seine Bürgersatire fort. Diederich Heßling, der nach der Maxime »wer treten wollte, mußte sich treten lassen« zum reichen Unternehmer aufsteigt, führt die Untertanenmentalität im wilhelminischen Unterdrückungssystem beispielhaft vor. Skrupellos paßt er sich den chauvinistischen, reaktionären und antisemitischen Tendenzen an und macht, korrupt und intrigierend, Karriere. Der bürgerliche Untertan und Opportunist wird in rücksichtsloser Verfolgung seiner Interessen zum Mitläufer der autoritären wilhelminischen Machtcliquen, denen er ebenso ergeben ist, wie später den Nazi-Faschisten. Carl Sternheim und Heinrich Mann gehören zu den hellsichtigsten Kritikern des Bürgertums nach der Jahrhundertwende, das sich anschickte, aus der eigenen Unterdrückung heraus selbst die Macht zu ergreifen, die in unheimlicher Konsequenz in Anarchie und Chaos münden sollte.

Groteske und Phantastik – Literarische Wirklichkeitsauflösungen

Die phantastische Literatur um die Jahrhundertwende ist eng mit dem Namen des Zeichners und Autors Alfred Kubin (1877–1959) verknüpft. Sein Roman »Die andere Seite« (1909) kann als Modell moderner literarischer Phantastik gelten, die geprägt ist vom Bewußtsein des Verfalls und des Untergangs, von der Gewißheit der Katastrophe. Die Phantastik im frühen 20. Jahrhundert ist Ausdruck eines Traditionsbruchs und einer Zeitenwende. Dem phantastischen Autor enthüllen sich unter der scheinbar heilen Oberfläche des Daseins Abgründe heilloser Vernichtung.

Illustration Kubins zu seinem Roman »Die andere Seite« (1909). Das Bild zeigt, ineinander verschlungen Patera (weiß) und Herkules Bell (schwarz), Spieler und Gegenspieler in der Romanhandlung, in denen sich das konstruktive und das destruktive Prinzip verkörpert (»Der Demiurg ist ein Zwitter«).

Das Traumreich, das der Ich-Erzähler in Kubins Roman betritt, ist sterbende Vergangenheit vor einer unheimlichen Untergangskulisse. Zur musealen Szene erstarrt, erhält das alternde, zukunftslose

Umschlagbild zu Willy Seidels Roman »Der Gott im Treibhaus«, 1925

Europa den Todesstoß. Die rationale, materiell orientierte Welt des angeblichen Fortschritts beschwört ein Inferno von Vernichtung und Sterben. Kubins Roman ist in phantastischer Radikalisierung das Bewußtseinsbild einer sterbenden Epoche und einer heraufziehenden Ära menschlicher und geschichtlicher Katastrophen.

Im Gefolge Kubins entstanden eine Reihe phantastischer, mitunter mit grotesken Elementen vermischte Erzählungen und Romane, die in besonderer Weise den Geschichtspessimismus der Zeit spiegeln. Unter ihnen Gustav Meyrinks »Golem« (1915), Alexander Moritz Freys »Soleneman der Unsichtbare« (1914), »Die dritte Kugel« (1915) von Leo Perutz und Willy Seidels Roman »Der Gott im Treibhaus« (1925), der in eine apokalyptische Vision mündet: »Es ist unausdenkbar, was ich erlebte. Alles stand still wie abgehackt. Die ganze Welt war voller Menschen, die groteske Gebärden machten, Gliedmaßen in die Höhe warfen, in den unglaublichsten Verrenkungen erstarrten ... Wildgewordene Lokomotiven durchrasten das Chaos, entgleisende Trambahnwagen zerschmetterten sich an Häuserfronten ... Ich tat noch einen letzten Schrei, einen Ruf an das Leben, an all meine zerstörte und gescheiterte Hoffnung, und dann fühlte ich, wie ich hinabsank, ruckweise, in den erdrosselnden Sumpf aus Gift hinein ...«

Der **Dadaismus** (1916–24) reduziert die literarische Aussage auf Wortgestammel, Laute und scheinbar willkürliche Wort- und Zeichenkombinationen. Aufgelöst werden der Wortsinn und die konventionellen Gedichtformen. Die schrankenlose künstlerische Anarchie soll die vermeintliche Ordnung des Bürgertums und dessen hohle Ideale in Frage stellen. Bedeutende Vertreter sind Kurt Schwitters, Hugo Ball und Hans Arp.

Expressionistische Wesensschau

Die Tendenzen zu rein geistigem Ausdruck und zur Darstellung innerlich geschauter Wahrheiten und seelischer Erlebnisse des Ich verdichteten sich im Expressionismus. In kühnen Sprachbildern, die allein der dichterischen Vision entsprangen, setzte man sich radikal von der Wiedergabe äußerer Wirklichkeit ab. Am überzeugendsten prägte sich die weitgehend subjektive, monologische Kunst des Expressionismus in der Lyrik aus. Sie wurde zum Medium einer neuen Verinnerlichung des Daseins.

Die expressionistische Lyrik setzt mit Georg Heyms (1887–1912) »Der ewige Tag« (1911) ein. Gedichte wie »Der Krieg« und »Der Gott der Stadt« entwerfen unheimliche Untergangsvisionen. Krieg und Zerstörung lauern auf dem Grund des Lebens und stellen es ohne Hoffnung in Frage. Beeinflußt von französischen Lyrikern wie Charles Baudelaire und Arthur Rimbaud, legt Heym in gehäuften, übersteigerten Schreckensbildern den pathologischen Zustand der Welt bloß, bevölkert mit Krüppeln und Irren, rettungslos der Katastrophe zutreibend. Heyms Lyrik sieht das moderne Leben konsequent aus der Perspektive der Angst, aus der Gewißheit des Todes, der das Schicksal des Menschen endgültig besiegelt.

Sind die Gedichte Heyms vom

Holzschnitt von Ernst Ludwig Kirchner zu Heyms nachgelassenen Gedichten »Umbra vitae«, 1912

Georg Trakl, Foto von 1914

Grauen angesichts des unaufhaltsamen Verfalls beherrscht, so ist die Lyrik Georg Trakls (1887–1914) auf Melancholie und Trauer gestimmt. Seine zweite und zugleich letzte Gedichtsammlung »Sebastian im Traum« (1915) kontrastiert in Gedichten wie »Elis«, »Der Herbst des Einsamen«, »Abendländisches Lied«, »Verklärung« und »Passion« immer wieder die erinnerten, längst versunkenen Paradiese mit der grausamen Gegenwart des Verfalls und der Verwesung. Dunkle Metaphern und Farbchiffren bestimmen den lyrischen Stil. Stets münden die Beschwörungen einer goldenen Zeit in die Schwärze des Absterbens. Trakl ist der Ästhet des Verfalls, den er in poetischen Bildern einfängt und gerade dadurch der Trauer über die Unerfüllbarkeit der menschlichen Sehnsucht nach Schönheit Ausdruck gibt.

Else Lasker-Schüler, Jugendbildnis

»Schlaf und Tod, die düstern Adler
Umrauschen nachtlang dieses Haupt;
Des Menschen goldnes Bildnis
Verschlänge die eisige Woge
Der Ewigkeit. An schaurigen Riffen
Zerschellt der purpurne Leib.« *(G. Trakl, »Klage«)*

In den »Gesammelten Gedichten« (1917–20) von Else Lasker-Schüler (1869–1945) sind vor allem die

Ein alter Tibetteppich
Deine Seele, die die meine liebet,
Ist verwirkt mit ihr im Teppichtibet.

Strahl in Strahl, verliebte Farben,
Sterne, die sich himmellang, umwarben.

Unsere Füße ruhen auf der Kostbarkeit,
Maschentausendabertausendweit.

Süßer Lamasohn auf Moschuspflanzenthron,
Wie lange küßt dein Mund den meinen wohl
Und Wang die Wange buntgeknüpfte Zeiten schon.

Dieses Werk wurde zu einem der bekanntesten Liebesgedichte Else Lasker-Schülers.

Liebesgedichte herausgehoben. »Sulamith«, »Ein alter Tibetteppich«, »Versöhnung« und »Frühling« beschwören die Liebe als die alleinige erlösende Kraft. Doch nicht so sehr die Erfüllung, sondern die Erwartung und die Sehnsucht, nicht die Gegenwart des Geliebten, sondern sein poetisch verklärter Entwurf stehen im Zentrum der lyrischen Aussage. Hoffnung soll die Angst, Liebe den Tod bezwingen. »Wenn wir herzen, sterben wir nicht« (»Versöhnung«).

Die Lyrik des Expressionismus offenbart das Wesentliche des menschlichen Daseins in der Perspektive des tief verstehenden Gefühls. Angst, Trauer und Liebe sind Ausdruck der Seele, Lebenszeichen des inneren Menschen, der an seiner äußeren, menschenverachtenden Wirklichkeit zu zerbrechen droht.

Einbandzeichnung von Else Lasker-Schüler zur Gesamtausgabe ihrer »Gedichte«, 1919/20. Auch zeichnerisch versuchte die Dichterin ihr zentrales Thema der Zuwendung und der Liebe umzusetzen.

1921
Arnold Schönberg entwickelt seine Zwölftonlehre.

1922
James Joyce: »Ulysses«

1925
John Dos Passos: »Manhattan Transfer«

25. Oktober 1929
»Schwarzer Freitag«: Der Börsenkrach in New York löst die Weltwirtschaftskrise aus.

14. September 1930
Reichstagswahlen (NSDAP zweitstärkste Fraktion)

30. Januar 1933
Hitler wird Reichskanzler.

27. Februar 1933
Reichstagsbrand

2. August 1934
Tod Hindenburgs; Hitler wird Staatsoberhaupt (»Führer und Reichskanzler«).

9. November 1938
Judenpogrom (»Reichskristallnacht«)

1. September 1939
Überfall auf Polen

3. September 1939
Kriegserklärung Frankreichs und Englands an das Deutsche Reich

10. Mai 1940
Beginn des Westfeldzugs

22. Juni 1941?
Beginn des Angriffs gegen die Sowjetunion

11. Dezember 1941
Kriegserklärung Hitlers an die USA

20. Januar 1942
Wannseekonferenz (»Endlösung der Judenfrage«)

Pablo Picasso, *Guernica*. Das 1937 entstandene Bild wurde zum abschreckenden Symbol des modernen Kriegs. Es nimmt Bezug auf die völlige Zerstörung der baskischen Stadt durch den Luftangriff am 27. April 1936 während des spanischen Bürgerkriegs.

Perspektiven und Propaganda

Die Katastrophe des Ersten Weltkriegs und der Niedergang des deutschen Kaiserreichs setzte einer ganzen Epoche und deren traditionalen Gesellschaft ein Ende. Angesichts der geschichtlich-gesellschaftlichen Krise begann man, die Vergangenheit kritisch aufzuarbeiten und nach neuen Perspektiven zu suchen. Literatur erwuchs aus dem Bewußtsein eines selbst zu verantwortenden Desasters, das sowohl rückwärts gewandte als auch in die Zukunft weisende Fragen auslöste. Immer wieder stand dabei die Auseinandersetzung mit dem Krieg selbst im Vordergrund.

Literarisch war es vor allem die Stunde der großen Erzählung und des Romans, der in subjektiven Brechungen in zum Teil innovativen Erzählweisen den krisenhaften Zustand der Zeit spiegelte und zugleich Entwürfe neuer Sinnorientierungen gestaltete. Die Frustrationen und internationalen Demütigungen, das, was als die »Schmach von Versailles« umging, riefen aber nun auch solche Kräfte auf den Plan, die radikal und fanatisch die Notwendigkeit eines neuen nationalen Selbstbewußtseins in aggressiv chauvinistischen Tönen propagierten. In der Zeit des Nazi-Faschismus verkam die Literatur zur völkischen Propaganda, zu einer Blut- und Boden-Kampagne, die das Provinzielle, Anachronistische und Irrationale zum Maßstab aller Dinge erklärte.

Vor dem faschistischen Ungeist suchten die führenden Geister der Zeit Zuflucht im Exil. Von hier aus verfolgten die Emigranten die Schreckensherrschaft der Nazis und begleiteten sie mit kritischen Kommentaren und Aufrufen zum Umsturz, vor allem aber mit literarischen Werken, die die ungeheure Menschenverachtung darstellten und reflektierten.

30./31. Mai 1942
Großangriff auf Köln

31. Januar/2. Februar 1943
Kapitulation der 6. Armee in Stalingrad

18. Februar 1943
Goebbels verkündet im Berliner Sportpalast den »totalen Krieg«.

6. Juni 1944
Invasion der Alliierten in der Normandie

30. April 1945
Hitlers Selbstmord.

7./8. Mai 1945
Kapitulation der deutschen Wehrmacht

Kritische Spiegelungen und Gegenentwürfe – Die großen Erzähler der Zeit

Nicht von ungefähr bildet die Zeit zwischen den Weltkriegen einen Höhepunkt des Romans. Seine Darstellung einer objektiven Welt, gebrochen durch einen subjektiv vermittelnden Erzähler, ließen ihn im besonderen Maße geeignet erscheinen, das Geschehene zu reflektieren, die Hintergründe auszuleuchten und Möglichkeiten eines befriedeten menschlichen Lebens zu entwerfen.

Bereits 1901 erschien Thomas Manns (1875–1955) Erfolgsroman »Die Buddenbrooks«, eine über vier Generationen gespannte kritische Studie des Verfalls einer bürgerlichen Familie. Während der alte Buddenbrook, lebenstüchtig, mit praktischem Verstand begabt und zielstrebig, das Unternehmen zum Erfolg geführt hat, beginnen seine Söhne und Enkel an religiösen, philosophischen und ästhetischen Verfeinerungen zu kränkeln und zeigen sich in dem Maße, wie sie der lebensfremden Reflexion nachgeben, unfähig, ihren bürgerlichen Aufgaben gerecht zu werden. Das Übermaß geistiger Verinnerlichung ist verantwortlich für die Entfremdung des Bürgers von seiner realen Außenwelt und beraubt ihn aller Möglichkeiten, gestaltend und verändernd einzugreifen. Wie aktuell der Roman noch nach 1918 empfunden wurde, zeigt die erfolgreiche Verfilmung von 1923 in der Regie von Gerhard Lamprecht. Der Zwiespalt zwischen Kunst und Leben bestimmt auch

Thomas Mann, »Buddenbrooks«. Die Einbandzeichnung der Erstausgabe des Romans zeigt eine Straßenansicht Lübecks, Schauplatz des Romans und Geburtsort Thomas Manns.

Manns Novelle »Der Tod in Venedig« (1912). Der Dichter Gustav Aschenbach, bestrickt von der verführerischen Macht des Lebens, verläßt seinen ästhetischen Schutzraum und leitet damit selbst seinen Untergang vor der morbiden Kulisse Venedigs ein.

Heinrich und Thomas Mann, 1931

»Der Zauberberg«, Thomas Manns zweiter großer Roman, erschien 1924. Weniger die Handlung als vielmehr die geistige Auseinandersetzung mit der Zeit bestimmt den Erzählablauf. Der Patriziersohn Hans Castorp, der seinen lungenkranken Vetter in Davos besucht, bleibt sieben Jahre auf dem »Zauberberg«. Konfrontiert mit Krankheit und Tod, aber auch mit Liebe und Lebenslust, lösen sich für Castorp bürgerliche Ordnungsvorstellungen, Pflicht- und Arbeitsmoral auf. Der Zauberberg verwandelt sich in den Venusberg der Tannhäusersage, wo der Trieb über die Moral, die Lust über die Pflicht und die Erfüllung über den Verzicht triumphieren. Die persönliche Entwicklung vereinigt den Helden nach den Erwartungen des Bildungsromans keineswegs mit der bürgerlichen Gesellschaft, sondern entfernt ihn von ihr. Erst der Ausbruch des Ersten Weltkriegs zieht Castorp wieder ins geschichtliche Geschehen hinein. In einem fragwürdigen Licht erscheint die Vorkriegsgesellschaft, deren zutiefst unbefriedigender Zustand den einzelnen zur Flucht in eine als unmittelbarer erlebte Welt treibt.

Der Wiener Autor Karl Kraus (1874–1936) begründete sein literarisches Ansehen mit der Herausgabe der Zeitschrift »Die Fackel« und vor allem mit dem Antikriegsdrama »Die letzten Tage der Menschheit« (1919). Mit vernichtender Kritik schildert er unter dem Eindruck des Ersten Weltkriegs den selbstverschuldeten Untergang der Vorkriegsgesellschaft.

Aus dem Bewußtsein einer tiefgreifenden Gesellschaftskrise ist auch Hermann Hesses (1877–1962) »Steppenwolf« (1927) erwachsen. Hinter der verachteten Welt des Materialismus, der Technik, des Kriegs und des nationalistischen Größenwahns tun sich im magischen Theater des Musikers Pablo neue Lebensmöglichkeiten auf, die der Held Harry Haller als Bewußtseinserweiterungen erlebt. Möglich, wenn auch nicht durchgeführt, erscheint das Leben als ein unendliches Spiel, das letztlich die Kraft hat, den bedrückenden Ernst einer ungeliebten Gesellschaft aufzulösen.

Unmittelbar mit dem Ersten Weltkrieg setzt sich der Roman »Im Westen nichts Neues« (1928) von Erich Maria Remarque (1898–1970) auseinander. In Episoden in der Heimat, an der Front und im Lazarett entsteht das Bewußtseinsbild einer verlorenen Generation, die von ihren Lehrern, mit chauvinistischen Parolen in den Krieg gehetzt, Opfer des großen Sterbens wird. Anders als in Ernst Jüngers subjektiv verklärenden Kriegstagebüchern »In Stahlgewittern« (1920) wird hier vom realen Grauen und der Sinnlosigkeit des Mordens berichtet.

Szenenfoto aus »Im Westen nichts Neues«. Remarques Roman wurde 1929/30 in den USA verfilmt (»All Quiet on the Western Front«, Regie: Lewis Milestone).

Unter den neuen Orientierungsräumen der Zeit gewann die Großstadt zusehends an Bedeutung. Alfred Döblins (1878–1957) »Berlin Alexanderplatz« (1929) ist der erste wirkliche Großstadtroman der deutschen Literatur. Der eigentliche Gegenspieler des aus dem Gefängnis entlassenen Franz Biberkopf ist Berlin, das scheinbar schier unübersichtliche Angebot an Lebensmöglichkeiten und Lebenschancen bietet. In einer Montage von Zeitungsausschnitten, Reklametexten und Radioberichten gewinnt das komplexe großstädtische Leben Gestalt, auf das der einzelne gleichermaßen fasziniert und hilflos in inneren Monologen und erlebter Rede reagiert. Was nach dem Muster des Bildungsromans angelegt erscheint, entpuppt sich jedoch schon bald als dessen Parodie. Franz Biberkopf gerät in die Fänge eines Kriminellen, nimmt Schaden an Leib und Seele und wandelt sich nach schmerzlichen Erfahrungen zum neuen Menschen, der immun geworden ist

Buchumschlag von »Berlin Alexanderplatz« (1929). Die Einbandgestaltung versucht die erzählerische Simultantechnik des Romans nachzuempfinden.

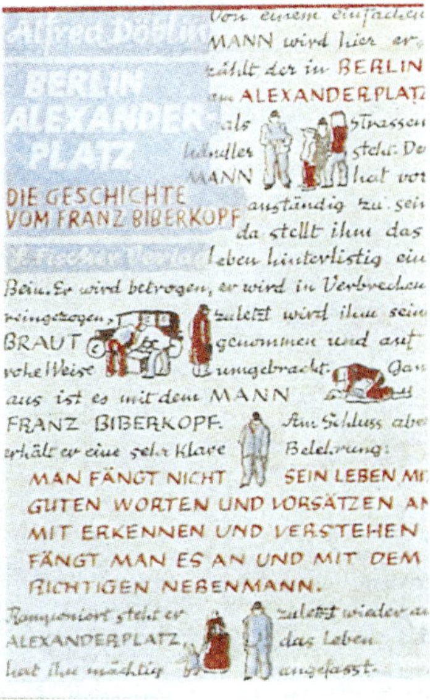

Franz steht allein im schwarzen Hausflur. Er zittert wirklich. Wat steh ich hier? Die haben mir richtig reingelegt. Der Hund hat mir gehauen. Die klauen hinten, wer weiß, was die klauen, das sind doch keene Obsthändler, das sind Einbrecher. Die lange Allee schwarzer Bäume, das eiserne Tor, nach dem Einschluß haben sich sämtliche Gefangenen zur Ruhe zu begeben, im Sommer ist es ihnen gestattet, bis zur Dunkelheit aufzubleiben. Das ist eine Kolonne, Pums kommandiert. Soll ich weg, soll ich nicht weg, soll ick, wat soll ick. Die haben mir hergelockt; sone Gauner. Ick muß Schmiere stehen.

*Beispiel für die moderne Technik des Bewußtseinsstorms (*stream of consciousness*) in Alfred Döblins »Berlin Alexanderplatz«, 1929*

gegen Massenhysterie und Verführungen durch das Scheinangebot der Großstadt.

Eine breit angelegte Reflexion der Vorkriegszeit stellt Robert Musils (1880–1942) fragmentarischer Roman »Der Mann ohne Eigenschaften« (1930/32) dar, den Musil selbst einen »Essay von ungeheuren Dimensionen« nannte. Ulrich, der Mann ohne Eigenschaften, weigert sich, sich in eine Wirklichkeit einzubringen, in der die Phrase triumphiert, Geist und Tat, Sprechen und Handeln unheilvoll gespalten sind. In ihrem Mangel an Selbstreflexion treiben die traditionellen Mächte, das habsburgische Österreich wie das preußische Deutschland, präsent in der sogenannten »Parallelaktion«, auf die Katastrophe des Kriegs zu. Innerlich distanziert von seiner Zeit, versucht Ulrich sein Leben jenseits aller Verfestigungen in der Wirklichkeit für das Mögliche offenzuhalten. Auffällig ist das Zurücktreten der Handlung hinter die Reflexion, da alles Handeln den Handelnden mit seinen Folgen festlegt, während das Verharren im Gedanklichen vorzeitigen Festlegungen ausweicht. Der essayistische Versuchscharakter des Erzählens bestimmt das romanhafte Handlungsprofil. Die Vielfalt der angesprochenen zeitlichen Erscheinungsformen und Entwicklungsstränge spiegeln jedoch einen eher diffusen Zustand, wie auch das Bewußtsein des Mannes ohne Eigenschaften letztlich in unverbundene Fragmente zerfällt, das eine wie das andere Signal einer sich auflösenden Geschichtswelt.

Robert Musil. Bronzebüste von Fritz Wotruba (1939)

Vom Verfall der bürgerlichen Welt handelt auch Hermann Brochs (1886–1951) Roman »Die Schlafwandler« (1931/32). In »Der Versucher« geißelt Broch den modernen Massenwahn. Hervorstechend ist die Auflösung konventioneller

Erzählmuster durch den inneren Monolog und die essayistische Durchbrechung des Erzählverlaufs.

Wie Musil und Broch gehört Joseph Roth (1894–1939) zu den bedeutenden österreichischen Erzählern der Zeit. Am populärsten wurde sein Roman »Radetzkymarsch« (1933), so genannt nach der Komposition von Johann Strauß Vater, musikalisches Symbol der habsburgischen Monarchie. Der Enkel des Leutnants Joseph von Trotta, des Helden von Solferino, der Kaiser Franz Joseph einst das Leben rettete, ist die zentrale Gestalt. Aus seiner ebenso melancholischen wie nostalgischen Sicht wird der nahe Untergang der alten k. u. k.-Monarchie anschaulich. Sie »zerfällt bei lebendigem Leibe«, wie Graf Chojnicki, der Freund Trottas, sagt. »Die Zeit will uns nicht mehr! Diese Zeit will sich erst selbständige Nationalstaaten schaffen!«

Werner Bergengruens (1892–1964) 1935 erschienener Roman »Der Großtyrann und das Gericht« ist eine Parabel von der verführerischen Kraft der Macht. Sowohl der Mächtige, der einen Mord begangen hat, um seine Untertanen zu prüfen, und die Aufklärungsfrist auf drei Tage begrenzt, als auch die Ohnmächtigen, die sich in Lügen, Intrigen und Denunziationen verstricken, erliegen ihrem korrumpierenden Einfluß. Zwei Jahre nach der Machtergreifung durch die Nazis wird hier die Problematik der Macht erörtert, deren schlimmen Folgen der Mensch offenbar nur dann zu entgehen vermag, wenn er wie der Großtyrann und die Untertanen zur Einsicht in die eigene menschliche Begrenztheit gelangt.

Enttäuscht vom öffentlichen Leben und der geschichtlichen Entwicklung, entwirft Ernst Wiechert (1887–1950) in seinem Roman »Das einfache Leben« (1939) die Utopie eines friedfertigen, selbstgenügsamen Lebens im Einklang mit einer in ihrer Einsamkeit unantastbaren Natur. Nach der traumatisierenden Erfahrung des Ersten Weltkriegs findet der Korvettenkapitän Thomas von Orla Zuflucht an den Masurischen Seen, wo er sich von allen Leidenschaften und der unmittelbaren Einmischung in die Welt

Joseph Roth, »Radetzkymarsch«. Schloß Schönbrunn in Wien im Hintergrund des Einbandbildes war das Zentrum der österreichischen k.u.k.-Monarchie.

fernhält. »Alles hatte seinen Platz und seine Ordnung, alles war richtig, wie es war und werden würde. Es war nicht gut und nicht böse.« Am Vorabend des Zweiten Weltkriegs steht die Resignation angesichts einer sich fatal zuspitzenden, sich den Warnungen der Nachdenkenden entziehenden geschichtlichen Entwicklung.

Abschied vom Pathos – Die neue Sachlichkeit

Die Erfahrung der Kriegskatastrophe führte insbesondere in der Lyrik zu einer neuen Versachlichung, mit der man sich vor allem vom Pathos und der Subjektivität expressionistischer Dichtung abzusetzen versuchte. Die Gegenstände selbst, die Wirklichkeit und ihre konkreten Erscheinungsformen gewannen wieder größeres Gewicht.

Ein beispielhafter Vertreter der Neuen Sachlichkeit (Begriff von Felix Hartlaub 1925) ist Erich Kästner (1899–1974), der in der Umgangssprache und in kabarettistischer Pointierung Spießermoral, falsches Pathos, Heuchelei, Militarismus und Faschismus bloßstellt. In Gedichtsammlungen wie »Herz auf Taille« (1928), »Lärm im Spiegel« (1929), »Ein Mann gibt Auskunft« (1930) und in der »Lyrischen Hausapotheke (1935) tritt in ironischem *understatement* die Wahrheit hinter aller Verstellung um so unverstellter zutage. Betroffen von der allgemeinen Ernüchterung ist selbst die Liebe, gerade in Gedichten immer wieder schwärmerisch und schmachtend besungen. Die »Sachliche Romanze« (1929) stellt den Verlust der Liebe als ein ganz und gar alltägliches Ereignis dar:

Erich Kästner, »Ein Mann gibt Auskunft«. Erich Ohser illustrierte die Erstausgabe der Gedichtsammlung (1930) bei der Deutschen Verlagsanstalt.

»Als sie einander acht Jahre kannten
(und man darf sagen: sie kannten sich gut),
kam ihre Liebe plötzlich abhanden.
Wie andern Leuten ein Stock oder Hut.«

Bertolt Brechts (1898–1956) »Hauspostille« (1927) parodiert bereits im Titel die Tradition christlicher Erbauungsliteratur. In fünf Lektionen desillusioniert er alle Erlösungshoffnungen und Jenseitsspekulationen. Der Mensch vergeht wie alle anderen Dinge und Wesen, eingebunden wie diese in natürliche Abläufe. Aber gerade die Hoffnungslosigkeit und der Untergang ohne Wiederkehr fordern den Lebenswillen heraus, das Verlangen, das befristete irdische sinnliche Glück zu genießen. Einprägsam formuliert das Schlußgedicht »Gegen Verführung« die ebenso illusionslose wie lebensbejahende Weltsicht:

Bertolt Brecht, Gemälde von Rudolf Schlichter, 1928

»Laßt euch nicht verführen!
Es gibt keine Wiederkehr.
Der Tag steht in den Türen;
Ihr könnt schon Nachtwind spüren.
Es kommt kein Morgen mehr.

Laßt euch nicht betrügen!
Das Leben wenig ist.
Schlürft es in vollen Zügen!
Es wird euch nicht genügen
Wenn ihr es lassen müßt!«

Es gilt wie in dem Anhanggedicht »Vom armen B. B.«, die Lebensbedingungen nach den Zerstörungen des Kriegs in all ihrer Gebrechlichkeit gelassen hinzuneh-

Dramatische Form des Theaters	Epische Form des Theaters
handelnd	erzählend
verwickelt den Zuschauer in eine Bühnenaktion, aber verbraucht seine Aktivität	macht den Zuschauer zum Betracher, weckt seine Aktivität
Suggestion	Argument
Der Zuschauer steht mittendrin, miterlebt	Der Zuschauer steht gegenüber, studiert
Der unveränderliche Mensch	Der veränderliche und verändernde Mensch
Eine Szene für die andere	Jede Szene für sich
Der Mensch als Fixum	Der Mensch als Prozeß
Gefühl	Ratio

Aus Brechts Anmerkungen zur Oper »Aufstieg und Fall der Stadt Mahagonny«

men und das Beste aus ihnen zu machen, Abschied zu nehmen von allen großen Worten und den Ewigkeitsträumen und von der Illusion, der vergängliche Mensch könnte etwas Dauerhaftes schaffen. Auffällig ist die schnörkellose, pointiert um Sachlichkeit bemühte Sprache, die ohne rhetorische Umschweife und poetischen Zierrat die Aussage präzis auf den Punkt bringt.

Einsamer nie –
Einsamer nie als im August:
Erfüllungsstunde – im Gelände
die roten und die goldenen Brände
doch wo ist deiner Gärten Lust?

Die Seen hell, die Himmel weich,
die Äcker rein und glänzen leise,
doch wo sind Sieg und Siegsbeweise
aus dem von dir vertretenen Reich?

Wo alles sich durch Glück beweist
und tauscht den Blick und tauscht die Ringe
im Weingeruch, im Rausch der Dinge –
dienst du dem Gegenglück, dem Geist.

Gottfried Benn, »Gesammelte Gedichte«, 1922–36

Insbesondere Gottfried Benns (1886–1956) frühe Gedichte (»Morgue«, 1912; »Gesammelte Gedichte«, 1927) erinnern mit ihrem rhetorischen Schwung und mit ihrer auf das Wesentliche hinter aller Erscheinung gerichteten Perspektive an die lyrischen Aussageweisen des Expressionismus. Das kühl sezierende lyrische Ich aber, sprachliches Medium des Arztes Benn, entwirft ganz und gar unpathetisch und objektiv die menschliche Lebenswirklichkeit in schonungsloser, oft bis zum Ekel gesteigerter Sachlichkeit. »Die Krone der Schöpfung, das Schwein, der Mensch –« (»Der Arzt«) steht schockierend im Zentrum der meisten Gedichte, mit fortgerissen im Sog erbärmlicher Untergänge. Wie Brecht desillusioniert Benn die religiöse Hoffnung auf Erlösung. Radikaler als jener jedoch hält er jegliche Form des Lebenswillens und des Verlangens zu genießen angesichts des allgegenwärtigen Verfalls für sinnlos. Später, in seinen »Statischen Gedichten« (1948), entwirft Benn gegen die brutal zerstörende Zeit die Kunst als einen geistig

Dr. Benns Café, aus Georg Grosz' *Ecce homo*, Malik-Verlag in Berlin. Die Zeichnung spiegelt das pessimistische Menschenbild Benns, den Nihilismus, den Zynismus und Snobismus der bürgerlichen Intelligenz.

ästhetischen Schutzraum, in dem das Ich sich mit dem dichterischen Wort die Welt vom Leibe hält.

Dramatische Auseinandersetzungen mit der Zeit – Das epische Theater und das Volksstück

Das Drama der nachexpressionistischen Phase erfuhr eine grundlegende Veränderung, indem es sich, zumindest in seinen zukunftsweisenden Entwicklungen, vom traditionellen Illusionstheater (aristotelisches Theater) absetzte. Brecht stellte in den Anmerkungen zu seiner Oper »Aufstieg und Fall der Stadt Mahagonny« (1929) die These auf, daß das moderne das epische Theater sei. Nicht länger geht es um ein emotionales Miterleben des Bühnengeschehens, sondern um dessen rationale Durchdringung, die durch eine betont demonstrierend erzählende Form gefördert werden soll. Nur wenn der Zuschauer durch die Art der Darbietung dazu angehalten wird, sich von dem Geschehen zu distanzieren, können sich seine verändernden Kräfte entfalten. Im Mittelpunkt steht der veränderte und verändernde Mensch, der die Veränderung seiner Verhältnisse anstrebt. Entscheidendes Mittel der Darstellung ist die Verfremdung (V-Effekt), die durch epische Vermittlung, durch Kommentare, Transparente (»Glotzt nicht so romantisch!«), Songs und Verzicht auf Atmosphäre den gewünschten Effekt der Distanzierung herbeiführen soll.

Überzeugenden Ausdruck fand die neue Theaterkonzeption bereits in der 1928 uraufgeführten »Dreigroschenoper« mit der Musik von Kurt Weill. In der verfremdenden Form der Opernparodie stellt Brechts Neubearbeitung von John Gays »Beggar's Opera« (1728) den Konflikt zwischen dem

Was Hitler betrifft, so geht meine erste Erinnerung an ihn auf den Herbst 1915 zurück. ... Täglich bescherten uns die Engländer »den Abendsegen«; das heißt, aus Langrohren von weither kamen fast auf die Minute drei Schüsse. ... Eines Abends kam ein bleicher langer Mensch nach der ersten Granate zu uns hinuntergestürzt, Angst und Wut in den flackernden Augen. Hitler wirkte damals lang, weil er mager war, ein voller Schnurrbart, der später der neuen Gasmaske wegen gekappt werden mußte, verdeckte noch den häßlichen, meistens verkrampften Schlitz des Mundes. Er hockte sich keuchend hin, es war ihm nichts geschehen, er stotterte, daß er auf dem Weg von oder zu einem Bataillonsunterstand gewesen sei, sein gelbes Gesicht rötete sich, es wurde schnell wie gedunsen, und er hatte etwas von einem kollernden Puter, als er nun gegen die Engländer loslegte. Das erste Quantum wiedergewonnener Kraft verbrauchte er zu den Beschimpfungen. Ich hatte gleich den Eindruck, den man später so oft bei ihm gehabt hat: daß er militärische Maßnahmen des Gegners persönlich übel nahm – so, als wollten sie gerade ihm an sein kostbares Leben. Es lag wohl daran, daß ein zu ungeheuerlichen Taten berufener Mensch wie er instinktiv sich aufs äußerste davor zu hüten suchte, Schaden zu nehmen, und mächtig darüber erbost war, überhaupt in die Gefahr, in die Möglichkeit des Zugrundegehens zu geraten.

Alexander Moritz Frey (1881–1957), »Persönliche Erinnerungen an Hitler«. Frey, der 1933 emigrierte, war im Ersten Weltkrieg Sanitäter im gleichen Regiment wie Hitler.

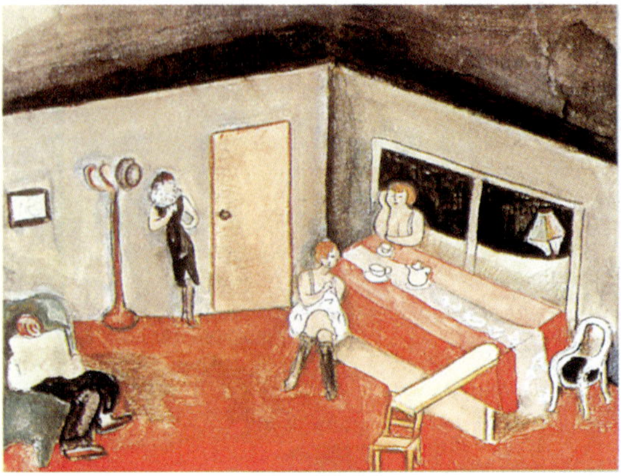

Bühnenbild zur »Dreigroschenoper« in einer Inszenierung in Tel Aviv, 1933

Einbrecher und Räuber Macheath (Mackie Messer) und dem Bettlerkönig Peachum dar, nachdem Macheath dessen Tochter Polly geheiratet hat. Peachum dringt, um das Ansehen seines Bettlergewerbes fürchtend, auf die rechtliche Verfolgung seines Schwiegersohns. Kurz vor dessen Hinrichtung aber erreicht ihn die königliche Begnadigung, verbunden mit der Erhebung in den erblichen Adelsstand. Umrahmt von kommentierenden Songs und ironischer Aufhebung des Bühnenspiels stellt die Handlung den Schein und die Heuchelei der bürgerlichen Gesellschaft bloß. Hinter der Fassade scheinheiliger Moral werden die Bürger als Räuber und die Räuber als Bürger erkennbar.

Helene Weigel als Mutter Courage in einer zeitgenössischen Aufführung durch das Berliner Ensemble

Im Exil entstand Brechts 1941 in Zürich uraufgeführtes Stück »Mutter Courage und ihre Kinder«. In Anlehnung an Grimmelshausens »Simplicissimus« (1669) stellt Brecht die Händlerin Anna Fierling dar, die während des Dreißigjährigen Kriegs bei den Katholischen wie bei den Protestantischen ihre Waren verkauft, denn Krieg ist für sie ausschließlich Geschäft. Selbst, nachdem sie ihre Kinder, Opfer ihres skrupellosen Kriegsgewinnlertums, verloren hat, geht es ihr einzig und allein darum, weiterhin ihren Schnitt zu machen: »Ich muß wieder in Handel kommen.« Aus der Froschperspektive erscheint der Krieg als Fortsetzung der Geschäfte mit anderen Mitteln. Die Großen, die vorgeben, den Krieg aus religiösen oder anderen ideellen Gründen zu führen, werden als Lügner entlarvt. Mit den vorangestellten Inhaltsangaben, den Songs und der episodischen Reihung von Szenen, die jeweils abrupt mitten in das Geschehen hineinblenden, ist Brechts »Mutter Courage« ein Modell des epischen Theaters.

Zwei Jahre später, 1943, wurde Brechts »Leben des Galilei« ebenfalls am Schauspielhaus in Zürich uraufgeführt. Das Stück diskutiert die Problematik des Wissenschaftlers, dessen empirische Entdeckungen die Autorität des Glaubens erschüttern. Unter Androhung der Folter widerruft Galilei schließlich die von ihm entdeckte Bestätigung des kopernikanischen Systems. Nicht die Sonne, sondern die Erde bewegt sich. Während sich Galilei in der ersten Fassung äußerlich anpaßt und seine heimlich vollendeten »Discorsi« und mit ihnen das neuzeitliche Wissen seinem Schüler mit auf den Weg gibt, klagt er sich in der zweiten und dritten Fassung an, als verantwortlicher Wissenschaftler versagt zu haben. Unter dem Schock der Atombombenabwürfe auf Hiroshima und Nagasaki erschien Brecht die bloße Weitergabe des Wissens als unzureichend und die vorgetäuschte Anpassung als verantwortungslos. Der Wissenschaftler hat die Pflicht, seine Erkenntnisse in Absehung von sich selbst zu veröffentlichen, um den Herrschern die Stirn zu bieten und das allgemeine Bewußtsein so zu verändern, daß menschliche Katastrophen ausgeschlossen werden.

Entwickelt Brecht eine neue, das Theater revolutionierende Dramaturgie, um die Bühne zum Schauplatz gesellschaftskritischer Erkenntnis zu machen, so knüpft Carl Zuckmayer (1896–1977) mit seinem Stück »Der Hauptmann von Köpenick« (1930) an die Tradition des Volksstücks an. An die Stelle komischer Entlastungen aber tritt die Betroffenheit angesichts der Tragik menschlicher Existenz. Der offene Schluß betont den ungelösten Konflikt und verweigert das harmo-

Carl Zuckmayer, »Der Hauptmann von Köpenick«, Szenenfoto mit Heinz Rühmann in der Hauptrolle in der Verfilmung aus dem Jahr 1956 unter der Regie von Helmut Käutner nisierende Happy-End, die erwartete Unterhaltung weicht der beunruhigenden Erkenntnis gesellschaftlicher Mißstände. Ausgehend von einem tatsächlichen Fall, erzählt das Stück die Geschichte des Schusters Wilhelm Voigt, der nach langer Haft erfolglos Arbeit sucht, da ihm die Aufenthaltsgenehmigung fehlt, diese aber nur dann erhalten kann, wenn er ein Arbeitsverhältnis nachweist. In seiner Verzweiflung dringt Voigt in der Uniform eines Hauptmanns in das Rathaus in Köpenick ein und läßt, da dort keine Pässe ausgestellt werden, die Gemeindekasse mitgehen. Nachdem er sich gestellt hat, formuliert er selbst die kritische Aussage des Stücks: »Wissense ... sone Uniform, die macht det meiste janz alleene.« Angeprangert werden der wilhelminische Obrigkeitsstaat und die Untertanenmoral, die sich vor der bloßen Attrappe verbeugt. Auf der Strecke bleibt der Mensch, dem die Autorität der Institutionen das Existenzrecht versagt.

NS-Schrifttum/Exilliteratur

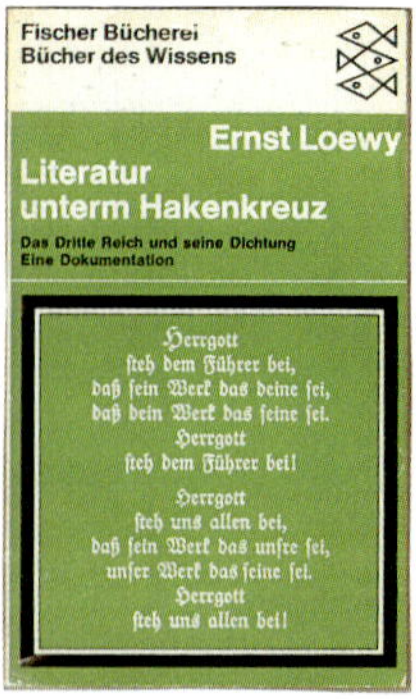

Einband zu Ernst Loewys »Literatur unterm Hakenkreuz« (1969). Loewy unternahm es erstmals, das Schrifttum des Nationalsozialismus zu dokumentieren und zu analysieren. Der sogenannte »Deutsche Spruch« stammt von Hermann Claudius.

Am 10. Mai 1933 verbrannten die Nazis in einer symbolischen Aktion u. a. die Werke von Heinrich Heine, Heinrich Mann, Kurt Tucholsky, Erich Kästner und Erich Maria Remarque, um den freien Geist zu ersticken und die mahnenden kritischen Stimmen zum Schweigen zu bringen. In dem geistig künstlerischen Vakuum entstand das chauvinistische, völkisch-rassistische, radikal antisemitische NS-Schrifttum, die sogenannte »Blut- und Bodendichtung« mit ihrer Verherrlichung einer ebenso anachronistischen wie wirklichkeitsfremden bäuerlichen Welt und ihrem überheblichen nationalistischen Sendungsbewußtsein. Aktiviert wurden die irrationalen Pseudomythen des germanischen Bluterbes und des nordischen Schicksalsglaubens bei gleichzeitiger Diffamierung des Intellektuellen und Kritischen. Das Individuum ging auf in der völkischen Gemeinschaft. Der Glaube an das »Tausendjährige Reich« und der Führer- und Ahnenkult nahmen quasireligiösen Charakter an.

Literatur wurde zur Propaganda für den imperialistischen Größenwahn der Nazis. Propagiert wurden Kampfgeist und Opfersinn mit Blick auf einen Krieg, in dem sich die angeblich überlegene deutsch-germanische Rasse durchsetzen und die Weltherrschaft antreten sollte. Aus dem Bodensatz der Romantik, der provinziellen Heimatliteratur und einer forciert militanten Heldenverklärung entstand eine Pseudoliteratur mit reaktionärem Pathos und fanatischer Aggressivität gegen alles sogenannte Undeutsche. Im stilisierten Gesinnungsterror und der suggestiven Propaganda erstickte die republikanische Freiheit der Literatur und der Leser.

Die geistigen Träger der deutschen Literatur suchten Zuflucht im Exil. Neben den Dramen Brechts, von denen die wichtigsten im Exil geschrieben wurden, knüpfte die Exilliteratur vor allem nahtlos an die große Erzähltradition vor 1933 an. Allerdings begann sich der kritische, gegen das Naziregime gerichtete Ton zu verschärfen.

Erst im Exil konnte Thomas Mann seinen Roman »Joseph und seine Brüder« (1933/43) vollenden. Dem biblischen Joseph, hineingeboren in den religiösen Mythos seiner Väter, gelingt es, die Bindung an das Mythische mit dem Anspruch des Geistes und der Klugheit zu vereinigen und sich vom Zwang des ausschließlich Irrationalen zu befreien. Kritisch reflektiert und überwunden wird vor allem der antiindividualistische Schicksalsglaube des Faschismus.

Zwei Jahre nach dem Zusammenbruch beendete Thomas Mann seinen Roman »Doktor Faustus« (1947). Aus dem Gelehrten und Magier des Volksbuchs ist ein

Vertreter des NS-Schrifttums:
Josefa Berens-Totenohl, Erzählerin (1891–1969);
Hans Friedrich Blunck, Präsident der Reichsschrifttumskammer (1888–1961);
Hanns Johst, Dramatiker (1890–1978);
Gerhard Schumann, Lyriker (*1911)

Die Familie Mann (Heinrich, Thomas, Klaus und Erika Mann)

Die Familie Mann, Heinrich, Thomas, Klaus und Erika marschiert unter dem Ruf „Selbst ist der Mann" geschlossen in Weimar ein, um dort ihren eigenen Dichtertag abzuhalten.

Goethe war kein gesunder Mittelstand. Hitler fordert für alle SA und SS die Freiheit der Straße sowie daß alles ganz anders wird. Das bestimmen wir! Goethe als solcher ist hinreichend durch seine Werke belegt, Hitler als solcher aber schafft uns Brot und Freiheit, während Goethe höchstens lyrische Gedichte gemacht hat, die wir als Hitlerjugend ablehnen, während Hitler eine Millionenpartei ist. Als Beleg dient ferner, daß Goethe kein nordischer Mensch war, sondern egal nach Italien fuhr und seine Devisen ins Ausland verschob. Hitler aber bezieht überhaupt kein Einkommen, sondern die Industrie setzt dauernd zu.

Aus Kurt Tucholsky (1890–1935), »Hitler und Goethe. Ein Schulaufsatz«

genialer Musiker des 20. Jahrhunderts geworden, der im Rausch, in der Krankheit seine bedeutendsten Werke schafft, bis ihn der Teufel, Vertreter des Dämonischen und Pathologischen, holt. Schöpferisch ist die Krankheit in einer Zeit, die selbst krank und dem Tode zugeneigt ist. Auf das Ende des Ersten Weltkriegs reagiert der Komponist Adrian Leverkühn mit einem apokalyptischen Oratorium, während in der späteren sinfonischen Kantate Dr. Fausti Weheklag die Verzweiflung in Erwartung eines ungeheuren Niedergangs Gestalt gewinnt. Mann verbindet den Künstlerroman mit dem Zeitroman, indem er im Künstler und dessen Werk die Tragik des Zeitalters spiegelt.

Ein zeitgeschichtliches Gleichnis ist Heinrich Manns »Henri Quatre« (1935/38). Im französischen König Heinrich von Navarra (1553–1610) verkörpert sich als Gegenentwurf zur faschistischen Menschenverachtung die Macht der Güte. Sinnlos erscheinen ihm die im Zeichen von Religion oder Ideologie geführten Kriege. Schließlich fällt der Verfechter der Menschlichkeit und der Toleranz einem Attentat fanatischer Verschwörer zum Opfer. Vom Himmel herab aber hält Heinrich in einer Schlußansprache die Hoffnung auf ein anbrechendes Zeitalter der Freiheit und des Glücks wach.

Unter Verzicht auf historische und künstlerische Verfremdungen führt der 1936 erschienene Roman »Mephisto« von Klaus Mann (1906–49), dem Sohn Thomas Manns, unmittelbar in die Welt des Nationalsozialismus. Erzählt wird die Geschichte des Schauspielers Höfgen, eines skrupellosen Opportunisten, der sich den neuen Nazi-Machthabern andient und Karriere macht. Höfgen, in dem sich unschwer Gustaf Gründgens ausmachen läßt, brilliert in der Rolle des Mephisto, des stets verneinenden Geistes, während ihm die Rolle des Skeptikers und Zweiflers Hamlet mißlingt. Klaus Manns Roman ist das beispielhafte Portrait eines bedingungslos angepaßten Mitläu-

Schutzumschlag zu Klaus Manns »Mephisto«. Aufgrund einer Klage des Adoptivsohns von Gustaf Gründgens wurde die weitere Verbreitung des Romans 1966 untersagt. Taschenbuchausgabe und Verfilmung (1980/81 mit K. M. Brandauer) haben die Klage inzwischen gegenstandslos gemacht.

fers. Ohne seinesgleichen wäre der Nationalsozialismus nicht möglich gewesen.

In der unmenschlichen Welt des Nationalsozialismus spielt auch der Roman »Das siebte Kreuz« (1942) von Anna Seghers (1900–83). Georg Heister gelingt die Flucht aus dem Konzentrationslager. Während die sechs Mitflüchtlinge wieder gefaßt werden und ihr Grab unter den von dem KZ-Kommandanten errichteten Kreuzen finden, bleibt das Grab unter dem siebten Kreuz leer – Verweis auf die erhoffte menschliche Erlösung. Auf seinem Fluchtweg begegnen Heister die Not und das Elend der Menschen im faschistischen Deutschland, heimgesucht von Mißtrauen und Angst. Ermutigend ist auch die unerschrockene Bereitschaft weniger Freunde, dem Flüchtling, dem Menschen in Not zu helfen.

Umschlag der Erstausgabe von Anna Seghers' »Das siebte Kreuz«

Stefan Zweigs »Schachnovelle« (1941) entstand unter dem Eindruck der verheerenden Materialschlacht des Zweiten Weltkriegs. Im Zentrum stehen die Schachpartien des mit Spielwitz und Phantasie begabten Dr. B. und des Weltmeisters Centovic, der mit der Logik eines bloß funktionierenden Apparats jede Spielphantasie erstickt. Der Sieg des Schachroboters über den individuellen Geist bedeutet den Triumph funktioneller Mechanik über die freiheitliche Phantasie, den Sieg der Maschine über den Menschen. Im Zeitalter kollektiver Ideologie und einer gigantischen Vernichtungsmaschinerie ist der einzelne nur noch Opfer, ohnmächtig ausgeliefert der sich verselbständigenden, anonymen Gewalt.

Hans Grundig, Opfer des Faschismus (1946-1949)

17. Juli–2. August 1945
Konferenz von Potsdam

6./9. August 1945
Atombomben auf Hiroshima und Nagasaki

5. Juni 1947
Marshallplan (Wiederaufbauprogramm)

20. Juni 1948
Währungsreform in den Westzonen

26. Juni 1948
Beginn der Berliner Luftbrücke

23. Mai 1949
Inkrafttreten des Grundgesetzes

14. August 1949
Wahlen zum ersten Deutschen Bundestag

12. September 1949
Theodor Heuss wird Bundespräsident.

15. September 1949
Konrad Adenauer wird Bundeskanzler.

7. Oktober 1949
Gründung der DDR

17. Juni 1953
Volksaufstand in der DDR

9.–13. September 1955
Staatsbesuch Adenauers in Moskau

25. März 1957
Römische Verträge (Gründung der EWG)

13. August 1961
Bau der Berliner Mauer

22. Januar 1963
Deutsch-französischer Freundschaftsvertrag

23.–26. Juni 1963
Staatsbesuch Kennedys

1963–66
Auschwitz-Prozesse

Ernst Beutler, der Direktor des Frankfurter Goethemuseums, auf den Trümmern des bei einem Bombenangriff am 22. März 1944 zerstörten Goethehauses

Kahlschlag und Inventur

Das Ende des Zweiten Weltkriegs hinterließ Verwüstung und Vernichtung, eine Trümmerlandschaft, in der auch das geistig-kulturelle Erbe untergegangen zu sein schien. Ratlos der jüngsten Vergangenheit gegenüber und orientierungslos in eine ungewisse Zukunft blickend, sahen sich die Überlebenden Verunsicherungen und Ängsten ausgesetzt. Literatur als Medium der Reflexion und Auseinandersetzung mit dem, was geschehen war, aber auch als Hoffnungsträger eines neuen geistigen Aufbruchs gewann einen beachtlichen Stellenwert.

Wolfgang Weyrauch (1904–80) prägte in seinem Nachwort zur Erzählanthologie »Tausend Gramm« (1949) das Wort vom »Kahlschlag« und trat damit für eine radikale Erneuerung der Literatur im Geist der Gewaltlosigkeit und des Friedens ein. Aus den Ruinen sollte in Gehalt und Gestalt ein neuer Geist wachsen, der so etwas wie das jüngste Geschichtsdesaster nie wieder zulassen würde. Der Lyriker Günter Eich (1907–72) bilanzierte in seinem 1945/46 entstandenen Gedicht »Inventur«, was ihm persönlich geblieben war: »Die Bleistiftmine / lieb ich am meisten: / Tags schreibt sie mir Verse, / die nachts ich erdacht.«

Einen neuen Aufbruch des Menschen konnte es offenbar nur durch Rückbesinnung auf sein geistiges Vermächtnis geben, durch die Wiederentdeckung des unterdrückten humanen Subjekts. In der Tat kam der Lyrik nach 1945 eine herausgehobene Bedeutung zu. Versuche, an die literarischen und sittlichen Traditionen vor 1933 wieder anzuknüpfen, blieben vergleichsweise wirkungslos. Die christliche Literatur (Gertrud von Le Fort, Reinhold Schneider u. a.) vermochte wenig zu überzeugen, hatte sie doch die Geschichtskatastrophe nicht verhindern können. Symptomatisch ist der Fall Ernst Wiecherts. Seine 1945 im Münchener Schauspielhaus gehaltene Rede an die deutsche Jugend mit ihrem Bekenntnis zu den inneren christlichen Werten stieß auf Skepsis und Ablehnung bei den jungen Menschen, die sich angesichts der Nachkriegssituation herausgefordert sahen, eine neue Welt zu bauen.

Auch die zurückkehrenden Exilliteraten vermochten sich dauerhaft kaum Gehör zu verschaffen. Ihre Zeit schien vergangen, die Gegenwart forderte neue Ansätze. In Carl Zuckmayers »Des Teufels General« (1946) gelangt der Fliegergeneral Harras zwar zur Einsicht in seine Schuld, verfochten wird aber weiterhin der Glaube an die echten starken Kerle, die nur verführt worden seien, ohne die aber eine grundlegende Änderung nicht möglich sei. Gerade im Heldenpathos spiegelt sich in tragischer Ironie die Zählebigkeit der NS-Propaganda. Alfred Döblin (seit November 1945 Chef des literarischen Büros der *Direction de l'Education publique* in Baden) kehrte 1951 enttäuscht nach Paris zurück, nachdem er die Wirkungslosigkeit der Ideen von Gestern für eine Welt von Heute und Morgen erkannt hatte. Thomas Mann wählte nach einigen Reisen nach Deutschland seinen Wohnsitz in der Schweiz. In seinem unvollendet gebliebenen Roman »Die Bekenntnisse des Hochstaplers Felix Krull« (1954) distanzierte

11. April 1968
Attentat auf Rudi Dutschke

21. August 1968
Einmarsch der Truppen des Warschauer Pakts in die CSSR

20. Oktober 1969
Willy Brandt wird Bundeskanzler.

28. November 1969
Unterzeichnung des Atomwaffensperrvertrags

19. März 1970
Treffen Brandt/Stoph in Erfurt

10. Dezember 1971
Friedensnobelpreis für Willy Brandt

Susi Nicoletti und Horst Buchholz 1957 in der erfolgreichen Verfilmung von Thomas Manns Roman »Bekenntnisse des Hochstaplers Felix Krull« in der Regie von Kurt Hoffmann

er sich allerdings ironisch von der literarischen Tradition, indem er den deutschen Bildungsroman parodierte. Erfolg hat der angepaßte und korrupte Emporkömmling. Fortgesetzte Maskeraden und dekadente Lebensmuster führen zu einem bürgerlich anerkannten Dasein. Zukunft aber hatte die Literatur der schonungslosen Auseinandersetzungen und der neuen Aufbrüche. Tonangebend wurde die junge Generation der Kriegsteilnehmer und Heimkehrer.

Trümmerliteratur

Ab 1942, den Kriegsverlauf begleitend, entstand als Vorspiel Hermann Kasacks (1896–1966) 1947 erschienener Roman »Die Stadt hinter dem Strom«, wo dem Chronisten Lindhoff schattenhafte, in Ruinen hausende Gestalten begegnen. Allgegenwärtig ist der Verfall. Bei seiner Rückkehr aus der gespenstischen Stadt findet sich Lindhoff ebenfalls in einer Trümmerlandschaft wieder. Sein bisher vertrauter Lebensraum liegt in Schutt und Asche. Die Wirklichkeit hat die apokalyptische Vision eingeholt. Kasacks Roman ist ein phantastisches Gleichnis der sinnlosen Zerstörung und der menschlichen Beschädigung durch die Geschichtskatastrophe des Weltkriegs. In den Trümmerfeldern bewegt sich der unbehauste, heimatlos gewordene Mensch.

Der bedeutendste Vertreter der Trümmerliteratur ist Wolfgang Borchert (1921–47). Sein Stück »Draußen vor der Tür«, am 21. November 1947 – einen Tag nach dem frühen Tod des Autors – in den Hamburger Kammerspielen uraufgeführt, besteht im Stil des Stationendramas aus einer Reihung von Einzelszenen um eine Zentralgestalt. Der Kriegsheimkehrer Beckmann erlebt seine einstige Heimat als abweisende Trümmerlandschaft. Die Menschen haben sich zurückgezogen in das, was ihnen geblieben ist, und verschließen die Türen vor dem, der Wärme und Anteilnahme sucht. Beckmann ist weniger Individuum und Charakter als der Rollentypus

Wolfgang Borchert (1921–47)

Hannes Messemer als Beckmann in der Aufführung von »Draußen vor der Tür« an den Städtischen Bühnen in Hannover, 1948

eines kollektiven Schicksals, zurückgeworfen in die Vereinsamung und in das Gespräch mit sich selbst. Er ist der Held in einem absurden Welttheater, in dem sich die Katastrophe verselbständigt und Gott aus Einsicht in die eigene Ohnmacht abdankt. Beckmann überlebt als Mahn- und Warnfigur, um zu zeigen, daß Heimat und Zukunft die schonungslose Abrechnung mit dem Gewesenen und die Bereitschaft zu einem neuen Aufbruch im Zeichen gewaltfreier Mitmenschlichkeit voraussetzen. »Denn wir müssen in das Nichts hinein wieder ein Ja bauen«, schreibt Borchert programmatisch in seinem 1947 entstandenen Manifest.

Von diesem Geist getragen sind auch Borcherts Kurzgeschichten, mit denen die Gattung in der Nachkriegszeit zu einer wichtigen literarischen Aussageweise avancierte (»Die Hundeblume«, 1947; »An diesem Dienstag«, 1947). In lapidarer Sprache, jeweils verknappt auf die zentrale Situation, entstehen Momentaufnahmen des heimat- und orientierunslos gewordenen Menschen vor dem Hintergrund der zerbombten Städte und der Ruinenfelder. Immer wieder blitzt aber auch die Hoffnung auf einen Neuanfang auf. In der Kurzgeschichte »Nachts schlafen die Ratten doch« erweckt ein Mann in einem Jungen, der vor dem Trümmerhaufen seines Elternhauses seinen verschütteten toten Bruder vor den Ratten schützen will, neuen Lebensmut, indem er ihm von seinen Kaninchen erzählt und ihm eines als Geschenk verspricht. »Und der Korb schwenkte aufgeregt hin und her. Kaninchenfutter war darin. Grünes Kaninchenfutter, das war etwas grau vom Schutt.«

Zeit für Lyrik

Die freie individuelle Äußerung wie jede Form subjektiver Annäherung war in der NS-Zeit rücksichtslos unterdrückt worden, das Gedicht zur griffigen Formel für Propaganda und Parolen erstarrt. Erst mit der Befreiung vom kollektiven Gesinnungsterror eröffneten sich auch für die Lyrik neue Möglichkeiten. Im lyrischen Ich spiegelten sich das erfahrene Leid, die Kritik am Gewesenen, aber immer wieder auch das Bekenntnis zum Leben. Auffällig ist der weitgehende Verzicht auf die klanglich-rhythmischen Mittel von Reim und Strophe. Gepflegt wurde vor allem die allein der Ausdruckskraft der Sprache vertrauende Zeilenkomposition.

In ihrem Zyklus »In den Wohnungen des Todes« (1947) entwirft die jüdische Dichterin Nelly Sachs (1891–1970) die grauenhafte Welt der deutschen Vernichtungslager mit ihren Krematorien und den hinterbliebenen Requisiten der umgebrachten Opfer. Mit dem Staub der Toten ist der Tiefpunkt der menschlichen Vernichtung erreicht, zugleich aber auch der Punkt, von dem aus es wieder aufwärts gehen muß: »Aus dem Grabe Dein Staub vernehmlich ruft zum ewigen Leben.«

Nelly Sachs (1891–1970)

Eines der bedeutendsten Gedichte der Zeit steht in Paul Celans (1920–70) Sammlung »Mohn und Gedächtnis« (1952). In hochpoetischer Sprache und in rhythmisch ausgewogenen, wohlklingenden Langzeilen beschwört die »Todesfuge« das Grauen der Massenvernichtung in den Konzentrationslagern. Der schroffe Kontrast von Poesie und Wirklichkeit, von Wohlklang und Unmenschlichkeit offenbart das Versagen der idealistischen Tradition der deutschen Dichter und Denker vor der Brutalität einer Geschichte, die aller verkündeten menschlichen Bildung Hohn spricht.

Schwarze Milch der Frühe wir trinken dich nachts
wir trinken dich mittags der Tod ist ein Meister aus Deutschland
wir trinken dich abends und morgens wir trinken und trinken
der Tod ist ein Meister aus Deutschland sein Auge ist blau
er trifft dich mit bleierner Kugel er trifft dich genau
ein Mann wohnt im Haus dein goldenes Haar Margarete
er hetzt seine Rüden auf uns er schenkt uns ein Grab in der Luft
er spielt mit den Schlangen und träumet der Tod ist ein Meister aus Deutschland
dein goldenes Haar Margarete
dein aschenes Haar Sulamith

aus Paul Celan, »Todesfuge«

Von dem verletzten und beschädigten Menschen handeln die Gedichte Ingeborg Bachmanns (1926–73). Die Gedichte der Sammlungen »Die gestundete Zeit« (1953) und »Anrufung des Großen Bären« (1956) konfrontieren durch wiederholte Anspielungen auf die Motive der Romantik, des Märchens, der Mythen und der Naturpoesie den Entwurf eines idyllischen Daseins mit den realen Verletzungsängsten in einer Wirklichkeit geschundener Menschlichkeit und zerbrechender Beziehungen. Der Mensch ist aufgerufen zu einem Neuanfang in der Spanne der auf Widerruf gestundeten Zeit. Überhaupt ist das Gedicht nach 1945 geprägt von Kontrastierungen und schroffen Entgegensetzungen. In »Hiroshima« aus der Sammlung »Neue Gedichte« (1957) von Marie Luise Kaschnitz (1901–74) prallen in zwei dialektisch gestalteten Strophen die unfaßbare menschliche Katastrophe des ersten Atombombenabwurfs am 6. August 1945 mit dem spießigen Vorstadtghetto zusammen, in das sich der Bombenwerfer von damals zurückgezogen hat, so, als sei nichts geschehen. Der Alltag deckt das Ungeheuerliche zu, wachgehalten zwar im Bewußtsein des Gedichts, dessen Wirksamkeit jedoch zweifelhaft erscheint.

Neben die mehr elegisch getönten Gedichte tritt in Hans Magnus Enzensbergers (*1929) »verteidigung der wölfe« (1957), »landessprache« (1960) und »blindenschrift« (1964) das politisch engagierte Gedicht mit aggressiv provokanten Untertönen. In einer Mixtur von Umgangssprache, Jargon, Dialekt und ironischer Anspielung auf poetisches Vokabular artikuliert sich das Unbehagen gegenüber einer Gesellschaft, die sich wieder einmal einfangen und einlullen läßt, diesmal von den Segnungen des Wohlstands und des Konsums.

»lies keine oden, mein sohn,
lies die fahrpläne.
sie sind genauer.
roll die seekarten auf,
eh es zu spät ist.
sei wachsam, sing nicht.«

(»ins lesebuch für die oberstufe«)

Ingeborg Bachmann (1926–73)

Marie Luise Kaschnitz (1901–74)

Hans Magnus Enzensberger (*1929), Gemälde von André Ficus

Das **Dokumentartheater** der 60er Jahre strebt nach größtmöglicher Realitätsnähe durch Verwendung historischen Faktenmaterials (Akten, Protokolle, Tonbänder u. ä.). In authentischen Szenen und quellentreuen Dialogen sollen kritisch verändernde Einsichten vermittelt werden. Das Dokumentarstück mißtraut angesichts einer komplexen Wirklichkeit der bloßen Fiktion. Der Autor wird zum Arrangeur des Faktenmaterials. Bekannte Autoren sind:
Rolf Hochhuth (*1931), »Der Stellvertreter« (1963);
Heinar Kipphardt (1922–92), »In der Sache J. Robert Oppenheimer« (1964);
Peter Weiss (1916–82), »Die Ermittlung« (1965).

Kritisch geht Peter Rühmkorf (*1929) in seiner Sammlung »Kunststücke« (1962) mit der literarischen Tradition um. In Variationen, Kontrafakturen und Parodien von Gedichten Klopstocks, Claudius', Hölderlins und Eichendorffs verweist er auf die Unzulänglichkeit der überkommenen Sprach- und Kunstmuster, gegenwärtige Wirklichkeit zu erfassen. Umgangssprache, Jargon und Reklamesprüche stellen die traditionellen dichterischen Entwürfe in Frage. Nur in der Veränderung und der kritischen Anverwandlung der Tradition vermag sich das moderne lyrische Ich zu artikulieren.

Erich Fried (1921–88) verzichtet in seinem Gedichtband »und Vietnam und« (1966) konsequent auf alle Poetisierungen zugunsten einer konkreten, spruchartig verknappten Sprache. Ziel ist, die Wahrheit und die Wirklichkeit der Opfer hinter der verharmlosenden Nachrichtenmanipulation der Medien bloßzulegen. Im Klartext des Gedichts – das gilt auch für Frieds weitere Sammlungen – soll deutlich werden, was die Menschen wirklich bewegt und sie unmittelbar angeht.

»Angesichts
der Verbrechen von heute
machen wir uns zu schaffen
mit den Gedenktagen
an die Verbrechen von gestern
Die Verbrechen von morgen
werden uns
Heutige
abschaffen
ohne Gedenktage
wenn wir sie nicht verhindern« (*»Ça ira?«*)

Wiener Gruppe, ein Freundeskreis avantgardistischer österreichischer Schriftsteller (1952–64: H. C. Artmann, G. Rühm, O. Wiener). Durch virtuelle Poesie, Textmontagen, Dialektgedichte, Kabarettszenen u.ä. versucht man die traditionellen Lesarten und Wahrnehmungsweisen aufzubrechen. Groteskes und Makabres zielen auf Provokation. Der Gruppe nahe steht Ernst Jandl (*1925), der mit experimentellen Sprechgedichten und konkreter Poesie (Wörter, Silben, Buchstaben) den literarischen Text als Sinnträger auflöst.

Im Jahr 1967 fand die Tagung der Gruppe 47 im Gästehaus Pulvermühle in der Fränkischen Schweiz statt.

Reklame

Wohin aber gehen wir
ohne sorge sei ohne
sorge
wenn es dunkel und
wenn es kalt wird
sei ohne sorge
aber
mit musik
was sollen wir tun
heiter und mit musik
und denken
heiter
angesichts eines
Endes
mit musik
und wohin tragen wir
am besten
unsre Fragen und den
Schauer aller Jahre
in die Traumwäsche-
rei ohne sorge sei
ohne sorge
was aber geschieht
am besten
wenn Totenstille
eintritt

Ingeborg Bachmann

Analysen, Appelle, Aggressionen

Die wichtigsten Tendenzen der Nachkriegsliteratur bündelten sich in der Gruppe 47, einer von Hans Werner Richter (1908–93) und anderen Beiträgern der von den Besatzungsmächten verbotenen Zeitschrift »Der Ruf« am 10. September 1947 in München ins Leben gerufenen literarischen Vereinigung. Ohne festes Programm traf man sich zwischen 1947–55 halbjährlich, zwischen 1956–68 jährlich. Die letzte Tagung fand 1972 in Berlin statt. Eingeladene Autoren – unter ihnen Alfred Andersch, Ingeborg Bachmann, Heinrich Böll, Paul Celan, Günter Grass, Uwe Johnson, Siegfried Lenz, Wolfdietrich Schnurre, Peter Weiss und Martin Walser – lasen aus ihren noch ungedruckten Werken. Eine Entgegnung auf die sich anschließende Sofortkritik war den Autoren untersagt. Einig war man sich im Mißtrauen jeder Form von Pathos und allen ideologischen Phrasen gegenüber. Erklärtes Ziel war die analytisch-kritische Auseinandersetzung mit der Vergangenheit wie mit der gesellschaftlichen Gegenwart des Wirtschaftswunders.

Aus der Gruppe gingen bedeutende Romane hervor. Zu den berühmtesten Erzähltexten gehört der mit dem Preis der Gruppe 47 ausgezeichnete Roman »Die Blechtrommel« (1959) von Günter Grass (*1927), eine

Günter Grass (*1927), Gemälde von Sigurd Kuschnerus

Günter Grass, »Die Blechtrommel« (1959), Einbandbild der Taschenbuchausgabe. Für dieses Werk erhielt er 1999 den Literatur-Nobelpreis.

fiktive Autobiographie in der Tradition des Schelmenromans. Der Ich-Erzähler Oskar Matzerath, der Wachstum und Erwachsenwerden verweigert, entwirft rückblendend während eines zweijährigen Schreibprozesses in einer Heil- und Pflegeanstalt ein detailgetreues Zeitbild seit der Jahrhundertwende einschließlich der Vorkriegs-, Kriegs- und Nachkriegszeit. Erzählt wird die Summe individueller Schuld, das millionenfache Versagen der Nazis und ihrer Mitläufer. Gegen den Gedächtnisschwund trommelt Oskar auf seiner Blechtrommel. Bewußt bleiben muß das menschliche Versagen von Gestern, um wachsam zu sein für die Gefahren der Gegenwart. Zusammen mit der Novelle »Katz und Maus« (1961) und dem Roman »Hundejahre« (1962) verband Grass seinen Erfolgsroman zur sogenannten »Danziger Trilogie«.

Ernst Barlach, *Lesender Klosterschüler*, 1930. Holzplastik in der Gertrudenkapelle in Güstrow. Sie steht im Mittelpunkt des Romans »Sansibar oder Der letzte Grund« von Alfred Andersch.

Mit der NS-Vergangenheit setzt sich auch Alfred Andersch (1914–80) in seinem Roman »Sansibar oder Der letzte Grund« (1957) auseinander. Aus unterschiedlichen personalen Perspektiven artikuliert sich das Thema der Flucht. Nur sie vermag aus dem ideologischen Terror zur Freiheit und Selbstbestimmung des einzelnen zu führen. Zentral ist die Rettung der Skulptur »Der lesende Klosterschüler« von Ernst Barlach, den die Nazis als entarteten Künstler brandmarkten. Schließlich gelingt in einer abenteuerlichen Flucht die Rettung der Plastik nach Schweden. »Gregor konnte sehr

Das **Hörspiel** kommt mit seiner Reduktion auf das Akustische, auf das gesprochene Wort, seiner geringen Personenzahl und seiner kurzen Spieldauer dem Bestreben nach 1945 entgegen, sich der Lebenswelt im prägnanten geistig-seelischen Ausdruck neu zu vergewissern. Wichtige Hörspielautoren sind: Ingeborg Bachmann (1926–73), »Der gute Gott von Manhattan« (1958); Günter Eich (1907–72), »Träume« (1953), »Stimmen« (1958); Fred von Hoerschelmann (1901–76), »Das Schiff Esperanza« (1953); Friedrich Dürrenmatt (1921–90), »Die Panne« (1956).

gut verstehen, warum die Anderen den jungen Mann nicht mehr sitzen und lesen lassen wollten. Einer, der so las wie der da, war eine Gefahr.«

Nach Kriegs-, Heimkehrer- und Trümmerliteratur (»Wanderer, kommst du nach Spa..«, 1950; »Wo warst du Adam?«, 1951) gelang Heinrich Böll (1917–85) mit den »Ansichten eines Clowns« (1963) ein kritisches Zeitbild der bundesrepublikanischen Gesellschaft der Adenauer-Ära. Zusammengedrängt auf einen Abend, schlägt sich in Telefongesprächen und Monologen die Abrechnung des Komikers und Clowns Hans Schnier mit seiner Zeit nieder. Angriffsziele sind die Kirche, die hinter scheinheiligen Tröstungen nur die eigenen massiven Machtinteressen verbirgt, und die Gesellschaft nach 1945, die mit Erfolg die jüngste katastrophale Vergangenheit verdrängt hat. Insbesondere die betont subjektive Erzählform verschärft den satirischen Ton der Generalabrechnung.

Deutschsprachige Literatur-Nobelpreisträger
- 1902 Theodor Mommsen
- 1908 Rudolf Christoph Eucken
- 1910 Paul Heyse
- 1912 Gerhart Hauptmann
- 1919 Carl Spitteler
- 1929 Thomas Mann
- 1946 Hermann Hesse
- 1966 Nelly Sachs
- 1972 Heinrich Böll
- 1981 Elias Canetti
- 1999 Günter Grass

Urkunde des Literatur-Nobelpreises für Heinrich Böll, überreicht am 10. Dezember 1972 in Stockholm

Szenenbild aus dem Fernsehfilm »Deutschstunde« nach Siegfried Lenz in der Regie von Peter Beauvais, Ausstrahlung 1972. In der Rolle des Polizeipostens Arno Assmann, in der des Malers Nansen Wolfgang Büttner

Einer der bedeutendsten Romane nach 1945 ist die »Deutschstunde« (1968) von Siegfried Lenz (*1926). Wiederum handelt es sich um einen Ich-Erzähler, der sich schreibend Klarheit über das Vergangene zu verschaffen sucht. Siggi Jepsen, Insasse einer Hamburger Jugendstrafanstalt, arbeitet in einer Strafarbeit (»Die Freuden der Pflicht«) die jüngste Geschichte am konkreten Fall seines Vaters, des Polizeiposten im schleswig-holsteinischen Rugbüll, auf, der die Aufgabe hatte, das gegen seinen Jugendfreund, den Maler Nansen (gemeint ist Emil Nolde), verhängte Malverbot zu überwachen. Unversöhnlich prallen die geistige Unabhängigkeit und Offenheit des genialen Künstlers mit der verbissenen Pflichtbesessenheit des autoritär kleinbürgerlichen Spießers zusammen, dessen Kadavergehorsam beispielhaft für die Haltung der vielen steht, die den Nazi-Faschismus mitgetragen haben. Siggis Versuche, die Bilder vor der Zerstörung zu bewahren, setzen sich auch noch nach 1945 zwanghaft fort und lassen ihn straffällig werden. Der Schreibprozeß vollzieht sich als persönliche Erinnerungsarbeit, die den beschränkten und bedingungslos ergebenen einzelnen für eine verbrecherische Geschichte mitverantwortlich macht.

Im Jahr seiner Übersiedlung in den Westen veröffentlichte der in Pommern geborene Uwe Johnson (1934–84) seinen Roman »Mutmaßungen über Jakob«, die Geschichte einer problematischen Heimatbeziehung zwischen westlichem Kapitalismus und östlichem Sozialismus. Die Verschränkung der Zeitebenen und der Erzählformen (Bericht, Dialog, Monolog) lassen über den Tod Jakobs zwischen Unfall, Selbstmord oder Mord nur Mutmaßungen zu. Von

Uwe Johnson (1934–84)

einem Besuch seiner Geliebten Gesine Cresspahl, die die DDR verlassen hat, kehrt er enttäuscht aus dem Westen in den Osten zurück, eine Existenz, die »im Westen fremd und im Osten nicht mehr heimisch war«. Sein zentrales Thema des Heimatverlusts im geteilten Deutschland setzt Johnson in seinem monumentalen Roman »Jahrestage« (1970/83) fort. Im Mittelpunkt steht nun Gesine Cresspahl, inzwischen Bankangestellte in New York, die ihrer Tochter Marie – Vater ist der verunglückte Jakob – die eigene Lebensgeschichte erzählt, die mit ihrer verlorenen Heimat, der mecklenburgischen Kleinstadt Jerichow, eng verbunden ist. Verknüpft mit der erinnerten Lebensgeschichte ist das New Yorker Alltagsleben und, vermittelt durch die tägliche Lektüre der »New York Times«, das nationale und internationale Geschehen. Die täglichen Eintragungen des tagebuchartigen Romans reichen von August 1967 bis August 1968. Am Schluß reist Gesine, die sich in der Metropole nie heimisch gefühlt hat, im Auftrag ihrer Bank nach Prag, wo der Prager Frühling die Perspektiven einer Verbindung von Sozialismus und Demokratie geöffnet hat. Sie weiß allerdings noch nichts vom inzwischen erfolgten Einmarsch der Truppen des Warschauer Pakts. In den Prager Wirren verschwindet sie mit ihrem Kind spurlos.

Johnsons Roman zeigt den Menschen zwischen Vergangenheit und Gegenwart, Provinz und Metropole auf der Suche nach Heimat, wo sich das Einst und das Jetzt, das Ich und das Wir miteinander verbinden. Doch bereits beim Aufbruch Gesines haben

Einbandbild zur Taschenbuchausgabe von Johnsons »Mutmaßungen über Jakob«, Frankfurt/M 1962

Die **Kurzgeschichte** wurde nach 1945 zu einer der populärsten und prägnantesten Erzählformen. Verknappt auf eine einzige Situation, vermittelt sie zentrale Lebenserfahrungen, reflektiert in Figuren, die auf das Typische und Beispielhafte verkürzt sind. Sie ist konkreter Ausdruck des Bemühens um Orientierung im verbliebenen Lebensraum. Wichtige Autoren sind: Wolfdietrich Schnurre (1920–89), »Eine Rechnung, die nicht aufgeht« (1958); Marie Luise Kaschnitz (1901–74), »Lange Schatten« (1960); Wolfgang Hildesheimer (1916–91), »Lieblose Legenden« (1952); Ilse Aichinger (*1921), »Der Gefesselte (1953)«; Siegfried Lenz (*1926), »So zärtlich war Suleyken« (1955), »Jäger des Spotts« (1958).

Das **kritische Volksstück** wendet sich seit Mitte der 60er Jahre den sozialen Unterschichten, den Hilflosen und Ohnmächtigen zu und versucht durch präzise Zustandsschilderungen Einblicke in die totgeschwiegenen gesellschaftlichen Randbereiche zu vermitteln. Wichtige Autoren sind: Martin Sperr (*1944), »Jagdszenen aus Niederbayern« (1966); Franz Xaver Kroetz (*1946), »Stallerhof« (1972); Rainer Werner Fassbinder (1946–82), »Katzelmacher« (1968); Peter Turrini (*1944), »Sauschlachten« (1972).

die geschichtlichen Ereignisse die Hoffnungen des einzelnen längst zunichte gemacht. Heimat scheint nach dem, was geschehen ist und immer wieder geschieht, nur ein Wunschtraum.

In ihren analytischen und kritischen Tendenzen stehen der Erzähler Wolfgang Koeppen (1906–96) sowie die Schweizer Autoren Max Frisch und Friedrich Dürrenmatt der Gruppe 47 nahe. In seinem Roman »Tauben im Gras« (1951) läßt Koeppen die Schicksale und Probleme mehrerer Menschen in der Nachkriegsphase Revue passieren und portraitiert so das Panorama einer kritischen Zeit. Sein Roman »Der Tod in Rom« (1954) stellt die erste kritische Verarbeitung des deutschen Faschismus innerhalb der deutschen Literatur dar. Der Erzähler und Dramatiker Max Frisch (1911–91), erklärter Gegner aller Ideologien und Dogmen, entwirft in psychologischer Schärfe Bilder des Menschen auf der Suche nach der eigenen Identität. Im Roman »Stiller« (1954) leugnet ein inhaftierter, aus den USA in die Schweiz eingereister Mann, mit dem gesuchten Bildhauer Stiller identisch zu sein. In den tagebuchartigen Aufzeichnungen des Romans verbinden sich Vergangenheit und Gegenwart. Der reflektierende und fabulierende Held sieht sich einer Wirklichkeit ohne Werte und Sinn gegenüber, in der er seine eigene Rolle nicht länger auszumachen vermag. Alle Versuche, Fuß zu fassen, scheitern. Bis zum Schluß bleibt die Frage nach der personalen Identität offen, eine Herausforderung an den Leser, der in der Persönlichkeitskrise der zentralen Figur die Problematik seiner eigenen Zeit gespiegelt findet.

Max Frisch (1911–91)

Walter Faber im Roman »Homo faber« (1957) scheitert am Selbstbild des Technikers. In dem Maße, wie er das Leben und die persönlichen Beziehungen berechnen zu können glaubt, verwickelt er sich in Irrtümer und wird den Menschen seiner engsten Umgebung nicht gerecht. Erst auf dem Sterbebett erkennt er sein verfehltes Leben.

In seinen Stücken objektiviert Frisch die Problematik persönlicher Identität in einer zunehmend

Szenenfoto einer Aufführung von »Andorra« von Max Frisch

anonymen Gesellschaft. »Biedermann und die Brandstifter« (1958) problematisiert die ängstliche Erstarrung im eigenen Sicherheitsdenken. Die fehlende Bereitschaft, das Wagnis des Daseins auf sich zu nehmen, wird dem Spießer zum Verhängnis. Seine Blauäugigkeit aus ängstlichem Opportunismus zieht die Brandstifter an, die das zerstören, worin Biedermann geglaubt hatte, sich abschirmen und verwirklichen zu können.

»Andorra« (1961) ist ein Modellstück von der tödlichen Einengung des einzelnen durch die Bilder, die sich die anderen von ihm machen, die ihn nicht zu sich selbst finden lassen. Einbeschlossen in die Tragödie des Menschen als Opfer seiner Mitmenschen ist das jüdische Schicksal im Nazi-Deutschland.

Friedrich Dürrenmatt (1921–90) läßt einen Schriftsteller in seinem populären Kriminalroman »Der Richter und sein Henker« (1952) sagen: »Er sei eben auch eine Art Polizist, ... aber ohne Macht, ohne Staat, ohne Gesetz und ohne Gefängnis hinter sich. Es sei auch sein Beruf, den Menschen auf die Finger zu sehen.« Insbesondere als Dramatiker ist Dürrenmatt radikaler Moralist. Seine Stücke sind dramatische Strategien der Demaskierung bürgerlicher Täuschungsmanöver. »Der Besuch der alten Dame« (1956) ist als analytisches Drama angelegt. Schritt für Schritt deckt der Besuch der Milliardärin Claire Zachanassian in Güllen einen

Friedrich Dürrenmatt (1921–90)

Szenenfoto einer Aufführung von Dürrenmatts »Besuch der alten Dame«

zurückliegenden menschlichen Skandal auf. Der Güllener Alfred Ill hatte die damalige Klara geschwängert und sie dann im Stich gelassen. Nun fordert die Milliardärin die Hinrichtung des Schuldigen und bietet dem verarmten Gemeinwesen dafür eine Milliarde. Nach heuchlerischem Zögern stimmen die Güllener schließlich zu und ermorden ihren Mitbürger. Beißend ist die Kritik an einem Kapitalismus, der um des materiellen Wohlstands willen über Leichen geht.

Ähnlich entlarvt auch das Stück »Die Physiker« (1962) die doppelte Moral des Bürgertums, das heuchlerische Gerede von Wert und Sinn, mit dem man lediglich die wahren Macht- und Erfolgsinteressen verschleiert. Die Szene spielt in einem Irrenhaus, wohin sich der geniale Physiker Möbius gerettet hat, um die Welt vor seinen Erfindungen zu schützen. Doch längst hat die Irrenärztin die Manuskripte des Forschers kopiert und schickt sich an, ein Weltimperium zu errichten. Der Geschichte ist mit Vernunft nicht beizukommen. Stets triumphiert der Irrsinn des Profits und der Macht. Dürrenmatts Stücke sind satirische Parabeln von der Unbelehrbarkeit und Lernunfähigkeit des Menschen.

Peter Weiss (1918–82), *Selbstbildnis*

Als Irrenhaus begreift auch Peter Weiss (1916–82) die Welt in seinem Stück »Die Verfolgung und Ermordung Jean Paul Marats« (1964). Spielleiter in dem turbulenten Welttheater ist der Marquis de Sade, Insasse im Irrenhaus zu Charenton, dem Ort der Spielhandlung. Aufgeführt wird mit den Insassen die Geschichte der Ermordung des Revolutionärs, wobei der skeptische Individualist de Sade und der engagierte Revolutionär Marat in einem fiktiven Dialog aufeinanderprallen, ohne daß es zu einer Lösung käme. Gerade der gewählte Handlungsort und die Umstände der Inszenierung desillusionieren den Glauben an die Möglichkeiten gesellschaftlicher Veränderung.

Bühnenentwurf von Hein Heckroth zu einer Inszenierung des »Marat/Sade« von Peter Weiss am Westfälischen Landestheater Castrop-Rauxel 1970 in der Regie von Hans Dieter Schwarze

Die andere deutsche Literatur

Die Gründung der Deutschen Demokratischen Republik im Oktober 1949 bildete den Ausgang für den Versuch, eine andere deutsche Literatur zu etablieren. Während der Remigrant Bertolt Brecht 1948 noch weitgehend liberale Bedingungen vorfand und als Regisseur und Begründer des Berliner Ensembles seine Dramatik des eingreifenden, kritisch verändernden Denkens weiterentwickeln konnte, nahm seit der zweiten Parteikonferenz der SED 1952 der Einfluß der Politik auf Kunst und Literatur erheblich zu. Johannes R. Becher (1891–1958), namhafter Expressionist und ebenfalls Remigrant, trat als Präsident der deutschen Akademie der Künste und als Minister für Kultur entschieden für den sozialistischen Realismus ein, wie er auch in anderen kommunistischen Ländern proklamiert wurde. Literatur sollte lebensecht und

Die Bitterfelder Konferenz von 1959 mit dem Motto »Greif zur Feder Kumpel!«

volksverbunden sein, Experimente und individuelle Alleingänge vermeiden, die Wirklichkeit in ihrer revolutionären Entwicklung zum Positiven im Sinn kommunistischer Weltanschauung darstellen und in Gestalt typisch vereinfachender Darstellung und des positiven Helden eine optimistische Grundhaltung vertreten. Das Kulturprogramm des sogenannten Bitterfelder Wegs (1959/64) rief die Arbeiter zu eigenschöpferischem literarischen Handeln auf, um von der Basis aus Literatur in den Dienst des Aufbaus eines sozialistischen Staats zu nehmen (»Greif zur Feder Kumpel!«). Unberührt von solchen programmatischen Bevormundungen zeigten sich vor allem die großen literarischen Begabungen, unter ihnen Johannes Bobrowski (1917–65), der in seinen Gedichtbänden »Sarmatische Zeit« (1961) und »Schattenland Ströme« (1962) die Verwurzelung des Menschen mit seinem naturgegebenen Lebensraum gestaltete, und der 1962 in Ungnade gefallene Peter Huchel (1903–81), seit 1948 Herausgeber der literarisch einflußreichen Zeitschrift »Sinn und Form«. Auch er wendet sich in Gedichtbänden wie »Chaus-

Umschlag von Lothar Reker zu einer Werkausgabe von Johannes Bobrowski im Verlag Volk und Wissen, Berlin 1967

seen Chausseen« (1963) der Natur und der Landschaft zu, in die er die menschliche Existenz einbindet, und setzt sich mit dem verheerenden Einfluß des Kriegs auf das Schicksal der Menschen auseinander. Bobrowski und Huchel gehören jenseits der Programme und Ideologien zu den großen Lyrikern der deutschen Literatur.

Peter Huchel während einer Lyrik-Lesung

Mit seinem Roman »Nackt unter Wölfen« (1958) erwies sich auch Bruno Apitz (1900–79) als ein unabhängiger Autor und bedeutender Erzähler. Das dreijährige Kind, Träger und Sinnbild neuen Lebens, das der polnische Jude Jankowski nach Auflösung des Lagers Auschwitz in einem Koffer versteckt nach Buchenwald bringt, wird von den Untergrundkämpfern sowohl vor den Zugriffen der eigenen Organisation wie vor der SS-Lagerleitung geschützt. Inmitten einer wölfischen Welt überleben der Mensch und die Menschlichkeit.

> Dich will ich
> rühmen,
> Erde,
> noch unter dem
> Stein,
> dem Schweigen der
> Welt
> ohne Schlaf und
> Dauer.
> *Peter Huchel, »Sommer«, 1948*

Den Bitterfelder Weg schlugen demgegenüber Erwin Strittmatter (1912–94) mit »Ole Bienkopp« (1963), Hermann Kant (1926) mit seinem Roman »Die Aula« (1964) und Christa Wolfs (1929) »Der geteilte Himmel« (1963) ein. Christa Wolf erzählt vor dem Hintergrund des geteilten Deutschland eine problematische Liebesgeschichte, in der sich die Erzählerin am Ende bewußt für die Gesellschaft in der DDR entscheidet. In ihrem Roman »Nachdenken über Christa T.« (1969) spürt die Erzählerin ihrem persönlichen Verhältnis zu der früh verstorbenen Christa T. nach und entwirft dabei

Christa Wolf (*1929)

einen betont individuellen Lebenslauf und eine vor allem vom Privaten geprägte Beziehung. Deutlich wird hier bereits die Distanzierung vom sozialistischen Realismus mit seiner Akzentuierung des Kollektiven und Typischen. Überhaupt nimmt in den 60er Jahren die differenziertere Darstellung des Menschen zu. Parallel zur Auseinandersetzung mit dem problematischen Verhältnis von Individuum und Gesellschaft setzt eine stärkere Annäherung an die westliche Literatur ein. Häufiger erscheinen die Bücher ostdeutscher Autoren im Osten wie im Westen.

Der Dramatiker Heiner Müller (1929–95) problematisiert in seinem Stück »Der Bau« (1965) das Verhältnis des Individuums zum Ganzen, das zwar durch Eigeninitiative geschaffen wird, in dem die Bedürfnisse des einzelnen jedoch unerfüllt bleiben. Das Stück, dessen Titel auf den Aufbau der DDR selbst anspielt, wurde von den staatlichen Kulturbehörden abgelehnt. Bekannt wurde Müller auch im Westen durch aktualisierende Neufassungen antiker Stoffe (»Philoktet«, 1966; »Ödipus Tyrann«, 1969).

»Die Ballade von der Buckower Süßkirschenzeit«, Noten mit Text in der Handschrift Wolf Biermanns

Eine Schlüsselfigur in der literarischen Szene der DDR ist der Liederschreiber Wolf Biermann (*1936), der 1953 in den Osten übersiedelte, 1965 Veröffentlichungs- und Auftrittsverbot erhielt und anläßlich eines Konzerts in Köln am 13. November 1976 wegen Verunglimpfung der DDR ausgebürgert wurde. Gerade an

Biermann wird die Problematik des Intelektuellen deutlich, der zwar die Idee eines sozialistischen Staats befürwortet, aber von der politischen Realität zutiefst enttäuscht ist. In seiner populärsten Sammlung »Die Drahtharfe« (1965) konfrontiert er die kollektive Erstarrung mit dem lebendigen Naturwachstum:

Szenenfoto aus der Verfilmung von Jurek Beckers »Jakob der Lügner« (1974) mit Vlastimil Brodsky in der Titelrolle (Regie: Frank Beyer)

»Das war in Buckow zur Süßkirschenzeit.
Die Bäume stehn an der Chaussee.
Das war in Buckow zur Süßkirschenzeit.
Die Bäume gehörn der LPG.
Die hat an jeden ein Zettel gemacht:
DAS VOLKSEIGENTUM WIRD STRENG BEWACHT!
In der Nacht, in der Nacht
und besonders in der Nacht.«

An der Ausbürgerung Biermanns entzündete sich öffentlicher Protest. Diejenigen, die wie der Lyriker Günter Kunert (*1929), die Lyrikerin Sarah Kirsch (*1935) und der Erzähler Jurek Becker (1937–97) protestierten, fielen in Ungnade und wurden zur Ausreise gezwungen. Gerade die Werke der genannten Autoren zeigen, daß es eine nennenswerte spezifische DDR-Literatur im Grunde nicht gegeben hat. Kunert, Becker und Kirsch schrieben und schreiben deutsche Literatur im Kontext der Entwicklungen nach 1945. Dies gilt sowohl für Kunerts Gedichte (»Der ungebetene Gast«, 1965), die sich engagiert mit der NS-Vergangenheit und der Kriegserfahrung auseinandersetzen, wie für Jurek Beckers großen Roman »Jakob der Lügner« (1969). In einem polnischen Getto um 1943 hört Jakob Heym zufällig die Radionachricht vom Vorrücken der sowjetischen Truppen. Jakob gibt die Information an seine Leidensgenossen weiter und erweckt den Eindruck, im Besitz eines verbotenen Radiogeräts zu sein. Bis zum Schluß hält er die Lüge aufrecht, um den anderen die Illusion einer baldigen Befreiung nicht zu nehmen. Der Roman endet illusionslos mit der Deportation Jakobs in ein Todeslager. Fiktion wird zur Möglichkeit, das Entsetzliche wenigstens für kurze Frist zu ertragen.

Schattenriß von Sarah Kirsch auf dem Einband einer ihrer erfolgreichsten Gedichtbände (»Rückenwind«, 1977)

Sarah Kirsch gehört mit Gedichtbänden wie »Rückenwind« (1976), »Katzenleben« (1984) und »Erlkönigs Tochter« (1992) zu den bedeutendsten lyrischen Kräften der deutschen Gegenwartsliteratur. Ihre Natur- und Liebeslyrik mit versteckter Zeitkritik konzentrieren die lyrische Aussage auf den pointiert verknappten, sinnlich intensiven sprachlichen Ausdruck.

Zu ihrer Generation gehören Ulrich Plenzdorf (*1934), Volker Braun (*1939) und Christoph Hein (*1944). Auch sie gehen im Kontext der DDR-Literatur nicht auf. Plenzdorf wurde berühmt mit seinem Roman »Die neuen Leiden des jungen W.« (1973). Der junge gescheiterte Kunstmaler Edgar Wibeau, der für Jeans und Jazz schwärmt, entdeckt auf dem Plumpsklo ein Exemplar von Goethes »Werther« ohne Titelblatt und beginnt sein eigenes Leben mit dem Gelesenen zu parallelisieren. Auch Edgar verliebt sich hoffnungslos in ein Mädchen, das mit einem anderen verlobt ist und stirbt als junger Mann. Verfremdet durch die klassischen Sprachmuster, verknüpft mit Wendungen der Jugendsprache, entsteht ein Bewußtseinsbild der in der DDR aufgewachsenen Jugendlichen, deren individueller Lebensanspruch mit den kollektiven Erwartungen unvereinbar erscheint. Ähnlich stellen Volker Brauns Gedichte

Die Vogelhäuser hängen gefüllt in den
Verschlossenen purpurnen Zweigen
Itzt wenn der Frost kommt
Die Schildkröte schläft seit Wochen
Neben der Wasseruhr wie ein Vampir
In einer Kiste mit Heimaterde.
Wenn die Schermäuse die Tulpenzwiebeln
Nicht finden werden wir vielleicht alle
Das neue Jahr erreichen
Uns zuprosten und einen Schwärmer
Über dem lautlosen Eis aufsteigen lassen
Die Menschen zu bannen

(irsch, fang«, 1989

»Gegen die symmetrische Welt« (1974) die sozialistische Gleichschaltung im Lebens- und Arbeitsalltag in Frage.

Reiner Kunze (*1933) wendet sich mit seinem Prosaband unter dem ironischen Titel »Die wunderbaren Jahre« (1976) dem Schicksal der Heranwachsenden in der DDR zu, deren zaghafte Freiheitsregungen durch den sozialistischen Staat rücksichtslos erstickt werden. Schule, Polizeistaat und Partei lassen den Menschen nicht aufkommen.

Christoph Heins Novelle »Der fremde Freund« (1982), die ein Jahr später unter dem Titel »Drachenblut« im Westen erschien, schildert die schleichende Abtötung des auf dialogische Selbstverwirklichung angewiesenen Individuums unter den Bedingungen einer sozialistischen Gesellschaft, die alles Individuelle unterdrückt. Bei zunehmender Aushöhlung seines Gemeinschaftsgefühls überlebt der einzelne nur noch als seelenlos funktionierende Scheinexistenz.

Die herausragenden Werke der ostdeutschen Autoren sind Teil der deutschen Literatur nach 1945. Dort, wo sie Zeugnis geben von der Unterdrückung des Menschen durch das Kollektiv, halten sie die andere Seite des deutschen Schicksals fest, das unter sozialistischen Bedingungen im Osten wie unter kapitalistischen im Westen einem ungeheuren Kollektivierungsdruck ausgesetzt war. In der gemeinsamen Parteinahme für den Menschen und die Menschlichkeit hat längst auch eine Wiedervereinigung der Literaturen stattgefunden. Gemeinsames Angriffsziel der Kritik ist der sich im Gefolge des siegreichen kapitalistischen Systems hemmungslos ausbreitende Egoismus in Ost und West.

»Im mittelpunkt
steht
der mensch
Nicht
der einzelne«

(Reiner Kunze, »Ethik«)

Umschlagbild zu einer Werkauswahl von Reiner Kunze, Büchergilde Gutenberg, Frankfurt/M. 1978

Umschlagbild der westdeutschen Ausgabe von Christoph Heins »Drachenblut« (1983)

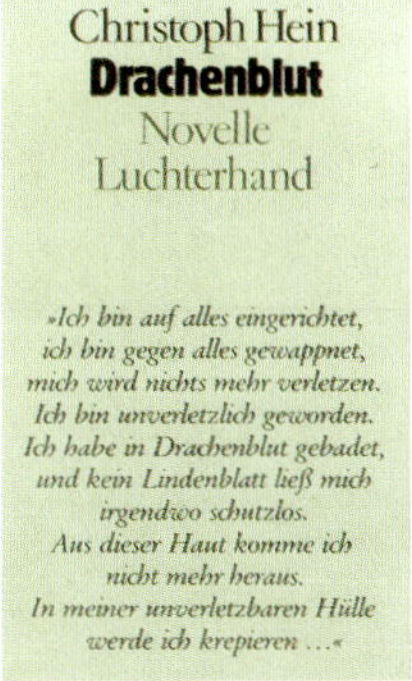

18. September 1973
Aufnahme der BRD und DDR in die UNO

6. Mai 1974
Rücktritt Brandts wegen der Guillaume-Affäre

21. Mai 1975
Beginn der Baader-Meinhof-Prozesse

1977
Ermordung von Generalstaatsanwalt Buback, Bankier Ponto und Arbeitgeberpräsident Schleyer

1. Oktober 1982
Mißtrauensantrag gegen Bundeskanzler Helmut Schmidt und Wahl Helmut Kohls zum neuen Bundeskanzler

1983
Die Grünen als vierte Partei im Bundestag

ab 1986
Normalisierung der Beziehungen zwischen der BRD und den Staaten des Warschauer Pakts

9. November 1989
Die DDR öffnet ihre Grenzen zur BRD, Öffnung der Mauer, Einleitung der Wende.

1. Juli 1990
Vertrag über die Schaffung einer Währungs-, Wirtschafts- und Sozialunion

3. Oktober 1990
Die Länder Brandenburg, Mecklenburg-Vorpommern, Sachsen, Sachsen-Anhalt und Thüringen werden Bundesländer der BRD; offizielles Ende der DDR.

Zwischen Abbruch und Aufbruch

Die zunehmende Anonymität der modernen Welt, die Krise überkommener Wert- und Sinngebungen, nicht zuletzt die elektronische Revolution und die Dominanz der Medien verunsichern den Menschen und drohen, ihn endgültig aus dem Mittelpunkt zu verdrängen. Orientierungs-, Zukunfts- und Identitätsängste sind die Folgen eines grassierenden Wirklichkeitsverlusts und der unwiderruflichen Auflösung traditioneller Sicherungen. Der dezentrierte Mensch sieht sich einer Welt gegenüber, die sich seinem Einfluß und seiner Kontrolle zunehmend entzieht. Fortschritt und Innovation verselbständigen sich bei beschleunigtem radikalen Abbruch des Alten. Niemals war die Zukunft so unsicher, so dunkel und unkenntlich wie heute. Einen neuen Aufbruch für den Menschen kann es nur geben, wenn er die tödliche Lähmung durch die kollektiven äußeren Zwänge überwindet und sich zurückbesinnt auf die vitalen Kräfte, die ihn wirklich am Leben erhalten und ihm eine menschliche Zukunft und ein individuelles Überleben sichern. Die Literatur der Gegenwart ist eine Literatur zwischen Angst und Agonie, aber ansatzweise auch eine Literatur zwischen Abbruch und Aufbruch, zwischen der Ohnmacht vor der Produktenwelt und der Hoffnung auf die selbsterlösenden Kräfte des Menschen.

»... was wir angreifen ist abgestorben« – Thomas Bernhard

Am frühesten und entschiedensten unter den literarischen Autoren hat der österreichische Erzähler und Dramatiker Thomas Bernhard (1931–1989) auf die Dezentrierung des Menschen in einer als sinnlos erfahrenenen Welt reagiert. In Romanen wie »Das Kalkwerk« (1970), »Korrektur« (1975) und »Auslöschung« (1986) reflektiert ein pausenlos räsonierender Erzähler den chaotischen Zustand des Daseins, das in einem katastrophalen Automatismus der Auflösung entgegentreibt. Die Thematik des Verfalls und des Scheiterns setzt Bernhard auch in seinen Theaterstücken fort. Im Stück »Die Jagdgesellschaft« (1974) wendet sich der Schriftsteller im Jagdhaus an die Frau Generalin, während draußen das Jagen, das ritualisierte Morden seinen Lauf nimmt: Für den radikal desillusionierenden Schriftsteller in dem am Wiener Burgtheater uraufgeführten Stück ist jeder Gegenstand, den der Mensch im Leben wie in der Kunst ergreift, der Tod. In der Jagd spiegelt sich der Widersinn des fortgesetzten Tötens und Sterbens. Das getötete Leben verweist auf die tödliche Zukunft des Täters. Aus den Jägern werden die Gejagten. Verzweiflung ist die Wahrheit des Lebens, Lüge dagegen jede Hoffnung.

Das Ich in Bernhards Werken ist das im sinn- und teilnahmslosen Chaos der Welt verletzte und beschädigte Subjekt. In seiner 1975 erschienenen Autobiographie »Die Ursache« schildert er seine Kindheit und Jugend und die verhaßte Schule zwischen Nationalsozialismus und Katholizismus. Stets erfährt sich der einzelne als Opfer, ausgeliefert der Brutalität der anderen, aber auch der allgemeinen Gefühllosigkeit und Stümperei. Ungerührt zählt man den lungenkranken Achtzehnjährigen zu den Sterbenden und gibt ihn auf. Erinnerungsfetzen setzen sich zum Bild eines an der Welt und den anderen leidenden Einzellebens zusammen, wobei sich die persönlich erfahrenen Erschütterungen zur Anklage formieren.

»Neue Subjektivität«

Für die Literatur der Selbsterfahrung und der individuellen Innenschau der 70er Jahre wurde prägend der Begriff der *neuen Subjektivität,* die die analytisch kritische Literatur der 50er und 60er Jahre ablöste. Im Werk des Erzählers Martin Walser (*1927) treten die Übergänge zwischen beiden Phasen markant hervor. Während die romanhafte Bestandsaufnahme »Halbzeit« (1960) sich im Stil der Gruppe 47 noch kritisch mit der Adenauer-Ära auseinandersetzt, wendet sich der Roman »Seelenarbeit« (1979) dem unter Leistungsdruck und Versagensängsten leidenden Men-

2. Dezember 1990
Erste gesamtdeutsche Wahlen

7. Februar 1992
Vertrag von Maastricht (Einführung des Euro)

1. November 1993
Inkrafttreten des Maastrichter Vertrags (ab 1. Januar 2002 Euro-Währung)

27. September 1998
Ende der Ära Kohl, eine Koalition aus SPD und Bündnis 90/Die Grünen unter Bundeskanzler Gerhard Schröder löst die CDU/CSU/FDP-Regierungskoalition ab.

Thomas Bernhard (1931–89)

Martin Walser (*1927)

Umschlagentwurf zu Walsers Novelle »Ein fliehendes Pferd« von Willy Fleckhaus nach einem Aquarell von Alissa Walser

schen in einer entfremdenden Arbeitssituation zu. Konsequent aus der personalen Sicht des Opfers erzählt, entfaltet sich der Roman als seelisches Protokoll. Anders als Bernhard aber schafft Walser seinem Helden einen privaten Freiraum, in dem dieser sein geschwundenes Selbstgefühl wiederentdeckt. Die konsequente Innenschau überwindet die subjektive Verzweiflung und weist Wege zur Selbstbehauptung. Eine gesellschaftliche Verwirklichung bleibt jedoch in einer beziehungslos anonymen Welt ausgeschlossen.

Vergleichbar findet der resignierende, unter dem Älterwerden leidende Studienrat Helmut Halm in Walsers Novelle »Ein fliehendes Pferd« (1978) private Erfüllung in seiner Ehe, nachdem er sich mit seinem einstigen Freund, dem gleichaltrigen, einem zwanghaften Jugendkult verfallenen Klaus Buch in einem Duell gemessen hat, aus dem er selbstbewußter hervorgeht. Erneut bildet die Wendung nach innen, die schonungslose Konfrontation mit den eigenen Schwächen und Verunsicherungen die Voraussetzung für die Selbstbefreiung, indem man seine Vernichtungsängste in der gelassenen Hinnahme des eigenen Schicksals überwindet. Ähnlich setzt Peter Handke (*1942) in seinen Erzählungen und

Das **zeitgenössische Drama** bei Botho Strauß (*1944) und Peter Handke (*1942) reklamiert den Verlust von Unmittelbarkeit und Sinn in der verflachten zeitgenössischen Wirklichkeit, indem es diese auf dem Hintergrund großer vergangener Kunst und Kultur in Frage stellt. Im Schauspiel »Der Park« (1983) konfrontiert Strauß durchschnittliche Zeitgenossen mit der mythischen Welt von Shakespeares »Sommernachtstraum«. Deutlich treten dabei die erstarrten Lebensformen und die Entfernung von ursprünglicher Sinnlichkeit in der Gegenwart zutage. In »Ithaka« (1996) spiegelt Strauß in der genußsüchtigen, nur noch dem Müßiggang ergebenen, verschwenderischen Gesellschaft, auf die Odysseus bei seiner Heimkehr trifft, die zeitgenössische Industrie- und Wohlstandsgesellschaft. Angespornt von Athene, strebt Odysseus nach einer Wiederherstellung des Gemeinsinns durch Überwindung des grassierenden Egoismus. Sittlicher Maßstab ist das ideale Gemeinwesen der antiken *polis*. Rückwärts gewandte Utopie bestimmt auch Handkes Königsdrama »Zurüstungen für die Unsterblichkeit« (1997). Im Bergland von Andalusien will Pablo, konfrontiert mit den Mißständen in seiner Gesellschaft, das Königtum wieder einführen und neue, den Menschen und die Menschlichkeit fördernde Gesetze erlassen. Doch das Erneuerungswerk bleibt unvollendet – ein modernes Märchen ohne Happy-End.

Romanen bei der Ich-Erfahrung an. »Literatur ist für mich lange Zeit das Mittel gewesen, über mich selber, wenn nicht klar, so doch klarer zu werden.« Handkes Erzählungen und Romane wie »Die Stunde der wahren Empfindung« (1975) und »Langsame Heimkehr« (1979) sind Geschichten von der Suche nach dem erfüllten Augenblick und der Selbstfindung. Dem Chaos und der Schlechtigkeit der Welt abgetrotzt, sind sie ästhetische Entwürfe einer individuell wahrgenommenen und poetisch beglaubigten Wirklichkeit. Schreibend versucht der Autor mit seinen Figuren, aus dem öffentlichen Dilemma herauszufinden, gegen das er sich nur dann behaupten kann, wenn er sich auf sich selbst zurückzieht und den schöpferischen Kräften des Subjekts vertraut. In der Fiktion gewinnt die Abwehrgeste des Ichs Gestalt, das seiner Ängste vor der Auslöschung im Kollektiv Herr zu werden versucht.

Das Subjekt in der Krise – Die Erzählung und der Roman der Gegenwart

Doch Bernhards subjektive Attacken gegen die schlechteste aller möglichen Welten sowie Walsers und Handkes introvertierte Rückzüge sind nur die eine Seite der Gegenwartsliteratur. Der neuen Subjektivität, dem Ich mit seinen Existenzängsten steht eine Literatur der neuen Objektivität gegenüber, die kompromißlos das Subjekt in der Krise und die Welt in der Agonie vorführt. Ungebrochen durch den räsonierenden Erzähler und durch betont individualisierende Sichtweisen offenbaren sich im Roman der Gegenwart krisenhafte Zustände, Verfall, Auflösung und Tod, aber auch zumindest angedeutete Aufbrüche des Menschen und sein Wille zu überleben. Der Roman gehört zu den meistbeachteten literarischen Formen der Gegenwart. In der subjektiven Brechung objektiver Welt in einem Erzähler bieten sich Möglichkeiten der Selbstbewahrung angesichts des verschlingenden Zugriffs von außen. Doch in dem Maße, wie der Druck von außen zunimmt und übermächtig wird bzw. der einzelne sich diesem Druck nicht länger gewachsen zeigt und kapi-

William Turner, »Die letzte Fahrt der Téméraire« (1839). Das Bild diente als Vorlage für die Umschlagillustration von Nadolnys »Die Entdeckung der Langsamkeit«.

tuliert, wird der Roman als Enklave des Subjekts überwältigt von dem objektiv Andrängenden und Zerstörenden.

In seinem bereits auf den Roman der Gegenwart vorausweisenden »Ruinenbaumeister« (1969) erzählt Herbert Rosendorfer (*1934) in überlappenden Fiktionen und labyrinthischen Montagen von dem ewig Unvollkommenen als dem eigentlichen Kern der Schöpfung. Verweis auf das ohnmächtige Subjekt ist der flugunfähige, trauernde Genius mit nur einem Flügel. Der Glaube der Aufklärung an die beste aller möglichen Welten entpuppt sich angesichts des irreparabel Ruinösen als Aberglaube. Längst sind alle Zufluchtsorte dem Verfall preisgegeben. Die Zeit erscheint in Sten Nadolnys (*1942) Roman »Die Entdeckung der Langsamkeit« (1983) als Herausforderung an den einzelnen, dem es gelingt, sich ihrem übermächtigen Einfluß zu entziehen. Im Stil des Entwicklungsromans bildet der englische Seefahrer und Nordpolforscher John Franklin seine eigentümliche Begabung aus, sich abseits aller Hektik den Dingen und Abläufen des Lebens langsam und gelassen zu nähern. Erst dann erschließt sich ihr Wesen. In der Perspektive der Langsamkeit nimmt die Intensität des Erlebens zu. Zwar scheitert der Held am Ende äußerlich, innerlich aber hat er reichere und wesentlichere Erfahrungen gemacht als die Schnellebigen. Die Bedächtigkeit des Erzählens verändert zusehends auch die Wahrnehmung des Lesers und relativiert die Zeit und ihre Macht.

Katja Behrens (*1942)

Im Porträt dreier Generationen, der Großmutter, Mutter und Tochter, veranschaulicht Katja Behrens (*1942) in ihrem ersten Roman »Die dreizehnte Fee« (1983) die unendliche Kette des Lebens. Drei Lebensläufe lassen die wechselnden Geschichtsläufte lebendig werden, aber auch die gleichbleibenden Ängste und Sehnsüchte, die über die geschichtlichen Grenzen immer wieder hinausdrängen. Es ist eine Geschichte ohne Ende, vergegenwärtigt in liebevoll zusammengestellten Familienalben und intimen Familienszenen. Die Tochter Anna geht schließlich ihren eigenen Weg auf der Suche nach der dreizehnten Fee, die die stagnierende Weitergabe des Lebens in der reinen Frauengesellschaft auflösen soll. Anna findet einen Mann und hat mit ihm eine Tochter, die die Daseinskette nach dem Tod der Großmutter fortsetzt. In einer Welt zunehmender menschlicher Erstarrung erzählt Katja Behrens ihr Wirklichkeitsmärchen von der unbezwingbaren Macht des Lebens und des Überlebens.

Alle Versuche des Ichs, sich in der Welt zu behaupten, scheitern dagegen im Roman »Zündels Abgang« (1984) von Markus Werner (*1944). Der hochsensible Lehrer Konrad Zündel sieht sich immer wieder in der Ehe, im Arbeitsalltag und in den fluchtartig angetretenen Reisen, dem Widersinn eines Lebens ausgesetzt, das dem einzelnen kalt und unbeteiligt gegenübersteht. Am Ende bleiben Schriftzeugnisse und eine Totenmaske.

Nicht aus der Perspektive des Opfers, sondern des Täters erzählt Patrick Süskind (*1949) in seinem Roman »Das Parfum« (1985) die Geschichte eines Mörders. Am Ende der persönlichen Entwicklung steht in Verkehrung des Bildungsromans und seiner Ziele nicht der gereifte Mensch, sondern das Monstrum. Unfähig, die Welt und die Menschen in ihrer sinnlichen Ganzheit wahrzunehmen, reduziert der Parfumeur Grenouille alles Erfahrbare auf seinen Duft. Auf der Suche nach seiner vollkommensten Ausprägung, nach dem Duft, der die Illusion grenzenloser Beliebtheit erzeugt, geht er über Leichen, indem er jungen Mädchen, nachdem er sie erschlagen hat, die Haut abzieht, um deren Wohlgeruch für eine seiner Kreationen zu verwerten. Dem Flüchtigen, dem bloßen Schein, der die Sinne täuscht und überwältigt, wird der Mensch bedenkenlos

Was ist Kunst

Hab'n Sie was mit
Kunst am Hut?
Gut.
Denn ich möchte
Ihnen allen
etwas auf den
Wecker fallen.
Kunst ist was?
Das:
Kunst, das meint
vor allen Dingen
andren Menschen
Freude bringen
und aus vollen
Schöpferhänden
Spaß bereiten, Frohsinn spenden,
denn die Kunst ist
eins und zwar
heiter. Und sonst
gar nichts. Klar?
Ob das klar ist? Sie
ist heiter!
Heiter und sonst gar
nichts weiter!
Heiter ist sie! Wird
es bald?
Heiter! Hab'n Sie
das geschnallt?
Ja? Dann folgt das
Resümee;
bitte sehr:
Obenstehendes ist
zwar
alles Lüge, gar nicht
wahr,
und ich meine es
auch bloß
irgendwie als Denkanstoß –
aber wenn es jemand glaubt:
ist erlaubt.
Mag ja sein, daß
wer das mag.
Guten Tag.

*Robert Gernhardt (*1937) ironisiert in »Wörtersee« (1981) den traditionellen Kunstbegriff.*

Umschlagillustration zu Süskinds »Das Parfum«: Antoine Watteau, *Nymphe et Satyre ou Jupiter et Antiope*, um 1715

geopfert. Zum Schluß verschlingt eine von dem betörenden Duft betäubte Menschenmasse den Parfumeur, da sie ihn für einen Engel hält. Die perfekte Täuschung führt zum Untergang des Täuschenden selbst, aber auch die, die in ihm den Erlöser sehen, sind getäuscht und betrogen. Eine Erlösung für die dem Schein hoffnungslos verfallene Welt gibt es nicht.

Die Täter in Elfriede Jelineks (*1946) Roman »Wir sind Lockvögel, Baby!« (1970) und »Lust« (1989) sind von ihrer Sexualität monströs besessene Männer, die die Frauen brutal instrumentalisieren. Die fortgesetzten sexuellen Attacken im Namen der männlichen Lust spalten die Gesellschaft in Täter und Opfer und beschwören ein neues, auf Gewalt und Ausbeutung gegründetes Patriarchat herauf.

Christoph Ransmayrs (*1954) Roman »Die letzte Welt« (1988) dokumentiert aus der Sicht eines Erzählers in der Rolle des Berichterstatters und Augenzeugen den unaufhaltsamen Untergang der zivilisierten Welt. Cotta begibt sich auf die Suche nach Ovid, von Kaiser Augustus ans Schwarze Meer verbannt, wo der römische Dichter sein Hauptwerk, die *Metamorphosen,* vollendete. Dem Erzähler begegnet eine zerfallende, sich auflösende Welt. Die Verwandlungen, von Ovid in seinem Werk gestaltet, zielen hier in konsequent negativer Pointierung auf die völlige Auslöschung allen Lebens und der kulturellen Anstrengungen. »Bücher verschimmelten, verbrannten, zerfielen zu Asche und Staub. Steinmale kippten als formloser Schutt in die Halden zurück, und selbst in Basalt gemeißelte Zeichen verschwanden unter der Geduld von Schnecken. Die Erfindung der Wirklichkeit bedurfte keiner Aufzeichnungen mehr.« Ovid bleibt spurlos verschwunden. Die Vergeblichkeit aller Nachforschungen enttäuscht die Lesererwartungen und verfremdet die romanhafte Struktur zu einem Torso.

Die Suche nach einem Schriftsteller steht auch im Mittelpunkt von Norbert Gstreins (*1961) Roman »Die englischen Jahre« (1999), eines österreichischen Autors, der bereits 1988 mit der Erzählung Einer debütierte. Eine Frau fahndet nach dem österreichischen Autor Gabriel Hirschfelder, der in England gelebt hat und gestorben ist und als deutschsprachiger Jude im englischen Internierungslager in die Kriegswirren um 1940 verstrickt war. Hartnäckig hält sich das Gerücht von der Existenz seiner Autobiographie mit dem Titel *Die englischen Jahre*, die jedoch niemals aufgefunden wird. Erst am Ende enthüllt sich die Suche als ein Irrweg, da der echte Hirschfelder, um seine Deportation zu verhindern, seinen Namen mit einem anderen getauscht hatte, der überlebte und den man bis zu seinem Tod für den Schriftsteller gehalten hat. Im Scheitern der Suche spiegeln sich die Wirren der Geschichte und die verworrenen menschlichen Verhältnisse, in denen das Leben des einzelnen spurlos versinkt. Wechselnde personale Perspektiven erzeugen keine Klarheit, sondern Irritationen und Widersprüche. Hinter den Irreführungen und Verwechslungen verschwindet am Ende das Original. Die bloß vorgetäuschte löscht die echte Identität aus. Gstreins Roman erzählt in Gestalt der gescheiterten Biographie von der Auslöschung des nur mit sich selbst identischen Ichs und von dem Überleben seiner Fälschung. Die verschwundene Autobiographie verweist auf den verschollenen Menschen in einer namenlosen Geschichtswelt.

Auf den Tod des Helden läuft Thomas Hettches (*1964) erster Roman »Ludwig muß sterben« (1989) zu. Ludwig das Erzähler-Ich, entlassen aus der Psychiatrie, versucht, in Wort- und Bildsequenzen sich in seiner Welt zu orientieren und sich seiner selbst zu vergewissern, und verstrickt sich dabei hoffnungslos in das, was er als Wort- und Bildzwänge erleidet. Bei zunehmenden Wahrnehmungsstörungen ergreift Angst von dem Todkranken Besitz. Von Obsessionen heimge-

Aus Christoph Ransmayr, »Die Schrecken des Eises und der Finsternis«, 1984. Die Farbfotografie von Rudi Palla zeigt besonders eindrucksvoll die Verödung und Lebensfeindlichkeit der Welt.

Beginn des XIII. Kapitels von Christoph Ransmayrs »Die letzte Welt« (1988) mit einer Ziffernzeichnung von Anita Albus. Spinne und Fischskelette unterstreichen den unaufhaltsamen Verfall. Tomi ist das heutige Constanta am Schwarzen Meer.

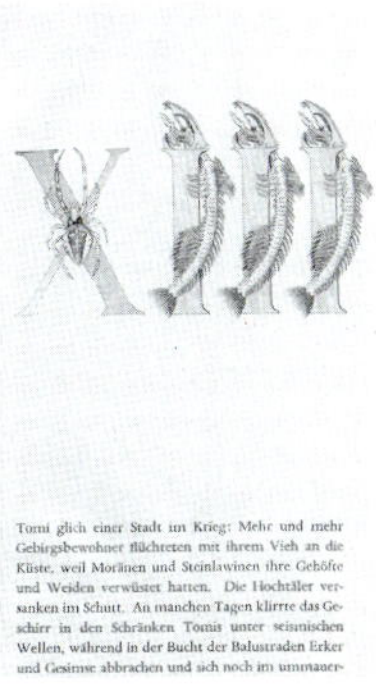

Tomi glich einer Stadt im Krieg: Mehr und mehr Gebirgsbewohner flüchteten mit ihrem Vieh an die Küste, weil Moränen und Steinlawinen ihre Gehöfte und Weiden verwüstet hatten. Die Hochtäler versanken im Schutt. An manchen Tagen klirrte das Geschirr in den Schränken Tomis unter seismischen Wellen, während in der Bucht der Balustraden Erker und Gesimse abbrachen und sich noch im ummauer-

Träger des Georg-Büchner-Preises
1951 Gottfried Benn
1952 kein Preis
1953 Ernst Kreuder
1954 Martin Kessel
1955 Marie-Luise Kaschnitz
1956 Karl Krolow
1957 Erich Kästner
1958 Max Frisch
1959 Günter Eich
1960 Paul Celan
1961 Hans Erich Nossack
1962 Wolfgang Koeppen
1963 Hans Magnus Enzensberger
1964 Ingeborg Bachmann
1965 Günter Grass
1966 Wolfgang Hildesheimer
1967 Heinrich Böll
1968 Golo Mann
1969 Helmut Heißenbüttel
1970 Thomas Bernhard
1971 Uwe Johnson
1972 Elias Canetti
1973 Peter Handke
1974 Hermann Kesten
1975 Manès Sperber
1976 Heinz Piontek
1977 Reiner Kunze
1978 Hermann Lenz
1979 Ernst Meister
1980 Christa Wolf
1981 Martin Walser
1982 Peter Weiss
1983 Wolfdietrich Schnurre
1984 Ernst Jandl
1985 Heiner Müller
1986 Friedrich Dürrenmatt
1987 Erich Fried
1988 Albert Drach
1989 Botho Strauß

sucht, verliert sich das Ich in dem, was sich seiner Wahrnehmung mehr und mehr entzieht. Hettches Roman »Nox« (1995), dem »Animationen« (1999) folgte, setzt ein mit der Ermordung des Erzählers durch dessen Geliebte in der Nacht des Mauerfalls 1989. Sein Text aber überlebt ihn, die erzählte körperliche Vereinigung mit seiner Mörderin, in der sich die nationale Wiedervereinigung spiegelt. Gegenwärtig bleibt auch die Wunde, die Wunde des Erzählers wie die Wunde des geteilten Deutschland.

Der Tod des Helden beschließt den ersten Roman »Schlafes Bruder« (1992) von Robert Schneider (*1961). Es ist die Geschichte des genialen Musikers Johannes Elias Alder, begabt mit der Fähigkeit, die Töne und Klänge des Universums zu hören. Als Fünfjähriger vernimmt er den Herzschlag eines ungeborenen Mädchens, das nach dem Volksglauben für ihn bestimmt ist. Aber die Liebe erfüllt sich nicht. Zweiundzwanzigjährig setzt Alder seinem Leben ein Ende, nachdem er beschlossen hat, nicht mehr zu schlafen. Schlafes Bruder, der Tod, führt ihn heraus aus einem Leben, in dem ihm das Glück als Bedingung für die Entfaltung seiner Begabung versagt war. Glück und Unglück scheinen zufällig verteilt. Ohnmächtig ist der einzelne der Willkür des Schicksals ausgeliefert.

Für den verwachsenen Professor Georg Christoph Lichtenberg erfüllt sich in dem postum erschienenen Roman »Die kleine Stechardin« (1994) von Gert Hofmann (1931–1993) die Liebe in Gestalt des Mädchens Maria Dorothea Stechard. Abgeschlossen, auf engstem Raum lebt das ungleiche Liebespaar, bis die Stechardin unheilbar erkrankt und jung stirbt. Betroffen steht der Aufklärer Lichtenberg vor dem Tod als unaufklärbarer Größe. Der Roman erzählt von der Endlichkeit des Glücks, der Liebe, die das gebrechliche Dasein kurzfristig vergessen macht, und von dem Tod, der es grausam stets wieder erinnert. Stellt Hofmann eine historische Figur in den Mittelpunkt seines Romans, so wendet sich Marcel Beyer (*1965) in seinem zweiten Roman »Flughunde« (1995), nach »Menschenfleisch«

(1991), der NS-Geschichte zu. Verteilt auf zwei Erzähler, den Stimmenforscher Karnau und die älteste Goebbels-Tochter, Helga, entsteht ein Protokoll der Kriegsjahre von 1940 bis 1945, einmal in betonter Sachlichkeit, zum andern in der emotional gefärbten Sichtweise der Heranwachsenden. Zur letzten Begegnung der beiden Erzähler kommt es im April 1945, als Karnau in Berlin die Führerstimme aufzeichnet. Der Schluß des Romans blendet in das Jahr 1992. Karnau entdeckt in einem Schallarchiv Tonaufzeichnungen mit den Stimmen der Goebbelskinder während ihrer letzten Tage und Nächte. Auf der letzten Platte, von Karnau selbst nicht aufgenommen, ist die Vergiftung der Kinder durch die Mutter akustisch festgehalten: »War da ein Schrei? Ein kurzes Weinen? Dann bleibt nur das Atmen. Das Atmen von sechs Kinderlungen in versetztem Rhythmus. Es läßt an Intensität und Lautstärke nach. Schließlich ist gar nichts mehr zu hören.«

Bernhard Schlink (*1944) verknüpft in seinem Roman »Der Vorleser« (1995) die NS-Vergangenheit mit einer privaten Liebesgeschichte. Der fünfzehnjährige Michael begegnet Hanna, einer attraktiven Mittdreißigerin. Er verliebt sich in sie, schläft mit ihr und liest ihr aus seinen Lieblingslektüren vor. Später als Jurastudent begegnet er ihr noch einmal im Gerichtssaal. Hanna ist als ehemalige KZ-Aufseherin in einem Kriegsverbrecherprozeß angeklagt. Politische und persönliche Geschichte, menschenverachtende Vergangenheit und Erinnerung an erfülltes Liebesglück vermischen sich im Bewußtsein Michaels und bedrängen ihn. In der Verbindung von NS-Schergin und Geliebter in einer Person erfährt der Ich-Erzähler das Dilemma des Menschen.

Josef Haslingers (*1955) Roman »Opernball« (1995) setzt mit der Schilderung eines Giftgas-Anschlags auf das Publikum des Wiener Opernballs ein, gesehen mit den Augen des Kameramanns, der das Unfaßbare auf zwanzig Bildschirmen gleichzeitig verfolgt. Zeugen des hundertfachen Erstickungstods werden die Zuschauer der weltweit ausgestrahlten Übertragung.

1990 Tankred Dorst
1991 Wolf Biermann
1992 George Tabori
1993 Peter Rühmkorf
1994 Adolf Muschg
1995 Durs Grünbein
1996 Sarah Kirsch
1997 H.C. Artmann
1998 Elfriede Jelinek
1999 Arnold Stadler
2000 Volker Braun

Umschlag zu Woelks Roman »Amerikanische Reise« von Raphie Etgar. Ironisch unterstreicht das »DON'T WALK« die Struktur des ziellosen, in eine Sackgasse mündenden Roadmovies.

Wie ein Film läuft die Katastrophe ab, in die man nicht eingreifen kann, die die Zusehenden zu Voyeuren erniedrigt. Auffällig ist auch hier die Überwältigung der subjektiven Perspektive durch das eigenmächtig ablaufende objektive Geschehen, durch den Widersinn des Massenmords. Der analytisch angelegte Roman, der sich nach der Dokumentation der Tat dem Versuch einer Aufklärung zuwendet, beleuchtet das Geschehen aus unterschiedlichen personalen Perspektiven. Doch alle, die zu Wort kommen, können nur das Grauen konstatieren, das absurde Schicksal der Opfer. Die Suche nach Motiven bleibt unbefriedigend. Der analytisch angelegte Roman läuft ins Leere. Haslingers Roman schildert den jederzeit möglichen Einbruch menschenverachtender Gewalt in eine Wohlstandsgesellschaft, die sich in Sicherheit wiegt. Ins Zwielicht gerät der Medienjournalismus, der zu Steigerung der Einschaltquoten die Katastrophe in wechselnden Einstellungen ausschlachtet. Im Zentrum steht einmal mehr der scheinbar unkontrollierbare Prozeß der Vernichtung, der umso auswegloser erscheint, als er von den meisten nicht länger reflektiert, sondern allein visuell rezipiert wird.

Nach seinen Romanen »Freigang« (1990) und »Rückspiel« (1993) erzählt Ulrich Woelk (*1960) in seinem dritten Roman »Amerikanische Reise« (1996) im Stil des filmischen Roadmovies von dem Aufbruch Jans in die Neue Welt, zu den erträumten Möglichkeiten einer erfüllteren und gesteigerten Lebenslust. Doch der Abenteuerroman bleibt ohne Happy-End. Unter

Parallel zur filmischen Form des Roadmovies entwickelte sich die Road-Novel. Unter amerikanischem Einfluß entstanden in der deutschen Gegenwartsliteratur einige beachtenswerte Realisierungen des neuen Erzählgenres. Neben Woelks *Amerikanische Reise* sind zu nennen: Helmut Krausser (*1964): »Könige über dem Ozean« (1989), Herbert Genzmer (*1952): »Letzte Blicke, flüchtige Details« (1995), Christian Kracht (*1966): »Faserland« (1995). Die Road-Novel verkehrt im Zeitalter des Tourismus die traditionelle Bildungsreise mit ihren Zielen der persönlichen Bereicherung und Reifung ins Negative, indem sie den Aufbruch des Helden regelmäßig in die Katastrophe münden läßt. Ziellosigkeit und ein absurdes Finale durchkreuzen die erwartete Logik des Erzählens. Im sinnlosen Ende spiegelt sich der radikale Orientierungsverlust der Gegenwart.

den Messerstichen krimineller Jugendlicher stirbt Jan vor einem Parfum-Plakat. »Die Helligkeit des Plakats vor seinen Augen beginnt zu flackern wie eine Glühbirne, die kurz vor dem Ende steht. Und während das Bild langsam dunkler wird, beginnt auf wundersame Weise der Schmerz sich aufzulösen, fährt aus ihm heraus wie ein fremdes Wesen und läßt ihn schließlich frei. Nirwana.« Detailliert nachgeholt werden in einer Rückblende die Erlebnisse Jans mit Kristin auf ihrer Fahrt nach Chicago. Aber sowohl hier als auch im Epilog Kristins, die ein zurückgebliebenes Tonband Jans abhört, ist der Held längst tot. Nur in der zukunftslosen Retrospektive sind die flüchtigen Augenblicke der Erfüllung darstellbar.

Angela Krauß (*1950)

In der Zeit unmittelbar nach der Wende 1989 spielt die Erzählung »Die Überfliegerin« (1995) der in Leipzig lebenden Angela Krauß (*1950). In heftiger Unruhe versucht die Ich-Erzählerin in ihrer Altbauwohnung mit Blick auf den Leipziger Kopfbahnhof, Sackgasse und Startbahn zugleich, sich von allem Überlebten und Vergangenen zu befreien. Ihr Aufbruch aus der aufgezwungenen Enge führt sie immer weiter in den Westen bis nach Amerika, von dort wieder in den Osten zu ihrer russischen Brieffreundin aus Kindertagen. Doch die Wiederbegegnung mit der östlichen Lebensweise läßt sie schließlich fluchtartig erneut aufbrechen. Was zwischen Abbruch und Aufbruch im Stil der Road-Novel begann, endet mit einer Landung, mit dem Bekenntnis zu einem persönlichen Standort. In New York, in der neuen Welt, erlebt die Ich-Erzählerin in Angela Krauß' Erzählung »Milliarden neuer Sterne« (1999) das beglückende Gefühl der Befreiung und des Aufbruchs. Innerlich gelöst, geht sie durch die Nacht, »abwesend und hellwach zugleich und mit allen Gedanken das Ungreifbare umfangend: Zukunft.«

Helmut Krausser (*1964)

Pessimistischer endet der Roman »Thanatos« (1996) von Helmut Krausser (*1964) mit dem Untergang des Helden. Der Graphologe und Liebhaber der Romantik Konrad Johanser, wegen der Fälschung einer Handschrift gesucht, ermordet aus Angst seinen Erpresser

Benedikt. Heimgesucht von der Stimme des Toten, nach weiteren Morden beginnt seine Identität abzusterben. Mit dem Paß des Ermordeten entschließt er sich, »heim« zu gehen, hinab zum Fluß »Acher«, über dem er zu Anfang bereits gestanden hatte. Der Tod entfaltet im Stil der schwarzen Romantik seine unheimlich zersetzende Kraft und treibt den romantischen Schwärmer in einen phantastischen Untergang. In Desillusionierung des romantischen Glaubens ist der Tod nicht das Tor zu einer Existenz im Unendlichen, sondern Absturz in das absolut Sinnlose. Im Roman »Der große Bagarozy« (1997) zeichnen sich Wege aus der düsteren Welt des Thanatos ab. Die Ehe von Robert, der makaber ausgefallene Todesanekdoten sammelt, und der Psychiaterin Cora ist längst erstarrt. Ihr Patient Nagy, der vorgibt, der Teufel zu sein und eine schwärmerische Verehrung für die Sängerin Maria Callas an den Tag legt, bringt neue Spannung in ihr Leben. Bewunderung, Faszination und Leidenschaft gewinnen plötzlich wieder Gestalt. Auch wenn es zu keiner Erfüllung kommt, bleibt doch die Sehnsucht nach einem emotional erfüllten Leben. Zum Schluß blickt Nagy einem sehr schönen und sehr schmutzigen Mädchen nach, das auf dem Fluß auf einem Lastkahn vorüberzieht.

Hoffnungsvoller schließt Zoe Jennys (*1974) erster Roman »Das Blütenstaubzimmer« (1997). Jo, Kind der 68er Generation, sieht sich als Abiturientin den verworrenen persönlichen Verhältnissen ihrer Eltern ausgesetzt. Sie reist in den Süden zu ihrer Mutter, die sie zwölf Jahre nicht gesehen hat und die dort mit einem Maler zusammenlebt. Als dieser bei einem Unfall ums Leben kommt, schließt sich die Mutter in dem Blütenstaubzimmer ein. Jo, in der zunehmenden Gewißheit, daß die Elterngeneration, ausschließlich mit den eigenen Krisen beschäftigt, vor ihren Kindern versagt, bricht am Ende auf in ein eigenes Leben. Allein der Mut der Jüngeren zur persönlichen Identität in radikaler Lösung von den Älteren weist Wege in die Zukunft.

Tragikomisch gewendet ist die subjektive Krisenerfahrung in Hans-Ulrich Treichels (*1952) Erzählung »Der Verlorene« (1998). Der Glaube der Mutter, daß ihr ältester Sohn Arnold, seinerzeit auf dem Treck aus dem Osten verschollen, nicht tot sei, setzt eine mit aller Akribie geführte, mitunter unfreiwillig komische Nachforschung in Gang. Plötzlich steht die Vergangenheit in der Gegenwart wieder auf, in der man sich längst erfolgreich eingerichtet hat. Der Ich-Erzähler, der jüngere Bruder des Verlorenen, gerät über die Nachforschung nach dem andern selbst mehr und mehr in den Hintergrund und ist in der Gefahr, innerhalb der Familie als Kind nur noch die zweite Rolle zu spielen. Die unbewältigte jüngste geschichtliche Vergangenheit dringt in den gegenwärtigen Lebensraum ein und bedrängt noch den Angehörigen der Nachkriegsgeneration. Mit »Tristanakkord« (2000) legt Treichel seinen ersten Roman vor. Es ist die Geschichte des etwas weltfremden Doktoranden Georg Zimmer, der von der Kunst die letzten und tiefsten Offenbarungen erwartet. Angeheuert von einem berühmten Komponisten, dem er bei der Abfassung seiner Memoiren helfen soll, gerät er mehr und mehr in einen Zustand der Verwirrung und droht sich selbst zu verlieren. Treichels Roman ist ein skeptisches Buch, das vor einer Überschätzung der Kunst als Allheilmittel im Medium einer tragikomischen Darstellung warnt.

Immer wieder stellt die Literatur der Gegenwart die Frage nach den Möglichkeiten subjektiven Überlebens in einer zunehmend lebensfeindlichen Umwelt. Thomas Hürlimanns (*1950) Roman »Der große Kater« (1998) porträtiert in seinem Helden, den Schweizer Bundespräsidenten mit dem Beinamen »der große Kater«, das mit einem unverwüstlichen Überlebenswillen ausgestattete Individuum. Während des Besuchs des spanischen Königspaars, auf dem Höhepunkt seiner politischen Karriere, liegt sein Sohn im Sterben. Seine Frau, ent-

Umschlagillustration zu Hürlimanns Roman »Der große Kater« (1998)

schlossen, nicht vom Bett des Sterbenden zu weichen, droht, einen öffentlichen Eklat heraufzubeschwören. Im Untergrund bereitet der Chef der Sicherheitspolizei den Sturz des Präsidenten vor. Bravourös steht der große Kater beim Staatsempfang trotz allem seinen Mann und zerbricht weder beim Tod seines Sohns noch bei seinem persönlichen Sturz. Das letzte Wort des Romans »Lebt«, gesprochen vom großen Kater beim Anblick seines Enkels, dem Kind der Tochter, unterstreicht noch einmal das unverwüstliche Lebensvertrauen, den Willen des Subjekts, vor den unvermeidlichen Niederlagen des Daseins nicht zu kapitulieren.

Von niemals versiegenden, strömenden Leben erzählt John von Düffel (*1966) in seinem ersten Roman »Vom Wasser« (1998). Wasser ist das Leitmotiv, der eigentliche Held des stilistisch brillanten Romans. Am Auge des Lesers läßt der Erzähler die Lebensläufe seiner Ahnen vorüberziehen, die zwischen den Flüssen Orpe und Diemel mit der Kraft des Wassers Papier herstellten und die Fabrik in den wechselnden Strömungen der Geschichte aufrecht erhielten, eine Dynastie, deren Leben und Sterben mit dem Wasser verbunden war. Im Sog des Erzählens offenbart sich die magische Anziehungskraft des Wassers, zu dem der Erzähler, der Enkel der Papierfabrikanten, immer wieder zurückkehrt, aus dessen Anblick er Kraft schöpft zum Weiterleben und Weiterlieben. Den Roman beschließen der Abschied von der Geliebten und zugleich der Aufbruch zum Wasser: »Sie will nur Lebewohl sagen, ich bejahe. Und wo willst du jetzt hin? Es ist die erste Frage, die sie mir stellt, und ein 'Ja' reicht hier nicht mehr aus. Ans Wasser, sage ich. Ans Wasser ? Zum letzten Mal höre ich ihre Stimme. Ich nicke stumm, als müßte sie es längst wissen: Wir kehren immer wieder zum Wasser zurück.«

Umschlagillustration zu John von Düffels Roman »Vom Wasser« (1998)

Elegischer getönt ist der Roman »Ein hinreissender Schrotthändler« (1999) von

Arnold Stadler (*1954). Adrian, der hinreißende, jugendliche Schrotthändler, dringt eines Tages in die Ehe des frühpensionierten Geschichtslehrers und der Handchirurgin Gabi ein. Seine Frage nach einem auszuschlachtenden Auto verweist in anzüglicher Weise auf den Schrottzustand der fünfundzwanzigjährigen Ehe. Adrian macht ihr ein jähes Ende, indem er die Frau für sich gewinnt. Im inneren Monolog des verlassenen Ehemanns entsteht das melancholische Bild eines glück- und lieblosen Lebens, einer fragmentarischen Beziehung, von deren Geschichte der Erzähler nur die eine Hälfte kennt, weil es nie zu einem echten Austausch gekommen ist. Auch der Besuch seiner Kinderheimat vermag den Erzähler seine große Lebensenttäuschung nicht vergessen zu machen. Tief beunruhigend bleibt das Gefühl einer unaufhebbaren Fremdheit nach Jahren eines gemeinsamen Lebens zurück, die Ahnung von der unüberbrückbaren Kluft zwischen den Geschlechtern.

Entwürfe des Scheiterns – Die Novelle der Gegenwart

Das Bewußtsein des offenbar unaufhaltsamen Verfalls und des ausweglosen Scheiterns hat in der Gegenwart neben den Romanen, die überkommene Gattungserwartungen konsequent desillusionieren, zu einer beachtlichen Renaissance der Novelle geführt. Novellistisches Erzählen rückt weniger die Person als den Prozeß, weniger die Selbstbehauptung als die Niederlagen des Menschen in den Mittelpunkt.

Im Jahr 1981 veröffentlichte Gert Hofmann (1931–1993) vier Novellen mit dem Titel »Gespräch über Balzacs Pferd«. In der Titelnovelle führt der Kloakeninspektor Brissot Balzac in die Pariser Kloaken, wo allabendlich in einer Arena ein klappriges Pferd von Tausenden von Ratten bis auf die Knochen abgefressen wird. Die Bühne verkommt zum Ort eines ewigen Gemetzels und der Verwesung. Das Leben ein Fraß des Todes, sein Ziel die Kloake. Erschütternd ist das Grauen eines hoffnungslosen Endes, der Horror eines absurden

Gert Hofmann (1931–93)

Lebens. Auch in der Novelle »Casanova und die Figurantin« markiert der Wendepunkt den sinnlosen Umschlag vom Leben in den Tod. Der einst bezwingende Frauenheld, nun jenseits der Fünfzig, mit schütterem Haar, nahezu zahnlos, unter Herzbeschwerden leidend, treibt mit fataler Konsequenz seinem glanzlosen Ende entgegen. Als Wiedergängerin begegnet ihm in einer unerhörten Begebenheit seine Mutter auf dem Friedhof und offenbart ihm, daß das Leben, das sie ihm einst geschenkt, ein Leben zum Tode ist.

Die Erfüllung des Liebesglücks scheitert in Bodo Kirchhoffs (*1948) »Mexikanische Novelle« (1984) an der Unfähigkeit des selbstbezogenen Ich-Erzählers zu lieben. Seine bloße Sexualität betrügt das Gefühl seiner ihn aufrichtig liebenden mexikanischen Geliebten und läßt ihn schuldig werden am Tod des Freundes. Der Schluß der tragischen erotischen Novelle bleibt offen.

Neben Hofmann zählt Hartmut Lange (*1937) zu den bedeutendsten Novellisten und Erzählern der Gegenwart. Seine 1986 erschienene Novelle »Das Konzert« beschreibt einen Gang in die Unterwelt. Hintergrund ist das Berlin nach 1945. Unsichtbar für die Lebenden bewegen sich hier auf der einen Seite die von den Nazis umgebrachten Juden und auf der anderen die Nazis selbst. Mittelpunkt ist die Aufführung der E-Dur-Sonate des späten Beethoven durch den genialen, in jungen Jahren ermordeten jüdischen Pianisten Lewanski vor den nach Erlösung verlangenden Nazis im Führerbunker. Doch der junge Pianist scheitert, weil ihm die Lebensreife fehlt, ein solches Werk angemessen wiederzugeben. In radikaler Konsequenz stellt sich die unerhörte Begebenheit der Novelle als das sich ereignende Scheitern dar. Menschliche Erlösung vom Grauen der Geschichte scheint ausgeschlossen. In der novellistischen Erzählung »Die Wattwanderung« (1990) unternimmt der Buchhändler Völlenklee im Winter eine Wanderung von Amrum nach Föhr. Doch sein Aufbruch führt ihn nicht zum Ziel, sondern bei auflaufender Flut in den Tod. »Er spürte, wie feindlich ihm die Landschaft war und wieviel Mühe er

Hartmut Lange (*1937)

haben würde, an der Kälte, die von der erbarmungslosen Weite ausging, nicht zu verzweifeln.« Menschliches Dasein erscheint in einer menschenfeindlichen Welt als sinnloser Aufbruch, als ein zwanghaft vorgezeichneter Weg in die Katastrophe.

Illustration von Sempé zu Süskinds Novelle »Die Geschichte von Herrn Sommer«. Sempés Bild stellt den Menschen als kleine Figur in eine übermächtige Umgebung, deren Bedingungen ihn am Ende überwältigen.

In der Tendenz vergleichbar ist Patrick Süskinds in novellistischem Stil geschriebene Erzählung »Die Geschichte von Herrn Sommer« (1991). Süskind erzählt die Geschichte von einem aussichtslosen Wettlauf mit dem Tod. Ruhelos treibt es den geheimnisvollen Herrn Sommer um den See, immer unterwegs, auf der Flucht vor dem Stillstand, der den Tod bedeuten könnte. Doch schließlich, am Wendepunkt des Geschehens, gibt der rastlose Wanderer auf und nimmt, indem er in den See geht, sein Schicksal freiwillig auf sich. Der See als das zentrale Sinnbild der Novelle ist der tödliche Abgrund, um den sich das menschliche Leben bewegt, stets im Kreise, ohne Chance, sich von ihm in der Weite entfernen zu können. Vorherbestimmt und stets gegenwärtig ist der Abstieg, das letztendliche Verschlungenwerden.

Der Tod ist in einer Welt ohne überzeugende Sinnentwürfe die Katastrophe schlechthin. In Thomas Hürlimanns (*1950) Novelle »Das Gartenhaus« (1989) arbeiten sich die Eltern am Tod ihres Sohnes ab. Jeder auf seine Weise, ohne eine Antwort auf das Unbegreifliche zu finden. In auffälligem Verzicht auf die Tröstungen eines liebenden Gottes, an den man nicht länger zu glauben vermag. Norbert Gstrein (*1961) verknüpft das Scheitern in seiner Novelle »O2« (1993) um den Stratosphärenballonflug Auguste Piccards von 1931 mit der radikalen Desillusionierung von Männlichkeitsbildern. Ob der Forscher, der Unternehmer, der Starfahrer oder der Verführer, alle sind sie aufgehoben in der Welt des bloßen Medienscheins. Nur dort haben sie etwas von dem Glanz des Helden. In Wirk-

Umschlagillustration zu Kleebergs Novelle »Barfuß« (1995)

Umschlagillustration zu Brinkmanns Neue Gedichte »Die Piloten« (1969)

lichkeit aber sind sie kleine Gernegroße, Hochstapler und Renommisten. Die Novelle rechnet ab mit einer vom Wahn männlichen Heldentums beherrschten Welt. Die Bruchlandung des Ballons signalisiert den Ausgang aller von Männern gestarteten sogenannten Heldentaten.

In einem sadomasochistischen Finale vollzieht sich die Auslöschung personaler Identität in Michael Kleebergs (*1959) »Barfuß« (1995). Der erfolgreiche Werbetexter Arthur K., unfähig, den geringsten Glücksverlust in seinem Leben hinzunehmen, gerät nach einer vergleichsweise banalen Enttäuschung durch einen Bedienungsfehler seines Minitels in einen falschen Service, der ihn in Berührung bringt mit einem Sadisten auf der Suche nach einem Epheben. Im Finale einer phantastisch gesteigerten Ich-Auflösung wird Arthur K. von seinem »Herrn« erstochen. Das Ich, ohnmächtig, den Glücksverlust zu verarbeiten, beginnt, narzißtisch gekränkt, sich selbst zu hassen, mit einem Haß, der die eigene Zerstörung betreibt.

Eine gigantische Steinlawine in den Schweizer Bergen begräbt in Franz Hohlers (*1943) Novelle »Die Steinflut« (1998) ein ganzes Dorf unter sich und löscht das Leben der Menschen dort aus. Beispielhaft, in unheilvollen Vorzeichen beklemmend vorbereitet, gewinnt die novellistische Katastrophe Gestalt, erlebt aus der Sicht des Mädchens Katharina, die sich ober-

Mit der Textsammlung »Die Piloten« (1969) von Wolf Dieter Brinkmann (1940–75) setzte die Rezeption der in Amerika beliebten Popliteratur auch in Deutschland ein. Beispiele in neuester Zeit sind: Alexa von Hennig Lange (*1973): »Relax« (1997), Benjamin von Stuckrad-Barre (*1975): »Soloalbum« (1998), Rainald Goetz (*1954): »Rave« (1998) sowie Alban Nicolai Herbst (*1955): »Thetis – Anderswelt« (1998). Anspruchsvolle Popliteratur richtet sich ebenso gegen den Kommerz-Pop (*Playboy, Bravo* u.ä.), indem sie dessen Darstellungsweisen karikierend ad absurdum führt, wie in einer Zeit des Konsums und der Diktatur des Markts gegen elitäres Kunstschaffen mit seinen etablierten ästhetischen Normen. Ein Mix aus trivialen Erzählmustern (Krimi, Science Fiction, Western, Porno), aus Comic, Reklame, Realismus, Kolportage und Dokument löst alle scheinbar festen Strukturen auf und führt zur radikalen Desorientierung in einer Welt, in der anonyme Prozesse, Technologien und Medien den Menschen längst aus dem Mittelpunkt verdrängt haben. In einer grotesken Montage heterogener Elemente, im collagierten Labyrinth des Unsinns bewegt sich der dezentrierte Mensch.

halb bei ihren Großeltern aufhält, während unten im Tal ihre Eltern und ihre Geschwister sterben. Gerade die Wahl der kindlichen Heldin läßt aber auch neue Hoffnung aufkommen, so daß die novellistische Fatalität relativiert erscheint. »... und dann erfüllt ein Krachen das Tal, als gingen hundert Gewitter gleichzeitig nieder, und durch die riesige Staubwolke... sieht Katharina einen gewaltigen, pechschwarzen Felsblock durch die Luft niedersausen, als wäre er ein Stück morsches Holz, ... und da weiß sie, daß alles verloren ist, ...« Aber sie wußte auch, »daß irgendwo dahinter die zweite Katharina auf einer goldenen Kugel saß, und sie wußte, daß sie von jetzt an all ihre Kraft brauchen würde, um sie nicht zu verlieren.«

In diesen Mörderzeiten

Die Engel tragen
Totenhemden
In diesen Mörderzeiten

Die Küsse sind aus
Blut gemacht
Was längst verdarb
ist aufgewacht

Es lärmt von allen
Seiten
Es brüllt nach Krieg
und Untergang

Wir fürchten uns ein
Leben lang
Wir lieben uns nur
einen Tag

Die Stummen trifft
der erste Schlag
Nur eine Nacht die
uns gehört

Die Engel leben
unbeschwert
Sie singen Galgenlieder

Bring heute deine
Liebste heim
Du tust es niemals
wieder

Hans-Ulrich Treichel
Liebe Not,1986

Versuchte Selbstbehauptungen – Die Lyrik der Gegenwart

Die Lyrik der 80er und 90er Jahre reklamiert den Anspruch des Subjekts auf eine selbstbestimmte, erfüllte Existenz in einer Umwelt zunehmender subjektiver Entfremdung und Frustration.

Ulla Hahn (*1946) beschwört in ihren Gedichtbänden »Herz über Kopf« (1981), »Freudenfeuer« (1985) und »Unerhörte Nähe« (1988) das fundamentale Glück der Liebe, das jedoch mehr ersehnt als erfüllt wird. Anspielungen auf die historische Liebesdichtung und die mehr traditionelle Form des Reim-Strophen-Gedichts stellen die Liebe als ein uraltes, nie zu erschöpfendes Thema gegen eine lieblose, unerfüllte Gegenwart.

In präzis verknappter Sprache, unter weitgehendem Verzicht auf musikalisch klangliche Elemente entsteht in Hans Georg Bullas (*1949) Gedichtband »Weitergehen« (1980) das Protokoll einer exemplarischen Krise. Aus der Selbstbefragung und Selbsterforschung tritt das lyrische Ich im zweiten Gedichtband »Der Schwimmer« (1982) heraus, indem es mit der Öffnung zum andern die Selbstbefreiung einleitet. Im dritten Gedichtband »Kindheit und Kreide« (1986) erscheint das Heraustreten aus subjektiver Verengung als Bedingung eines neuen Welterlebens.

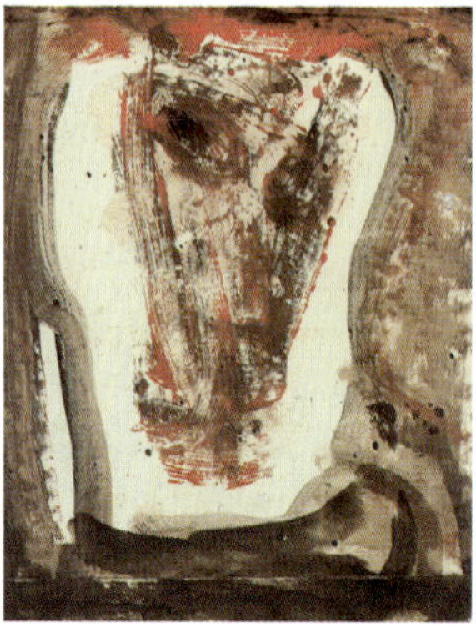

Illustration von Adolf Frohner zu Raoul Schrotts (*1964) »Die Legenden vom Tod« (1990)

Geprägt von der weltanschaulichen Enttäuschung der 68er Generation ist Hans-Ulrich Treichels Gedichtband »Liebe Not« (1985). Gegen das unaufhörliche Morden, das Ende der Liebe und die Häßlichkeit des Chaos setzt Treichel die Schönheit der Form, effektvoll gestaltet durch End- und Binnenreime und eine musikalisch rhythmisierte Sprache. Prometheus, im gleichnamigen Gedicht verkörpert das verzweifelte, trauernde lyrische Ich, das sich nur noch in der Abwendung von einer Welt unaufhörlicher Geschäfte und Kriege zu behaupten weiß.

Illusionslos entsagt Kurt Drawert (*1956) in seinen Gedichtbänden »Zweite Inventur« (1987) und »Privateigentum« (1989) in einer nüchtern registrierenden Sprache allen Illusionen und Legendenbildungen. Unbestechlich vergewissert sich das Ich der sinnlich gegebenen Wirklichkeit, indem es sich von allen Verblendungen und Borniertheiten distanziert.

Das lyrische Ich in Thomas Klings (*1957) neuestem Gedichtbuch »Fernhandel« (1999) registriert die Geschichte wie die Gegenwart in weit ausschwingenden beschreibenden und kommentierenden Nominalketten. Festgehalten wird im Augenblick des Gedichts eine fragwürdige Welt, gegen die sich das Ich räsonierend behauptet.

Der wiedergänger ist das imago mortui,der glasbläser der seele, der bronzengießer des körpers, er ist die maske, die nichts maskiert und die larve, die keines fremden züge zeigt; er ist die gesichte der nocturnae imagines, dein eigenes gesicht, das nicht vom tode kommt.

*Raoul Schrott (*1964) aus: »Die Legenden vom Tod« (1990)*

Uwe Kolbes (*1957) neuer Gedichtband »Vineta« (1998) sammelt Erinnerungen an die Kindheit bis zum Fall der Mauer und formuliert die Irritationen in der Begegnung mit einer sich neu formierenden Gesellschaft. Zur Sprache kommen das subjektive Bewußtsein unter der Oberfläche der Dinge, das Ich, das wie das versunkene Vineta mit seinem Glockenläuten aus dem Schweigen seine Stimme erhebt. »Dicht unter dem Unausgesprochnen/ lagern die Schätze der Angst,/ wir heben aus ihnen Gedichte.«

Auf drastische bis makabre Weise sucht Albert Ostermaier (*1967) in seiner Sammlung »Herz Vers Sagen« (1995) das Liebesgedicht wiederzubeleben. Fern von allen Herz-Schmerz-Attitüden und schwärmerischem

Schmachten drängt die Leidenschaft auf konkrete Erfüllung, vorangetrieben von spontanen Wort- und Zeilenbrüchen und einer vorwärts stürmenden Syntax.

Beispielhaft formuliert Durs Grünbein (*1962) im Medium des Gedichts (»Fallen und Falten«, 1994; »Den Teuren Toten«, 1994) das zutiefst pessimistische Bewußtsein der Gegenwart.

Durs Grünbein (*1962)

Bewußtsein der Gegenwart:
Fortfahren ... wohin? Seit auch dies
          Nur der fällige Ausdruck
Für Flucht war, für Weitermachen
          Gedankenvoll oder -los.
Was aufs selbe hinausläuft, wie?
          Zug um Zug einer neuen
Erregung entgegen, einem Gesicht
          Zwischen den Zifferblättern
Im Schaufenster, Brillen für Liebe,
          Für schärferes Fernsehn, Särge
Und Möbel zum schnelleren Wohnen,
          Wo Engel an Kassen saßen, taub
Gegen ihr süßes, nekrophiles Hallo.

(Durs Grünbein, »Variation auf kein Thema«)

Und doch bekennt sich das lyrische Ich zur Gegenwart des Lebens, da der einzelne allein diese einzige Möglichkeit hat, sich für kurze Frist zu behaupten. Die Zeit, die nur Vergangenheiten schafft, ist fern und nichtig und steht im Augenblick des Gedichts still:

Zum Vielerlei gehört hier mehr als Sterben,
Soviel ist klar und wird vorausgesetzt.
Doch bleibt, nach allem Abzug vom Verderben,
Zumindest diese Einsicht bis zuletzt.

Die Einsicht bleibt, daß wo wir gehn und stehn,
Gestorben wird, und es hilft kein Geschrei,
Die Gegenwart ist alles was wir sehn,
Vergangenheit ein Staubfleck in der Mongolei.

(Durs Grünbein, Kleine Litanei aus: »Nach den Satiren«, 1999)

Kurzer Überblick über die deutsche Literaturgeschichte

8. Jh. Spuren germanischer Dichtung, »Merseburger Zaubersprüche«, »Hildebrandslied«
830–870 Christliche Literatur, »Heliand«, Otfrids »Evangelienbuch«
880–1150 Entwicklung einer weltlichen Literatur, »Ludwigslied«, »Kaiserchronik«
1150–1210 Staufische Klassik, Höhepunkt der höfischen Literatur, Minnesang (Walther von der Vogelweide), Versepik (Wolframs »Parzival«, »Nibelungenlied«)
1210–1500 Literatur des späten Mittelalters
1400 Didaktisch-satirische Tendenzen, Johann von Tepls »Der Ackermann und der Tod«, frühhumanistische Dichtung
1494 Brants »Narrenschiff«, Narrenspiegel der spätmittelalterlichen Gesellschaft
1522/34 Martin Luthers Bibelübersetzung
1470–1600 Einflüsse der europäischen Renaissance, Eindeutschungen italienischer und französischer Literaturmuster
1480–1600 Volksbücher, »Reineke Fuchs«, »Till Eulenspiegel«, »Dr. Faustus«, Entfaltung einer bürgerlichen Literatur
1624 Opitz, »Buch von der Deutschen Poeterey«, Beginn der neuzeitlichen Literatur
1631 Spee, »Cautio Criminalis«, Warnschrift gegen den Hexenwahn
1639/42 Gryphius' »Sonn- und Feiertagssonette« und Flemings »Teutsche Poemata« setzen Maßstäbe für die Barocklyrik.
1657/65 Gryphius und Lohenstein profilieren das barocke Märtyrerdrama (»Katharina von Georgien«) und das barocke Geschichtsdrama (»Cleopatra«)
1669 Grimmelshausen, »Der abenteuerliche Simplicissimus Teutsch«, der erste deutsche Roman der Weltliteratur
1695/1727 »Herrn von Hoffmannswaldaus u. a. Deutschen auserlesene Gedichte«, die bedeutendste Sammlung deutscher Lyrik im Renaissance-Stil
1720–60 Rationalistische Aufklärung, Vernunft als Maßstab bürgerlicher Tugend, Fabel und Satire bevorzugte Gattungen
1730 Gottscheds »Versuch einer Critischen Dichtkunst« fordert eine am moralischen Nutzen orientierte Literatur.
1759 Lessings »17. Literaturbrief« tritt ein für das Drama Shakespeares als Maßstab.
ab 1765 Lichtenbergs »Sudelbücher« entstehen, ein Höhepunkt des deutschen Aphorismus.
1767 Mit »Minna von Barnhelm« schafft Lessing die erste moderne deutsche Komödie, Vereinigung von Kopf und Herz
1771 Klopstocks »Oden« in freien Rhythmen weisen der empfindsamen Lyrik den Weg.
1772 Lessings »Emilia Galotti« begründet das bürgerliche Trauerspiel.
1774 Goethe, »Die Leiden des jungen Werthers«, die Problematik des bedingungslosen Gefühls
ab 1774 Wiederbelebung der Ballade im »Göttinger Hain«
1774/82 Goethes »Götz von Berlichingen« und Schillers »Räuber« gestalten das Drama des Sturm und Drang.
1775/89 Goethe, »Gedichte«, Durchbruch zur Erlebnislyrik
1775–81 Claudius, »Der Wandsbecker Bote«, Höhepunkt der literarischen Empfindsamkeit
1786 Goethe tritt die italienische Reise von Weimar aus an, Eröffnung der klassischen Phase der deutschen Literatur
1787 Schiller siedelt nach Weimar über.
1786–1804 Periode des klassischen Dramas: Goethe, »Iphigenie«, »Tasso«; Schiller, »Maria Stuart«, »Wallenstein«
1795 Goethe, »Wilhelm Meisters Lehrjahre«, Muster des Bildungsromans
1797 Goethe, Schiller »Balladen« (»Der Zauberlehrling«, »Die Bürgschaft«)
1797/1806 Hölderlin, »Gedichte«, bedeutende Odendichtungen
1798/1800 »Athenäum«, die wichtigste Programmzeitschrift der deutschen Romantik
1799/1800 Novalis, »Heinrich von Ofterdingen«, Modell des romantischen Romans, »Hymnen an die Nacht«
1808 Kleist, »Der zerbrochene Krug«, maßstabsetzendes deutsches Lustspiel
1810/11 Kleist, »Erzählungen«, Beginn der modernen deutschen Novelle (»Michael Kohlhaas«)
1814/17 Hoffmann, »Fantasiestücke«, »Nachtstücke«, frühe Höhepunkte des Kunstmärchens und der literarischen Phantastik
1812/19 Die Kinder- und Hausmärchen der Brüder Grimm
1827 Heine, »Das Buch der Lieder« beginnende Ironisierung romantischer Lyrikmuster
1808/32 Goethe, Faust I und II
1835 Büchner, »Dantons Tod«, Spiegel der Resignation während der Restaurationszeit
1837 Eichendorffs »Gedich-

te« prägen das Bild romantischer Lyrik.
1844 Annette von Droste-Hülshoff, »Gedichte«, die erste deutsche Dichterin von Rang
1851 Heine, »Romanzero«, die letzte und gewichtigste Lyrikveröffentlichung zu Lebzeiten
1848–98 Der poetische Realismus profiliert die deutsche Erzählliteratur.
1854 Keller, »Der grüne Heinrich«
1856/74 Keller, »Die Leute von Seldwyla«
1888 Storm, »Der Schimmelreiter«
1889 Hauptmann, »Vor Sonnenaufgang«, Beginn der naturalistischen Phase
1891 Raabe, »Stopfkuchen«
1894 Hauptmanns »Die Weber« setzt Akzent für das soziale Drama.
1894/95 Fontane, »Effi Briest«
1897–1908 In den Gedichten Georges, Hofmannsthals und Rilkes avanciert die Lyrik zur führenden Aussageweise der Zeit
1901 Mann, »Die Buddenbrooks«, allmähliche Auflösung realistischen Erzählens
1909 Kubin, »Die andere Seite«, Maßstab für den phantastischen Roman
1911/15 Sternheim, »Komödien aus dem bürgerlichen Heldenleben«, Höhepunkte des deutschen Lustspiels
1911–15 Die Gedichte Heyms und Trakls begründen den lyrischen Expressionismus
1927 Brecht, »Hauspostille«, Ausdruck der Neuen Sachlichkeit
1929 Döblin, »Berlin Alexanderplatz«, der erste deutsche Großstadtroman
1930/32 Musil, »Der Mann ohne Eigenschaften«, Entwurf eines Zeitpanoramas
1933–45 NS-Schrifttum, Blut-und-Boden-Literatur
1941 Brecht, »Mutter Courage«, beispielhafte Realisierung des epischen Theaterkonzepts
1942 Anna Seghers, »Das siebte Kreuz«, einer der bedeutendsten Exilromane
1947 Borchert, »Draußen vor der Tür«, repräsentatives Stück der Heimkehrer- und Trümmerliteratur; »An diesem Dienstag«, Maßstab für die Kurzgeschichte der Gegenwart
1947 Gründung der Gruppe 47
1952 Celan, »Mohn und Gedächtnis« (»Todesfuge«) Höhepunkt der elegischen Nachkriegslyrik
1949–89 Literatur des sozialistischen Realismus in der DDR
1953 Eichs »Träume« setzt Akzente für das moderne deutsche Hörspiel.
1956/58 Frisch, »Biedermann und die Brandstifter«, und Dürrenmatt, »Der Besuch der alten Dame« profilieren das zeitkritische moderne Theater.
1959 Grass, »Die Blechtrommel«, die bedeutendste erzählerische Leistung aus der Gruppe 47
1967 Bernhard, »Verstörung«, romanhafte Totalabrechnung mit der Gegenwart
1968 Lenz, »Deutschstunde«, beispielhafte Auseinandersetzung mit der NS-Vergangenheit
1970–83 Johnson, »Jahrestage«, Vergangenheitsbewältigung und Gegenwartsvergewisserung
1976 Ausweisung des Liedersängers W. Biermann aus der DDR
1976 Sarah Kirsch, »Rückenwind«, setzt Akzente in der deutschen Gegenwartslyrik.
1978 Martin Walser, »Ein fliehendes Pferd«, die Neue Subjektivität im Spiegel der Novelle
1981 Hofmann, »Gespräch über Balzacs Pferd«, wichtiges Beispiel für die herausragende Bedeutung der Novelle in der Gegenwart
1885/88 Die Romane »Das Parfum« von Süskind und »Die letzte Welt« von Ransmayr gestalten beispielhaft die pessimistische Grundierung der Gegenwartsliteratur.
1995 Haslinger, »Opernball«, Katastrophenroman
1997/98 Romane wie Jennys »Blütenstaubzimmer«, Hürlimanns »Der große Kater« und von Düffels »Vom Wasser« lassen eine positive Aufbruchstimmung erkennen
1995/99 Mit den Gedichtbänden von Ostermaier, Drawert, Kling, Kolbe und Grünbein liegen beachtliche Beiträge zur Gegenwartslyrik vor.

Bibliographie

Einführungen

Fricke, H. /Zymner, R.: Einübung in die Literaturwissenschaft. Paderborn 1991

Funk-Kolleg Literatur. Hrsg. von H. Brackert u. E. Lämmert. 2 Bde. u. 2 Bde. Reader. Frankfurt/M. 1976–78

Grundzüge der Literatur- und Sprachwissenschaft. Bd.1: Literaturwissenschaft. Hrsg. v. H. L. Arnold und V. Sinemus. München [2]1974

Gutzen, D./Oellers, N./Petersen, J. H.: Einführung in die neuere deutsche Literaturwissenschaft. Berlin [6]1989

Kayser, W.: Das sprachliche Kunstwerk. Bern 1948ff.

Literaturwissenschaft. Ein Grundkurs. Hrsg. H. Brakkert u. J. Stückrath. Reinbek 1992

Schulte-Sasse, J./Werner, R.: Einführung in die Literaturwissenschaft. München [4]1986

Nachschlagewerke/Lexika

Arnold, H. L. (Hg.): Kritisches Lexikon zur deutschsprachigen Gegenwartsliteratur. München 1982ff. (Loseblattsammlung)

Best, O.: Handbuch literarischer Fachbegriffe. Frankfurt/M. 1982

Braak, I.: Poetik in Stichworten. Stuttgart [6]1980

Brauneck, M. (Hg.): Autorenlexikon deutschsprachiger Literatur des 20. Jahrhunderts. Reinbek 1984

Deutsches Literatur Lexikon. Begründet von W. Kosch. 3. neu bearb. Aufl. Bern/München 1968ff.

dtv-Atlas zur deutschen Literatur. Zusammengestellt v. H.-D.Schlosser. München [3]1987

Frenzel, E.: Motive der Weltliteratur. 5. erw. Aufl. Stuttgart 1999

Frenzel, E.: Stoffe der Weltliteratur. 9. erw. Aufl. Stuttgart 1998

Grimm, G./Max, F. R. (Hg.): Deutsche Dichter. Bde. 1–8. Stuttgart 1989

Handlexikon zur Literaturwissenschaft. Hrsg. v. D. Krywalski. München [2]1976

Killy, W. (Hg.): Literatur Lexikon. 15 Bde. Gütersloh/München 1988ff.

Kindlers Literatur Lexikon. 7 Bde. u. Ergänzungsband. München 1965–74

Kindlers Neues Literatur Lexikon. Hg. v. W. Jens. München 1988ff.

Lurker, M. (Hg.): Wörterbuch der Symbolik. 5. erw. Aufl. Stuttgart 1991

Metzler Autoren Lexikon. Stuttgart [2]1994

Metzler Literatur Lexikon. Stuttgart [2]1990

Reallexikon der deutschen Literaturgeschichte. Hrsg. v. W. Kohlschmidt u. W. Mohr. Berlin [2]1958–1988

Reclams Romanlexikon. 5 Bde. Hrsg. v. F. R. Max u. Chr. Ruhrberg. Stuttgart 1998–2000

Wilpert, G. von: Deutsches Dichterlexikon. 3. erw. Aufl. Stuttgart 1988

Wilpert, G. von: Sachwörterbuch der Literatur 7. erw. Aufl. 1989

Literaturgeschichten

Abenteuer: Literatur. Eine Geschichte der deutschen Literatur. Von P. Groenewold u. a. Hannover 1994

Annalen der deutschen Literatur. Hrsg. v. H. O. Burger. Stuttgart [2]1971

Daten deutscher Dichtung. Von H. u. E. Frenzel. 2 Bde. [31]1998

Dichtung und Dichter der Zeit. Von A. Soergel. Leipzig 1928

Dichtung und Dichter der Zeit. Neue Folge. Im Banne des Expressionismus. Von A. Soergel. Leipzig 1925

Die deutsche Literatur des Barock. Von M. Szyrocki. Reinbek 1968

Die deutsche Literatur im 19. Jahrhundert. Von E. Alker. Stuttgart [2]1962

Deutsche Literatur. Eine Sozialgeschichte. Hrsg. v. H. A. Glaser. 10 Bde. Reinbek 1982ff.

Deutsche Literatur in Bildern. Von G. v. Wilpert. Stuttgart [2]1965

Deutsche Literatur im bürgerlichen Realismus. Von F. Martini. Stuttgart [4]1981

Deutsche Literatur im Spannungsfeld zwischen Restauration und Revolution. Biedermeierzeit. Von F. Sengle. 3 Bde. Stuttgart 1971/73

Deutsche Literaturgeschichte in Bildern. 2 Bde. Bibliogr. Institut Leipzig 1972

Deutsche Literaturgeschichte. Von den Anfängen bis zur Gegenwart. Von W. Beutin u. a. Stuttgart [4]1992

Geschichte der deutschen Literatur. Von H. G. Rötzer. Bamberg 1992

Geschichte der deutschen Literatur von den Anfängen bis zur Gegenwart. Begründet von H. de Boor u. R. Newald. 12 Bde. München 1949ff.

Geschichte der deutschen Literatur von den Anfängen bis zur Gegenwart. 5 Bde. Stuttgart 1965ff.

Geschichte der deutschen Literatur. Hrsg. v. E. Bahr. 3 Bde. Tübingen 1987/88

Geschichte der deutschen Literatur vom 18. Jahrhundert bis zur Gegenwart. Hrsg. v. V. Zmegac. 3 Bde. Königstein 1978/84

Geschichte der deutschen Literatur. Von der Gründerzeit bis zur Gegenwart. Von K. G. Just. Bern/München 1973

Grundkurs Literaturgeschichte. 10 Bde. Opladen 1981ff.

Hansers Sozialgeschichte der deutschen Literatur vom 16. Jahrhundert bis zur Gegenwart. Begründet von R. Grimminger. 12 Bde. München 1980ff.

Kindlers Literaturgeschichte der Gegenwart. 4 Bde. München/Zürich 1973/75

Literatur Chronik. Von V. Meid. Stuttgart 1993

Literatur unterm Hakenkreuz. Von E. Loewy. Frankfurt/M. 1969

Gattungen

Das deutsche Kunstmärchen. Von P.-W. Wührl. Heidelberg 1984

Der deutsche Roman vom Barock bis zur Gegenwart. Interpretationen 2 Bde. Hrsg. v. B. v. Wiese. Düsseldorf 1963

Deutsche Balladen. Geschichte und Interpretationen. Hrsg. v. G. Grimm. Stuttgart 1988

Deutsche Komödien. Hrsg. v. W. Freund. München [2]1995

Deutsche Lyrik. Interpretationen. Von W. Freund. München [2]1990

Deutsche Märchen. Von W. Freund. München 1996

Deutsche Phantastik. Von W. Freund. München 1999

Die deutsche Kurzgeschichte. Von L. Marx. Stuttgart 1985
Die deutsche Tragödie von Lessing bis Hebbel. Von B. v. Wiese. Hamburg 1948
Dramen vom Barock bis zur Aufklärung. Interpretationen. Stuttgart 2000
Dramen des 19. Jahrhunderts. Interpretationen. Stuttgart 1997
Dramen des 20. Jahrhunderts. Interpretationen. 2 Bde. Stuttgart 1996
Formen der Literatur. Hrsg. v. O. Knörrich. 2. erw. Aufl. Stuttgart 1991
Gedichte und Interpretationen. 6 Bde. Stuttgart 1982
Modernes deutsches Drama 2 Bde. Von F. N. Mennemeier. München 1973
Novelle. Von W. Freund. Stuttgart 1998
Romane des 19. Jahrhunderts. Interpretationen. Stuttgart 1992
Romane des 20. Jahrhunderts. Interpretationen. 2 Bde. Stuttgart 1993

Bibliographien

Bibliographie der deutschen Sprach- und Literaturwissenschaft. Begründet v. H. W. Eppelsheimer, fortgef. v. C. Köttelwesch. Frankfurt/M. 1957ff.
Bibliographie der Personalbibliographien. Von H. Wiesner u. a. München 1970
Bibliographie der Gattungspoetik. Von W. Ruttkowski. Münchern 1973
Bibliographisches Handbuch der deutschen Literaturwissenschaft 1945–1969/1972. Hrsg. v. C. Köttelwesch. 3 Bde. Frankfurt/M. 1973–79
Bücherkunde für Germanisten. Von J. Hansel. Berlin 1959
Einführung in die Bücherkunde der deutschen Literaturwissenschaft. Von P. Raabe. Stuttgart 1984
Fundbuch der Gedichtinterpretationen. Hrsg. v. W. Segebrecht. Paderborn 1997
Germanistik. Internationales Referatenorgan mit bibliographischen Hinweisen. Tübingen 1960ff.
Internationale Bibliographie zur Geschichte der deutschen Literatur. 4 Tle. München-Pullach/Berlin 1969–84

Autorenregister

Quellennachweis

Werkregister